《中华现代学术名著丛书》

【第一辑 四十种】

马氏文通	马建忠
国故论衡	章太炎
王国维文学论著三种	王国维
吴梅词曲论著四种	吴　梅
中国中古文学史 汉魏六朝专家文研究	刘师培
中国文学批评史（上、下）	郭绍虞
甲骨文字释林	于省吾
中国俗文学史	郑振铎
汉语语音史	王　力
红楼梦辨	俞平伯
中国韵文史	龙榆生
汉魏六朝诗论丛	余冠英
台湾通史（上、下）	连　横
秦汉史	吕思勉
中国史学史	金毓黻
史学要论	李守常
中国通史简编（上、下）	范文澜
国史大纲（上、下）	钱　穆
中国史纲（一、二卷）	翦伯赞
春秋史	童书业
魏晋南北朝史论丛	唐长孺
明清社会经济史论文集	傅衣凌
西夏史稿	吴天墀
中国伦理学史（外一种）	蔡元培
新唯识论	熊十力
东西文化及其哲学	梁漱溟
科学与玄学	罗志希
中国艺术精神	徐复观
论逻辑经验主义	洪　谦
九朝律考	程树德
比较宪法	王世杰　钱端升
中国法律与中国社会	瞿同祖
中国民治论	鲍明钤
中国官僚政治研究	王亚南
通货新论	马寅初
中国经济思想史	唐庆增
中国厘金史	罗玉东
北平生活费之分析	陶孟和
论社会学中国化	吴文藻
第四种国家的出路	吴景超

【第二辑 三十种】

目录学发微 古书通例	余嘉锡
积微居小学金石论丛	杨树达
现代中国文学史（外一种:明代文学）	钱基博
等韵源流	赵荫棠
诗言志辨 经典常谈	朱自清
话本小说概论（上、下）	胡士莹

司马迁之人格与风格 道教徒的诗人李白及其痛苦	李长之
明清史讲义（上、下）	孟　森
国史要义	柳诒徵
中国南洋交通史	冯承钧
通史新义	何炳松
魏晋清谈思想初论	贺昌群
中国救荒史	邓云特
认识论	张东荪
科学方法论 科学概论	王星拱
中国哲学史大纲	胡　适
知识论（上、下）	金岳霖
法相唯识学	太　虚
陈康：论希腊哲学	陈　康
康德的知识学	齐良骥
中国文化的展望	殷海光
中国道教史	傅勤家
监狱学	孙　雄
中国法制史概要	陈顾远
新政治学大纲	邓初民
财政学	何　廉　李　锐
中国之棉纺织业	方显廷
中国田制史	万国鼎
南洋华侨与闽粤社会	陈　达
文化人类学	林惠祥

【第三辑 三十五种】

中国小说史略 （外一种：汉文学史纲要）	鲁　迅
现代吴语的研究	赵元任
古典新义	闻一多
谈艺录	钱锺书
唐诗综论	林　庚
中古文学史论	王　瑶
中国近三百年学术史（新校本）	梁启超
通鉴胡注表微	陈　垣
隋唐制度渊源略论稿 唐代政治史述论稿	陈寅恪
中国古代社会研究	郭沫若
古史辨自序（上、下）	顾颉刚
安阳	李　济
绿营兵志	罗尔纲
东汉的豪族	杨联陞
佛道散论	蒙文通
中国哲学史（上、下）	冯友兰
艺境	宗白华
西方美学史（上、下）	朱光潜
近代唯心论简释	贺　麟
康德学述	郑　昕
历代刑法考（上、下）	沈家本
中国商事法	刘朗泉
中国近百年政治史	李剑农
中国政治思想史（上、下）	萧公权
中国国民所得（一九三三年） （外一种：国民所得概论）	巫宝三
中国棉纺织史稿	严中平
当代中国社会学	孙本文
乡土中国 生育制度 乡土重建	费孝通
滕固美术史论著三种	滕　固
中国古代服饰研究	沈从文
A GRAMMAR OF SPOKEN CHINESE 中国话的文法	Yuen Ren Chao 赵元任

MODERN DEMOCRACY IN CHINA	Mingchien Joshua Bau
中国民治主义	鲍明钤
THE GOVERNMENT AND POLITICS OF CHINA	Ch'ien Tuan-sheng
中国的政府与政治	钱端升
THE POST-WAR INDUSTRIALIZATION OF CHINA, INDUSTRIAL CAPITAL IN CHINA	H. D. Fong
战后中国之工业化 中国之工业资本	方显廷
LAW AND SOCIETY IN TRADITIONAL CHINA	T'ung-Tsu Ch'ü
中国法律与中国社会	瞿同祖

【第四辑 三十种】

中国旧小说考证	胡　适
文心雕龙札记	黄　侃
卢前曲学论著三种	卢　前
孟姜女故事研究及其他	顾颉刚
中国目录学史	姚名达
校雠学	向宗鲁
唐五代西北方音	罗常培
中国文法要略	吕叔湘
清史探微	郑天挺
中国文化史（上、下）	陈登原
中国文化与中国的兵	雷海宗
佛学研究十八篇（校点本）	梁启超
中国景教	朱谦之
德国古典美学	蒋孔阳
神学四讲	赵紫宸
法律哲学导论	居　正
民国司法志	汪楫宝
国际法大纲	周鲠生
罗马法原论（上、下）	周　枏
马克思的政治思想	吴恩裕
欧美各国现行宪法析要	龚　钺
经济史：历史观与方法论	吴承明
从古典经济学派到马克思	陈岱孙
中国历史上的基本经济区	冀朝鼎
中国教育改造	陶行知
平民教育与乡村建设运动	晏阳初
中国教育制度沿革史	郭秉文
COTTON INDUSTRY AND TRADE IN CHINA	H. D. Fong
中国之棉纺织业	方显廷
KEY ECONOMIC AREAS IN CHINESE HISTORY	Ch'ao-Ting Chi
中国历史上的基本经济区	冀朝鼎
THE CHINESE SYSTEM OF PUBLIC EDUCATION	Ping Wen Kuo
中国教育制度沿革史	郭秉文

【第五辑 三十种】

词史	刘毓盘
元白诗笺证稿	陈寅恪
上古音研究	李方桂
从诗到曲（上、下）	郑　骞
训诂学概论	齐佩瑢
唐代进士行卷与文学 古诗考索	程千帆
南朝文学与北朝文学研究	曹道衡
先秦政治思想史	梁启超
中国史学通论	朱希祖
隋唐史	岑仲勉
中国地理学史（先秦至明代）	王成组
中国妇女生活史	陈东原
基督教与中国文化	吴雷川
中国天主教传教史概论	徐宗泽
道教史	许地山
论道	金岳霖
文化与人生	贺　麟

寄簃文存	沈家本
中国婚姻史	陈顾远
中国法律在东亚诸国之影响	杨鸿烈
孔门理财学	陈焕章
上海工业化研究	刘大钧
乡村建设理论	梁漱溟
中国经济原论	王亚南
金翼	林耀华
幼稚园教材研究　幼稚教育新论	张雪门
近代中国留学史　近代中国教育思想史	舒新城
THE ECONOMIC PRINCIPLES OF CONFUCIUS AND HIS SCHOOL	Chen Huan-Chang
孔门理财学	陈焕章
THE GROWTH AND INDUSTRIALIZATION OF SHANGHAI	D. K. Lieu
上海工业化研究	刘大钧
THE FINANCING OF PUBLIC EDUCATION IN CHINA	Ronald Yu Soong Cheng
中国教育财政之改进	陈友松

【第六辑　四十种】

齐如山国剧论丛	齐如山
先秦文学 中国文学史讲义	游国恩
中国文学批评史（上、下）	罗根泽
中国文学发展史（上、下）	刘大杰
宋元明讲唱文学	叶德均
晚照楼论文集	马茂元
汉书窥管	杨树达
欧化东渐史	张星烺
西域史地考古论集	黄文弼
中国疆域沿革史	顾颉刚　史念海
先秦诸子系年	钱　穆
古器物中的古代文化制度	徐中舒
中国社会之史的分析（外一种：婚姻与家族）	陶希圣
唐代长安与西域文明	向　达
古代神话与民族	丁　山
小屯、龙山与仰韶	梁思永
中国史纲	张荫麟
岳飞传	邓广铭
胡惟庸党案考	吴　晗
等不等观杂录	杨文会
欧阳竟无内外学	欧阳竟无
中国佛教史	蒋维乔
中国宗教思想史大纲	王治心
理学纲要	吕思勉
汉魏两晋南北朝佛教史	汤用彤
两汉经学今古文平议	钱　穆
墨学源流	方授楚
中国哲学大纲	张岱年
中国伶人血缘之研究　明清两代嘉兴的望族	潘光旦
中国乡约制度	杨开道
藏族宗教史之实地研究	李安宅
中国封建社会	瞿同祖
法律教育	孙晓楼
财政学总论	陈启修
社会主义经济论稿	孙冶方
变态心理学派别	朱光潜
旧石器时代之艺术	裴文中
中国教育财政之改进	陈友松
THE SYSTEM OF TAXATION IN CHINA IN THE TSING DYNASTY, 1644-1911	SHAO-KWAN CHEN
清代中国的税收制度	陈兆鲲
VILLAGE AND TOWN LIFE IN CHINA	L.K.Tao Y.K.Leong
中国的乡村与城镇生活	陶孟和　梁宇皋

中华现代学术名著丛书

藏族宗教史之实地研究

李安宅 著

商務印書館
创于1897 The Commercial Press

图书在版编目(CIP)数据

藏族宗教史之实地研究／李安宅著. —北京：商务印书馆，2015(2023.7重印)
(中华现代学术名著丛书)
ISBN 978-7-100-11712-8

Ⅰ.①藏…　Ⅱ.①李…　Ⅲ.①藏族—喇嘛宗—佛教史—研究　Ⅳ.①B946.6

中国版本图书馆CIP数据核字(2015)第256623号

中华现代学术名著丛书
藏族宗教史之实地研究
李安宅　著

商　务　印　书　馆　出　版
(北京王府井大街36号　邮政编码100710)
商　务　印　书　馆　发　行
北京捷迅佳彩印刷有限公司印刷
ISBN 978-7-100-11712-8

2015年12月第1版　　　开本880×1240　1/32
2023年7月北京第2次印刷　　印张9½　插页7
定价：79.00元

李安宅

(1900—1985)

时轮金刚

胜乐金刚

密聚金刚

六臂救怙主

瞻巴拉

乃穷事业王

载末尔

信誓法王

用水桶背水的姑娘

盛装的拉卜楞妇女

武装的拉卜楞男子

拉卜楞妇女梳头扎细辫

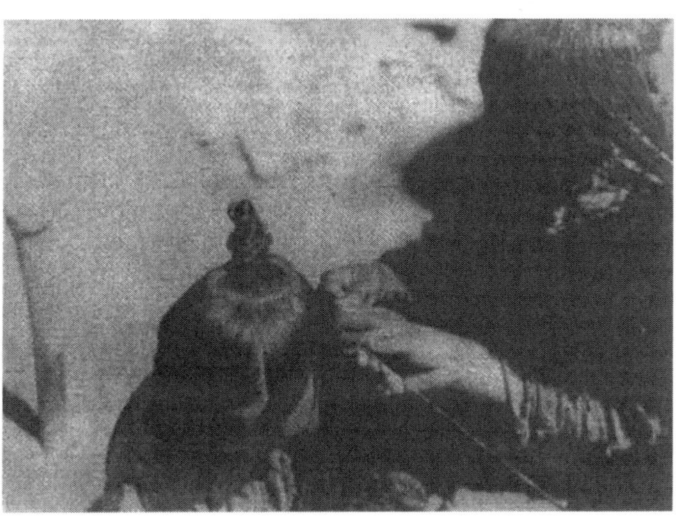

晾晒青稞的木架

去做仪仗的武装队

拉卜楞寺嵌壁式转经木轮

拉卜楞寺前大夏河上典型的悬臂桥

出版说明

百年前，张之洞尝劝学曰："世运之明晦，人才之盛衰，其表在政，其里在学。"是时，国势颓危，列强环伺，传统频遭质疑，西学新知亟亟而入。一时间，中西学并立，文史哲分家，经济、政治、社会等新学科勃兴，令国人乱花迷眼。然而，淆乱之中，自有元气淋漓之象。中华现代学术之转型正是完成于这一混沌时期，于切磋琢磨、交锋碰撞中不断前行，涌现了一大批学术名家与经典之作。而学术与思想之新变，亦带动了社会各领域的全面转型，为中华复兴奠定了坚实基础。

时至今日，中华现代学术已走过百余年，其间百家林立、论辩蜂起，沉浮消长瞬息万变，情势之复杂自不待言。温故而知新，述往事而思来者。"中华现代学术名著丛书"之编纂，其意正在于此，冀辨章学术，考镜源流，收纳各学科学派名家名作，以展现中华传统文化之新变，探求中华现代学术之根基。

"中华现代学术名著丛书"收录上自晚清下至20世纪80年代末中国大陆及港澳台地区、海外华人学者的原创学术名著（包括外文著作），以人文社会科学为主体兼及其他，涵盖文学、历史、哲学、政治、经济、法律和社会学等众多学科。

出版“中华现代学术名著丛书”，为本馆一大夙愿。自 1897 年始创起，本馆以“昌明教育，开启民智”为己任，有幸首刊了中华现代学术史上诸多开山之著、扛鼎之作；于中华现代学术之建立与变迁而言，既为参与者，也是见证者。作为对前人出版成绩与文化理念的承续，本馆倾力谋划，经学界通人擘画，并得国家出版基金支持，终以此丛书呈现于读者面前。唯望无论多少年，皆能傲立于书架，并希冀其能与“汉译世界学术名著丛书”共相辉映。如此宏愿，难免汲深绠短之忧，诚盼专家学者和广大读者共襄助之。

商务印书馆编辑部

2010 年 12 月

凡　例

一、"中华现代学术名著丛书"收录晚清以迄20世纪80年代末，为中华学人所著，成就斐然、泽被学林之学术著作。入选著作以名著为主，酌量选录名篇合集。

二、入选著作内容、编次一仍其旧，唯各书卷首冠以作者照片、手迹等。卷末附作者学术年表和题解文章，诚邀专家学者撰写而成，意在介绍作者学术成就，著作成书背景、学术价值及版本流变等情况。

三、入选著作率以原刊或作者修订、校阅本为底本，参校他本，正其讹误。前人引书，时有省略更改，倘不失原意，则不以原书文字改动引文；如确需校改，则出脚注说明版本依据，以"编者注"或"校者注"形式说明。

四、作者自有其文字风格，各时代均有其语言习惯，故不按现行用法、写法及表现手法改动原文；原书专名（人名、地名、术语）及译名与今不统一者，亦不作改动。如确系作者笔误、排印舛误、数据计算与外文拼写错误等，则予径改。

五、原书为直（横）排繁体者，除个别特殊情况，均改作横排简体。其中原书无标点或仅有简单断句者，一律改为新式标点，专名号从略。

六、除特殊情况外，原书篇后注移作脚注，双行夹注改为单行夹注。文献著录则从其原貌，稍加统一。

七、原书因年代久远而字迹模糊或纸页残缺者，据所缺字数用“□”表示；字数难以确定者，则用“（下缺）”表示。

目录

第三编　格鲁派——革新或当权的佛教

第四编 格鲁派寺院——拉卜楞寺

序

李安宅教授的遗著《藏族宗教史之实地研究》出版问世了，这是作者在藏学领域，为我们留下的又一部宝贵的文化遗产。

安宅教授一生为中国共产主义事业，为祖国的统一大业，为各民族的团结，为建立和发展我国社会学、民族学和藏学做出了卓越的贡献，受到国内外学术界的瞩目和赞誉，他是我国社会学、民族学和藏学的开拓者之一。

早在30年代末期，安宅教授即深入甘肃南部藏族地区，进行社会调查，他与当地僧俗人民同吃同住，历时三载，饱尝艰辛，取得大量材料，写成《藏族宗教史之实地研究》，这是国内外公认为通过实地考察和社会调研而撰写的有关藏族宗教史的第一部杰作。

当前，在学术领域中，藏学已发展成为举世瞩目的一门国际性的学科，我国对藏学的研究已有很大的发展，但是我们不能忘记半个世纪以前，拓荒者“筚路蓝缕，以启山林”的艰辛劳动。

50年代初期，安宅教授和夫人于式玉教授，不顾年高、体弱多病，毅然放弃优越的生活条件，深入西藏地区。他们夫妇在高原上辛勤工作了五年，为发展西藏的教育事业，他们参与创建拉萨第一所小学，开办藏语训练班，培养了大量人才。他们卓有成就的工作深受藏族人民的崇敬和爱戴。他们把个人的知识无私地奉献给西藏人民以及为藏、汉民族团结而献身的精神，是我们学习的楷模。

我和安宅教授在燕京大学社会学系共事多年，他勇于开拓的治学精神，严谨的治学方法和重视实践经验的作风，给我留下了极深的印象。

安宅教授在社会学，民族学及藏学研究领域的著述极为丰富。今天，《藏族宗教史之实地研究》一书的出版，是对安宅教授的最好纪念。

雷洁琼

1988年6月

出版前言

这是我在抗战期间研究藏族宗教的结果。

为了"抗战建国"，为了摆脱在敌占区(当时叫作北平)的处境，乃同于式玉同志于1938年接受了陶孟和、顾颉刚两师的建议，前赴甘肃兰州，再进至藏族地区拉卜楞，式玉义务办拉卜楞女子小学四年，学了藏文藏语，我则实践了人类学，研究藏族宗教，并至各处参观，成了内地访问喇嘛寺的义务解说员。这种生活度过了三年，于1941年到了四川成都华西大学任教，又于1944年到西康南北两路调查半年，随所见，即撰文发表，主要根据亲眼观察，其次才是检阅典籍。

喇嘛教与内地佛教均来源于印度，但内地佛教已无密宗，所以一般汉人不知喇嘛就是和尚，而拉卜楞的老百姓也不知汉人多信佛教。沟通汉藏文化，必须研究喇嘛教。西洋传教士利用汉藏互不了解的情况，常见挑拨离间，而且藏族宗教与内地教育颇类似。他们既出家，与内地出外读书差不多，由识字到深造，既可分，又不可分。信仰宗教的人们，是出力维持寺院的人们，也是被寺院统治的人们。寺院既是求学的地方，受人崇拜的地方，也是为群众进行娱乐的地方，更不用说活佛的统治，既有专制的特点，又无专制出于私人家庭世袭的短处。所以寺院所在之处，与贵族统治相比，寺院日盛，而贵族一代比一代衰落。

我于1947—1948年赴美教书，1948—1949年赴英考察，将在国内发表的文字译成英文，希望能出版，借以抵制外国的造谣。稿件寄至美国耶鲁大学出版部就回国了，很快中美绝交，便无下文了。解放后参军入藏，同于式玉同志在昌都办小学，并为驻拉萨解放军办藏文藏语训练班，后又参加办拉萨小学，没有机会研究宗教。然根据见闻，知道与原来的调查一致。1955年回到内地，即从事民族政策和英语教学（西南民族学院和四川师范学院），连藏文也忘了。

现在提倡科研为四化服务，并利用中美恢复邦交的关系，写信到美国去问所寄原稿，才知道当时曾将一部分印样寄至华西，后来没有复信，两国关系又中断，才将原稿退交耶鲁大学已故教授林顿（Ralph Linton，1893—1953年），所以没有下文了。当时发表的汉文，又已全无。所以将手存的英文稿副本（全无插图了），译成汉文。因是汉英对照，承中国社会科学院金鹏同志和《藏汉大辞典》编写组黄明信和祝维翰两同志，将佛教名词译得不恰当的纠正过来，特此致谢。

关于引用英文字母拼音代替藏文，有几个与一般字典不同，特列表如下：

ཀk ཁkh གg ངṅ ཅc ཆch ཇj ཉñ

ཏt ཐth དd ནn པp ཕph བb མm

ཙts ཚtsh ཛdz ཝns ཞsh ཟz འh̲ ཡy

རr ལl ཤh̲ སs ཧh ཨa

至于引用梵文时以英文字母转写所用符号，包括连接符号，不在此例，因为以英文字母转写藏文梵文字母都是经过牛津大学托马斯教授（F. W. Thomas）所建议和审定的，特致谢意。

第一编　绪论

第一章　文化背景

藏族区就是说藏话和有藏族文化的民族聚居区，由东经73度至104度，并由北纬27度至38度。整个中国的藏族区，包括三个文化区：

1. 西藏，又分三部分：

(1)阿里(Mṅaḫ-ris)，在最西部；

(2)后藏(Gtsaṅ)，在中部，首府为扎什伦布(Bkra-çis-lhun-po)寺，即班禅(Pan-chen)所在地；

(3)前藏(Dbus)，在东部，首府为拉萨(Lhasa)，为西藏地方政府所在地；也是达赖(Da-lai)居住的地方。

2. 西康(Khams)，在西藏东；

3. 安多(A-mdo)，在西康东北，包括：

(1)青海(Kokonor)的藏族区；

(2)甘肃西南部藏族区；

(3)四川西北部藏族区。

只有西藏藏族聚居区，是政治实体，直属中央，是出现在地图上的。而西康或直属四川，或在四川以外。安多则分属于青海、甘肃、四川三省，划分为不同的县。将西藏、西康、安多称作藏族区，因为如上所述，它们是有藏族文化，说藏语的民族聚居区，是一个人类学的概念。新教的创始人宗喀巴与后来的十四世达赖、十世班禅都是安多人，即青海人。

包括三区的居民，一般称为藏族，那是许多民族的混合居民。比较实地研究，在体质人类学上、语言学上还没有开始。现在要作历史的追溯还嫌过早。藏族最早见于汉文历史，是唐代（618—907年）的吐蕃。此外，在这个广大藏族区中还有羌、氐、吐谷浑、戎、附国、东女国等，也有所记载。因为在唐以前最重要的民族记载是羌，所以历史学家把藏族叫作羌族。① 可是问题并不这样容易解决，因为实地研究好像应推翻这种结论。今日四川西北一带除藏、嘉戎外，还有羌、索罗子、黑水等民族，不管在文化方面，还是在体质方面，羌较接近汉族，而嘉戎则接近藏族。这里只不过附带提一下，强调问题的复杂性，最好先不要强作结论。

不管他们来源如何，藏族把自己叫作博巴（Bod-pa）。“博”也是他们的语言的名称，而“巴”则既指职业，也指地方，如藏巴（Gtsaṅ-pa）是指后藏的人，康巴（Khams-pa）是指西康的人，卓巴（Hbrog-pa）是指游牧人，索南巴（Bsods-nams-pa）是指农耕人。

藏族自纪元七世纪以来即受佛教影响，他们追溯自己的起源是猴子和妖魔，男祖宗是猴子，是菩萨观世音（Spyan-ras-gzigs 或 Avalokiteśvara）化身，女祖宗是妖魔（Srin-mo 或Rākṣasi），是男祖宗的配偶，一切优点都来自男祖，一切缺点都来自女祖。

因为他们居住区海拔高，最低也有一万英尺，所以藏族主要是游牧，次要是农耕。牧民居住黑牛毛帐篷，按季节游牧②于他们区

① 羌族今日只存在于四川，而历史地理则包括甘肃和青海。安多在历史上人文学的复杂性可参考托马斯（F. W. Tbomas）教授所著《南——在汉藏边界的一种语言》一书（*Nam, An anciebt language of the Sino-Tibelan bordertand*, Oxford University Press, 1948）。

② 所谓游牧，不是一般汉人理解的到处漫游放牧，而是按着一定的范围放牧，有时各人用的炉灶都保留下来，以便转回来时再用。

内的草地之上。他们的牲畜包括羊、牦牛、犏牛(mdzo,公牦牛与普通母牛交配所生)、马及守牧群和帐篷的大犬。普通食品是奶茶、奶(鲜的和酸的)、干酪(干如沙)、肉(鲜的、干的和煮的)和酥油,糌粑(Rtsam-pa),或炒大麦面,是由产大麦的谷地运进的。糌粑用得最节省,地越高越如此。茶则由云南、四川松潘,或由旁的省份输入的。当茶注入茶碗时,即取酥油一块,放入碗中调和,然后用手擦脸,如外地人用雪花膏一样。调和以后,茶即被酥油淹盖均匀,然后一面吹酥油,一面饮茶。当茶剩下三分之一时,抓一把糌粑放入碗内,再和成面团,由碗中取出,注入茶再饮。吃肉多用手抓,并用随身带的小刀辅助。手上的油抹在羊皮袄的皮面上或皮靴上,一方面把手擦干净了,一方面使皮子因油而软活。

兽粪用作燃料,在帐篷内作土灶,把帐篷分作两部分。进帐篷的右边留作客人和男人用,左边留给女主人给灶添火,并添茶。火通两边,以使人都暖和。

羊皮袄男女通用,在男人则下至膝盖,在女人则下至脚腕。毛在里面,皮在外面,毛与皮肤接触。男女均穿靴,无厚底,靴筒均至膝下。男女均戴皮帽,普通是羊皮,偶尔是狐皮。皮大衣用带子束于腰间,形成鼓出的口袋,男女均把碗装在里面以便随时喝茶。女人也将孩子装入皮衣中(或在母亲胸前,或在母亲的背后),孩子可自由在母亲的颈部冒出头来。男女睡觉时,则将带子解开,由头至脚盖起来,作被子用;地上铺上毡子,即可睡觉。

带着一袋子糌粑,一些干酪;或一些碎肉在马鞍上,即可长途旅行,不必有旁的东西。水壶可带可不带,因为糌粑可以用溪中流水服用,也可以用水壶烧水服用。

农耕的藏民居于土房中,在土地上种大麦,培植些萝卜,养些牲畜,也是家庭经济的一种。吃的糌粑较多,肉食或旁的畜牧产品较少,间或服食面条和大米,则是受汉人的影响。这在拉萨最显著,那里用正规的汉族酒席招待贵宾。蔬菜一般在藏族地区见不到,普通藏族人见到汉人吃莴苣菜很奇怪,以为那是只有牛才吃的。衣服亦较游牧区讲究,普通常在皮大衣里面穿衬衣和裤子,皮大衣也常有布或绸面。女人仍不穿裤。

不管定居或游牧,妇女都是生产劳动者,男人则是战士,多数时间都是腰横宝刀、肩荷步枪、右臂袒露,随时可以出击。但男女都可为土司或寺院服役,因为藏族社会不是围绕着土司,就是寺院兼有政治权力,或者土司兼有宗教统治权,在任何情况下,都是半独立的氏族统治(对居民来说)。

除战士生活所表现的武勇常与抢劫相联系外,出家是每个男子获取社会地位的途径,生下来就是活佛或属于贵族,自然满意,但那是不能选择的。出家固然得到学问和修养的收获,但那是终生的事业,而且是艰苦的事业;抢劫则有浪漫味,而且获利快。另外,那是受氏族集体责任所保护的,因为一方面,向另一“群体”进攻,并非不义;另一方面,抢劫在氏族法律里并非死罪,而受害一方所要求的“命价”,则由肇事的整个氏族来赔偿。同时,又与宗教动机混杂在一起。为了取得功德,人们常将一切贡献于寺院。为了发家致富,在有限的畜牧经济和原始的农耕中,抢劫自然是唯一出路,然而一旦犯了抢劫的罪,个人良心又驱使自己再做宗教贡献。对寺院的贡献一多,个人的损失又要取偿于抢劫。如此,很容易形成循环。

男性的旁的活动,则是次要的,如缝纫是男子的事;他也可以帮助妇女看孩子,在田间工作,另外他也可以加入商队做生意。

妇女在游牧生活中则是放牧，而织毛线、做酥油和乳酪、烧茶和看孩子也是她们的事。在农耕生活中，妇女除做同样的事外，则另有田间工作、拾柴、取水、造墙。

市场交易，男女都可以参加；交换手段，可以是银币，也可以以货易货。男女都可以出家，可是喇嘛比尼姑多得多。灵媒（spiritual medium）似乎是男人的专业。除拉萨男女都可练习读写、从事书信往还、记账等事外，旁处则受正式教育，传统是在寺院，专为出家人享受。

除了寺院举行跳神等活动，老百姓可以作为观众参加（留待后面叙述）外，一年内藏族节日可以列举如下：

年节除夕，①在定居区中，每家房顶上修两个祭坛，一个是当地的土地（文神），一个是当地的山神（武神）。半夜以前，人们起来，在祭坛上燃火、献祭，对土地神献茶、酥油、糌粑，有时有一些水果；对山神则献酒与肉。人们不叩头，可是大声呼喊，以示快乐和集体精神。献祭后，即至各家拜访，表示“新年快乐”，并带礼品，如肉、进口的糖果、糖块、花生等。

第二天则在家睡觉，以资补偿，但第三天则对氏族神祇献祭和对宗教护法献祭。妇女不准参加这种典礼。及至赛马的日子，任何人都可参加，而骑士则可表演骑术。在这以后，继续到第六日，人们结成队，至各家唱歌、跳舞，直到每一家都去过。各家都备菜、酒和旁的食品，舞蹈有单人、双人、五人舞，或整个群体围成圈。到家或离家的时候，一人站在门口，手执酒杯，装满酒，用手弹酒在跳

① 藏族使用两种旧历，一种是北京历，一种是拉萨历，两者相差只有数日。两者均不同于公历（即西历），较公历晚约一个月（本书一般用旧历）。

舞的人头上,一方面表示对于当地神祇的献礼,一方面表示对于跳舞人的祝福。碗边有羊毛和酥酒,象征长寿。每人口喊"扎喜"(Bkra-çis),意为"吉利",便是散场的表示。

第三天,未结婚的妇女(一般十七岁左右)着盛装,改梳发式,去各家拜访并接受礼物,等于成年典礼。这样对于社会作了正式表示之后,这些女孩子即被认为已到结婚年龄。她们可以正式结婚,也可以接受爱人而无婚姻关系。不管正式结婚与否,都可有孩子而不被歧视。这样的成年典礼,并非到处一致,但到成年要有某种表示,则是到处一致的,可是男人则无这种成年典礼。

从初三起,延续至初六,青年妇女,包括已结婚的和未结婚的,结伙成帮,拜访要人,收集金钱,准备于正月末或二月初集会唱情歌时用。这种风俗,在拉卜楞,据说是未结婚的妇女举行成年仪礼而敛钱的继续。

过完新年三个星期后,十六七岁的藏族青年男女,晚间聚集在社区中心,用公款饮酒。这样的聚会纯属社区或部落性质,并非藏族各地区都一样。这种年轻人参加的聚会,成年人照例不参加,但由社区或部落长老主持聚会。饮酒后,某一男青年大胆唱出他所恋慕的人。假定无人大胆先唱,某长老可用演说鼓舞与会者,或者自己先唱,然后将帽子投向一人,接帽子的人便不能继续沉默。一个男青年唱了以后,一个女青年便唱歌回答,或报以恋歌,或报以讽刺。一经开始,便不愁没有继续竞赛者,因为男青年都在进门右手一边,女青年都在左手一边,唱歌便自两边起伏,一边没有坐下,一边又站起来,直到一边站起的人特别多,便起一种变化:一群一群地唱。这样的唱,可以继续一整夜。假定群众喜欢,第二夜、第三夜也可继续来。虽然这不是绝对为不结婚的青年男女预备的,未结婚的男女唱情歌以后，双方真正恋爱以至结婚的也不少。另一方面，遇到不应参加的人，即另外社区的人混入集会，被发现以后，以至争吵起来，也是有的。年轻的人参加聚会，年长的人不应混入。可是偷偷进来，躲在不易被人看见的地方看热闹的，也不乏其人。

每一部落每年有向当地山神献箭的典礼，具体的时间各地不同，要依当地山神的神话而定。几个部落也可供一个公共信仰的高级山神，例如，1939 年 7 月 31 日在甘肃给娘勤献箭，所有拉卜楞附近的部落都参加了。当各部落共同献礼时，都举高竿，旗幡招展，将竿安在山顶石堆上，各竿又用牛毛绳连接起来，绳上有一把一把的羊毛，以象征幸运和长寿。当人们在山上旅行时，首先看见的是这些“箭”，于是每人脱帽，齐声高呼：“胜利归于神！”

向山神献箭之前或之后，还有一段为村民休夏的时间，每一家都享受数日，以怀念过去的游牧年月。在这几天享受良好的饮食和闲暇的生活。

在上述两种社会宗教活动之间，村民从事农业：耕地、施肥、播种，都是公历四五月之间；收割和打场，是在八月。游牧部落，也同样关心季节的变换，以便应时迁入新地。

不分定居与游牧，都有六个完全禁食的节日，是纪念释迦佛的重要日子：(1)正月前半月，释迦辩论战胜论敌的日子；(2)二月初七或十五(以上一年是否闰六月为定)，释迦生日；(3)三月十五，第一天宣讲密宗的日子；(4)四月十五，释迦的母亲怀孕的日子；(5)六月初四，释迦初次转法轮(开始宣讲显教)的日子；(6)九月二十二，是释迦在天上给母亲说法以后，重至地上的日子。其中四月十五和九月二十二是最重要的，四月十四、十五与九月二十一和二十二，绝大多数藏族妇女都禁食、禁饮和禁说话，以“修苦行”（sñuṅ-gnas），可以着盛装、结队，顺时针方向围着宗教圣物转，如寺院、经轮、佛塔等。她们虽不说话，可是齐声唱“六字真育”（Om-mani-padme-hum），因为那对慈悲神是神圣的。唱“六字真言”的少女，头戴鲜艳的羊毛皮帽，身穿华丽的服装，佩上耀眼的银首饰和其他珠宝，在此起彼伏地高声唱歌，实际是美丽的比赛。因为这种活动是自愿的，并非每人都参加，青年男女固少，老年男女遵守这种习俗的也不与少女们挤在一起。对于少女来说，则是宗教、娱乐和社会威望都结合在一起的。

一年的活动就是如此。至于一生的问题，生孩子对于游牧的妇女，并不是什么坐月子的事，她们照常活动；农村的妇女，等于害了一场病。习惯是用柏树枝或旁的记号标在门上，以使拜访的人有所回避。孩子由喇嘛起名，大部分时间都放在妈妈的羊皮袄的大襟内，将毯子放在孩子身底下，遇着屎尿，另换。孩子大一点能自由活动时，则可由妈妈的胸前或背后露出头来。

对待五岁以下的男女孩子没有什么区别，五岁以上则男孩子可以随随便便，女孩子就要学着妈妈的活动。

由于母亲的地位较高，父亲偏于溺爱，孩子幼年过着自由生活，成年以后又容易接近异性，工作和旁的活动，又都在唱歌的气氛中度过，所以藏族的孩子是自然而自立的，他们都没有创伤或抑制的经历；来自宗教和部落道德的社会控制，来得很迟，可是无所不包，且是永远五颜六色，使人兴奋。

到了结婚年龄，其社会活动，上面已经提及。婚事可以由父母做主，也可以自己选择。婚时亲友聚会欢宴，但无宗教仪式。结婚既可以在宗族内，又可在宗族以外；定居可以在女方，也可以在男方。男女都可以根据情况继承家系。只有女人的家庭,如姊妹、母亲、女孩子,而无男人,同样是个家。男女双方发生恋爱要结婚,而任何一方的父母不同意,则可隐于朋友家中,直至反对意见消失之后。无论如何,生了孩子,则不能不承认既成事实。多夫制虽然存在,但不普遍,不像外界所认为的那样。兄弟们与一个女人结婚,目的是不使家产分散,不是由于贫穷。婚后可以离异,是由于两相不适,也可能因为婚姻以外有性的关系,这样合也自由,分也自由,就不会有恶劣的影响。

再说,家庭也不是兴趣的中心,对孩子最低限度的照顾和经济关系,十分简单。男女在家庭以外,都有自己的影响范围。很小的孩子自然到处带着,已如前述;较大的孩子可以照顾自己,两者都不必把父母缠住。放牧、耕种、提水、贸易、宗教活动、规定劳动、打闹、闲谈、转古拉(即围绕着宗教对象,如寺院、塔、经轮等转圈)、谈恋爱等,都是家庭以外的活动,所以藏族人民,大体上是幸福的、快活的。

疾病既得当地医药的治疗,也得到巫术、宗教的应付。藏族喇嘛既以医生的资格看病,也以教士资格给人作法,许多时候,许多喇嘛为病人念经,病情愈重、病人愈有钱,请的喇嘛越多,喇嘛念的经也越多。纯巫术永远是啦哈(Lha-ha),即非喇嘛的事。藏族治病的方法很特殊,病越重,越不让病人睡觉,这样不让病人得到完全休息,可以取得某种治疗效果,使之度过危机。或者那也是满足更原始需要的方法,即不使病人拖得太久,收到自然淘汰的效果。究竟哪一种看法是对的,要留待更系统的研究。

死不是生命的终止,而是另一生命的开始。得解脱的人,死即是免于"轮回",而不再托生。作为解脱者来说,死是足资庆幸的事。普通人尚未解脱的，在死以后，再生之前，要经过渡阶段（Bar-mdo 或 Antara-bha-va）。至于再托生是什么样子，则要看前生的业果如何。

人死以后，尸体的处理，有以下几种。第一种，永远都一样，将衣服脱光，使身体屈折起来，即如在母亲腹中孕育时的样子。然后请附近寺院的法师作法，给死者指明"去路"，不致走入歧途，法师则得死者家属为死者利益所给的财产，并将它出卖，投入寺院库存。

第二种，要看死者的身份或致死的原因。传染病死的人，永远深埋地下，活佛则是焚尸或保留肉体以备供养，一般则或水葬（投入河中），或天葬（喂老鹰）。采取哪一种方式，要用占卜决定，当地习惯性选择也起一定作用。可是天葬的办法，是最普遍的。不管天葬还是水葬，死者最后将是献给旁的生物。

天葬是最经济的处理办法，在缺乏燃料的地方，火化是不易办到的，就是高等喇嘛，也不一定火葬。火葬是因为骨灰或烧剩下的遗物是留作供养的。当人们需要饮用河中之水时，也不允许将尸体水葬，因此喂老鹰是最受欢迎的。当死尸于清早投入距离社区较远的山谷的某一地方后，先生火，使冒的火烟招引群鹰来临；尸体即先自腹部剖开，根据一般人的观念，老鹰的头目先吃尸体的眼睛，旁的鹰才敢吃肠胃。然后将鹰哄开，将骨肉敲碎，再使群鹰下降，吃毕；又把鹰哄开，使三块石头卡住头，然后用巨石落下，使之成泥。群鹰第三次下降，然后吃得精光。整个过程，只有四十分钟，再无尸体的痕迹。群鹰被认为是神圣的，无人伤害它们。它们早已习惯于这样生活，所以不怕人，常是在给它们供给食料的人的两腿之间跑来跑去。一般外人描写天葬怎样残忍，并不符合事实，不是客观地正确地反映藏族人民的心理。他们对待这种事情，同对待旁的事情一样，是处之自然的，是他们处理生命过程中的不可避免的阶段。对于他们来说，那不是人死亡或生命的终结。

第二章　历史概况

抛开说藏语民族的实际来源不谈，他们的神话信仰，如已提到的那样（第一章），都认为来源于猴子和女妖。他们的后代还未散布于藏族区域之前，据说这样广大的地域，是漫无烟火的。① 跟他们民族来源于神话，说猴子和女妖是慈悲佛的化身一样，他们的统治者，则来源于印度。据说，一个印度逃难的土官，逃到雪山（Lha-ri-gyaṅ-tho）顶上，有12名牧民见他由赞塘过西谷（Valley Btsan-thaṅ-sgo-bži）下来，便问他来自何处，因不懂话，便向上指。牧民以为来自天上，便用木架把他抬回家中。这第一个藏王名捏赤赞布（Cñaḫ-khri-btsan-po），即"骑在头上"的意思。

连他有七个藏王的名字都有个"赤"字。② 后有两名叫作"德"（De）的藏王。③ 甲胄、旁的武器，同农业、灌溉、开矿、架桥的技术都发明了。

---

① 永丹佳错的《藏族佛教简史》（Yon-tan-rgya-mtsho，*Ris-med-chos-kyi-ḫbyuṅ-gnas*）。西康德格（Sde-dge），八邦寺（Dpal-Spuṅs），藏文版。

② Gñaḫ-khri-btsan-po，Mu-khri-btsan-po，Din-khri-btsan-po，So-khri-btsan-po，Mer-khri-btsan-po，Gdags-khri-btsan-po，Sribs-khri-btsan-po。

③ Gri-gum-btsan-po 和 Gya-khri。

于是有六"雷"(Legs)、[①]八"得"(Lde)、[②]五"赞"(Bisan)[③]的藏王,这都是在藏族有佛教之前,"本"(Bon)教作为统治信仰时代,留待第三章再述。只有五"赞"的最末一个藏王,才得到佛教一点痕迹。

那就是拉托托日娘赞(Lha-tho-tho-ri-gñan-btsan),到60岁时始得到佛教的献礼,即由印度和尚罗塞母错(Blo-sems-htsho)献给他一个盒子,装有金塔和一些密咒,说是天上来的,内容不了解,但却作为崇拜的神秘对象(gñan-po-gsaṅ-ba)。

拉托托日娘赞以后,有四藏王,[④]最后一位藏王名那木瑞司热赞。共有32位藏王统治了500年。虽称藏王,不过是小头目,管着大规模的草地中的小块地方。自那木瑞司热赞起,与汉族文化接触频繁起来,天文和医学输入藏区。藏王有一次骑马打猎回来,鞍子上挂着肉,落于咸水中,藏民吃食才开始用盐。

假定拉托托日娘赞与佛教的兴起联系在一起,他后来也被认为是普贤(Kun-tu-bzaṅ-po 或 Samantabhadra)的化身,则正式输入佛教的是松赞甘(干)布王(Sroṅ-btsan-sgarn-po,约617—650年),慈悲佛的化身;而佛教在西藏的全面发展,还是由于以下藏王:赤松德赞(Khri-sroṅ-lde-btsan,742—797年)和赤热巴坚(Khri-ral-pa-

---

① E-ço-legs, De-ço-legs, Thi-ço-legs, Gu-ru-legs, Hbroṅ-żir-legs, l-ço-legs。

② Za-nam-zin-lde. Lde-ẖphrul-gnam-gżuṅ-btsan, Se-snol-ham-lde, se-snol-po-lde, Lde-snol-nam, Lde-sdol-po, Lde-rgyal-po, Lde-sprin-btsan。

③ Re-lon-btsan, Khri-btsan-nam, Khri-agra-dpuṅ-btsan, Khri-tho-rje-btsan, Lha-tho-tho-ri-sñan-btsan。

④ Khri-gñan-gzuṅ-btsan, H̱gro-gñan-ldeẖu, Sdag-ri-gñan-gzigs, Gnam-ri-sroh-btsan。

can,814—836 年),分别为文殊(Hṅam-paḫi-dbyaṅs 或 Mañjughoṣa)和金刚持(Ṛdo-rje-ḫchan 或 Vajradḫara)的化身。

藏王松赞甘布作为西藏文化英雄,作为第一次记载于汉文史书的弃宗弄赞,与尼泊尔公主结婚,并与文成公主结婚(641 年)。两公主建了佛寺,以供养由内地和尼泊尔运来的佛像,所以拉萨的名称,即"佛地"的意思。由于两公主的影响,松赞甘布才送顿弥桑布札(Thon-mi-sam-bho-ṭa)和其他一些人到印度去学佛,去习梵文,以便造出藏文字母,翻译佛经。顿弥桑布札完成了这个使命,①所以藏语才有书写形式,即藏文,佛经也才有藏文译本正式传入西藏。藏王也正式建立度量制度,也颁布了二十个佛教法规。②

他的孙子由内地输入茶叶和瓷器;他的重孙,即赤德祖丹(Khri-lde-gtsug-brtan),于 710 年娶金城公主。在赤德祖丹的统治下,建了许多佛寺,可是尚无喇嘛受戒。

金城公主生赤松德赞(Khri-sroñ-lde-btsan,742—797 年),即在 763 年攻入唐首都长安的那个藏王。他也是正式发展藏族佛教的人,755 年即位,因为当时他太年轻,佛教曾被信仰本教的大臣们所迫害。他正式取得统治权后,才把迫害他的人杀了,也将信本教的人加以限制。两名由印度请来的大师希巴错(ži-ba-ḫtsho 或 Śānta-

① 顿弥桑布札去印度与唐玄奘同时,但彼此不知道。

② (1)杀人者偿命。(2)窃物者归还,并付八倍罚款。(3)强奸者阉后驱逐出境。(4)被告撒谎,要起誓没有撒谎。(5)皈依佛、法、僧。(6)报答父母以孝顺。(7)敬老。(8)学温和和聪明的人。(9)不准对出家人和长者无礼,而要遵从他们的教导。(10)向正义的人学习。(11)学佛教,学经书,了解它的意义。(12)相信因果,羞于作恶。(13)帮助亲属和朋友,而不打扰他们。(14)力求正心,(15)勿饮酒过度。(16)按时偿还债务。(17)不要用自制的度量衡。(18)不要干涉旁人的事务,除非经人请求。(19)处理重要事务,要负责任,不要听妇人的话。(20)假定拿不准何者为是,何者为非,则在神前发发誓。

rakṣita)和班马撒姆巴瓦(Padmasambhava),建筑了第一个寺院桑耶寺(Bsam-yas,762—766年),遂有7名藏族喇嘛受戒。希巴错是个大师,班马撒姆巴瓦是个密教作法降魔者,佛教作为宗教教义,奠基人是希巴错——他760年来藏,以后去世。然而作法降魔者则较著名,因为降伏了反对佛教的力量;两次入藏在西藏的时间总计还不到18个月。

当时盛行的佛教属于Yogācārya大乘(Mahāyana),为当地信仰本教者和来自汉地的和尚所反对。前者反对它是外来的;后者反对,是因为它太有崇拜偶像和神异的色彩。可是两者都在公开辩论中失败了,结果本教信徒开始吸收佛教,汉地和尚离开了西藏。我们以后还要讨论本教的发展,现在则要略述汉僧的影响。

自从唐朝两位公主嫁给藏王,唐朝的使节常有往来,而正式文件则用唐朝官方文字。汉文书籍和其他礼品,不断输入藏地。这样,汉族僧侣大有作为。虽然汉族史书上没有关于他们的记载,重要的藏文书籍则记下他们六人的名字。这些汉僧属于禅宗(Dhyāna),主张静修,自然不喜欢五颜六色的藏族佛教的摆布。当地的学者,很难于印度大师与汉族大师之间加以选择。上述辩论之中,讲静修的禅宗自然不会取胜,因为不主张说话的人怎样去辩论呢?希巴错死后,来了卡玛拉细拉(Kamalaśīla)大师,在辩论中击败汉族和尚,汉族佛教再也没有任何影响;虽然汉族和尚帮助过西藏佛教复兴,可是汉族佛教再也没起什么作用。西藏佛教复兴前,曾被灭过,留待以后再说。

现在回到历史次序,赤热巴坚王(Khri-ral-pa-can,814—836年)继承乃祖赤松德赞扩张领土和崇尚佛教的政策。他向唐朝皇帝进攻,败而后和,于822年在拉萨建立了甥舅会盟碑,今日仍在。

在他当政的日子，藏文拼音有所修订，以便把梵文译音，并作字典，解释借用的字；度量衡和钱币，也进一步系统化。汉族的纪年，也好像引用过来，以纪西藏史。除了翻译佛经以外，也建立了许多庙宇，并把家庭编成七家为一单位，每七家供给一个喇嘛。有敢骂喇嘛者，割舌头；有指着喇嘛不怀好意者，割手指；假定怒视喇嘛，挖去双眼。结果藏王激怒群众，以致836年被人杀害。

他的弟弟朗达玛（Glaṅ-dar-ma），是反对派的头目，取得政权。虽然朗达玛被一个化装的喇嘛贝吉多吉（Re-çes-rdo-rje）刺死，他的政权不长（836—842年），但他足以在西藏消灭任何佛教痕迹。以后的佛教，是由于逃到安多（A-mdo）去的西藏喇嘛，与当地汉族和尚协作，后来又与印度学者协作，才在西藏得以复兴。所以为了纪念汉族和尚的贡献，今日藏族喇嘛还佩戴和尚制服的某些徽记。

朗达玛之后，西藏分裂成细小的统治区，过去藏王煊赫威武的局面再也不见了；藏族佛教是以后通过蒙古、汉、满等民族的影响而发展起来的。

西藏有佛教以前，它的宗教是本教（Bon），可是有了佛教以后，本教也佛教化了，原始的本教再也看不见了。在朗达玛灭佛教以前，原来的西藏佛教和以后传入的佛教，在藏族史上叫作“早期翻译”（Sṅa-ẖgyur）或宁玛（Yñiṅ-ma）；朗达玛以后输入的佛教，叫作“后期翻译”（Phyiẖgyur）。宁玛或早期佛教，便成为藏族佛教的一派。由“后期翻译”演变成的派别，叫作萨迦巴（Sa-skya-pa）、噶举巴（Bkaẖ-brgyud-pa）和格鲁巴（Dge-lugs-pa）等。在一般讨论中，宁玛巴被称为未改革的教派，格鲁巴则为改革的教派；萨迦巴与噶举巴，则称为半改革的教派。更有称包括本教在内的各派，为黑、红、花、白、黄等教，[①]因为格鲁巴，既为黄教，又掌权，一般又称为统治教派。因为藏族出家人叫喇嘛（Bla-ma），就把藏族佛教又叫喇嘛教。"喇嘛"在藏话中，和"和尚"在汉语中一样，都是"上师"的意思，汉族佛教既不称"和尚教"，也就不该将藏族佛教叫作"喇嘛教"（Lamaism），可是误称变为通称，好像积重难返了。

再说朗达玛灭佛教以后，等了100年，才自印度来了翻译大师，重新翻译佛经，将佛教介绍到西藏。翻译大师，有仁勤臧布（Rin-chen-bzaṅ-po，958—1055年）、卓米（H̱brog-mi，993—1078年）、玛巴（Mar-pa，1012—1096年）等最著名。1042年才到西藏的阿提沙（Atiça，982—1054年）大师，贡献等于先来的希巴错，萨迦巴、噶举巴、格鲁巴都追溯他们的宗教来源于这些大师。

萨迦巴的祖先是昆巴波切（H̱khon-dpal-bo-che），赤松德赞的大臣。他的儿子是昆律邦松巴（H̱khon-kluẖi-dbaṅ-sruṅ-ba），是最早由希巴错在桑耶寺施戒的七人之一。由第一僧人算起，昆氏家族十辈都有著名的僧人和结了婚的宁玛派大师。但第十一辈有弟兄二人，一名昆绕西绕慈赤（H̱khon-rogs-çes-rab-tshul-khrims），一名昆屯衮巧甲白（H̱khon-ston-dkon-mchog-rgyal-po），做了不同的事。

弟兄二人都善于显密两教，弟弟昆屯衮巧甲白（1034—1102年），一日在街上看见喇嘛跳神，回家向哥哥说了。哥哥回答："密教已腐朽了，不会再有圣人（Grub-thob）兴于藏土，现在是收藏一切

① 黑教指本教，有贬义；红教指宁玛巴，来自喇嘛教袍的红颜色，但不只宁玛巴的教袍是红颜色的，其他各派也有红颜色的。花教来自萨迦巴的寺院，用红、蓝、白三种颜色依次排起来，以象征智慧、武勇、慈悲三神。白教，因为噶举巴的祖师爷曾服白棉布衣。黄教，因为格鲁巴喇嘛礼帽是黄颜色的。或者除白黄二色外，用颜色代表教派，喇嘛本身并不知道。

密教经典和仪式器材，作为宝物收藏（gter），保留古代经典的时候了。我老了，你还年轻，前往慕古（Mugu），投靠卓米罗杂释迦伊西（H̱brog-mi Lo–tsaẖÇaẖ-kya-ye-çes），他是有学问的人，请他教你新的密教。”

弟弟就这样得金刚杵（Rdo-rje-phur-pa 或 vajrakilaya）仪式的留传，把宁玛派的佛像、书籍、仪具藏于佛塔之中。最后，于 1073 年创建了萨迦（Sa-skya）寺及其教派。

此派中，有七名大师最著名。第五名居首，就是八思巴（卓贡曲佳帕巴 H̱gro-mgon-chos-rgyal-ẖphags-pa，1235—1280 年）。他不但在萨迦派最为重要，而且对于整个藏族宗教也很重要。1251 年他应蒙古蒙哥汗之弟忽必烈的邀请，从凉州东行会晤忽必烈于六盘山，给忽必烈施欢喜金刚（Kye-rdo-rje 或 Hevajra）受戒仪（Pbaṅ）。

忽必烈于 1260 年即大汗位，同年封八思巴为“国师”，受十三万户供。这个第一任藏族法王，曾于 1258 年与道家辩论，也赢得了胜利。据说，他于同时与西洋传教士辩论于蒙古朝廷，也使西洋传教士辩论输了。他于 1269 年受忽必烈之命，贡献蒙古新字，也被采纳。所以他最终成了西藏王（“宗教领域的王”）、西康王（“人的领域的王”）和安多王（“马的领域的王”，即游牧人的王），整个藏区的王。

忽必烈有意使所有藏族都信奉萨迦派，并守萨迦派的教规。但八思巴感觉那样不公道，还是允许他们选择自己的教派。但在萨迦派统治区中，由 1255 年到 1349 年政治和宗教是一致的。萨迦派的统治被帕谋噶举派（1349—1618 年）所代替，帕谋噶举派又被噶玛噶举派（1618—1642 年）所代替，最终于 1642 年被第五世达赖[1]所

① 见以下第七章“格鲁派大师”，以及达赖喇嘛转世各辈名称。

代替，以后格鲁派宗教领袖便为统治藏区的法王。但萨迦派依然是藏族佛教中最被崇信的教派之一，由它圆满受戒的喇嘛，依然被称为"最高的上师"（Goṅ-marin-poche）。

按年代顺序，萨迦派政权后，噶举派的一个支派当权。噶举派为译师玛巴（Mar-pa，1012—1096 年）建立。他先从译师卓米（H̱-brog-mi，993—1078 年）学，卓米也是萨迦派的创始人，昆屯衮巧甲白的老师。当玛巴赴印度时，即从许多老师学习。他在藏地最了不起的门徒是弥拉瑞巴（Mi-la-ras-pa，1040—1123 年）。弥拉瑞巴的门徒是达伯（Dwags-po，1079—1153 年）。达伯传统分成四派：（1）达伯自己的派别；（2）由他的门徒来的噶玛噶举（Karma Bkaẖ-brgyud）派；（3）另一个门徒来的巴绕噶举（H̱bah-ram Bkaẖ-brgyud）派；（4）再由另一个门徒来的帕谋噶举（Phag-mo Bkaẖ-brgyud）派。由噶玛噶举又分两个小派，黑帽派和红帽派；而帕谋噶举又分成八小派。虽然这些小派都在当地享有政治权力，只是帕谋噶举建立了王朝，代替了萨迦王朝。

帕谋主巴（1110—1170 年）是西康人，他先从萨迦派老师学，后乃认达伯为老师，因为他于 1158 年在帕谋主地方建立寺院，以致这寺院所在地的名字代替了他自己的名字。他的学派，被称为帕谋噶举，统治者的系统被认为"最高者"（Goṅ-ma），在寺院的系统则被承认为"兼阿"（Spyan-sṅa）。从 1349 至 1618 年创立王位的叫作司徒江曲甲粲（Byaṅ-chub-rgyal-mtshan，1302—1364 年），是第六寺主札甲（Grags-rgyal）和第七寺主札喜（Grags-çes）的弟兄。由 1345 年起，他常与萨迦派打仗。他的统治被元朝皇帝承认（1351 年）。嘉木祥（Hjam-dbyaṅs）作为第二个统治者，于 1372 年由明朝皇帝赐予"帝师"的称号，并于 1376 年得"万户府"的赏赐。第十个统治者札巴甲岑(Grags-ps-rgyal-mtshan),于1406年得"阐化王"的称号,他也是第十个寺主。

在1618—1642年,这一统治被另一派所代替,即噶玛噶举(Karma-bkaẖ-brgyud)派,他们是噶玛赞松巴(Karma Btsan-sruṅ-pa)、噶玛彭错那木佳(Karma Phun-tshogs-rnam-rgyal)和噶玛丹迥旺伯(Karma Btsan-skyoṅ-dbaṅ-po)。

但这一短命的统治,于1642年被蒙古王固始汗(Gu-çri Khan,1582—1656年)所代替,把统治权给了五世达赖,清朝皇帝于1652年给达赖第五以"西天大善自在佛所领天下释教"衔。就这样,帕巴(Hphags-pa)的寺主王达赖喇嘛就代代转世传,直至十四世达赖。

达赖喇嘛是格鲁派或藏族佛教的黄教领袖,因他兼有政治上的统治权,所以他的教派也叫作正统派。可是该派的创始人,是宗喀巴(Tsoṅ-kha-pa,1357—1419年)。

宗喀巴是安多(A-mdo)人,即青海人。三岁时,开始由噶玛巴喇嘛罗柏多吉(Rol-paẖi-rdo-rje,1340—1383年)受戒。16岁时赴藏,受比丘戒,同各派大师学习,最后从阿提沙(Atiça,982—1054年)的教理,确立自己的学派——格鲁派(Dge-lugs-pa),意思是"有德性的道路"。他的门徒弟子中,最年轻的根顿主巴(Dge-ẖdun-grub-pa,1391—1474年)和克主杰(Mkhas-grub,1385—1438年),以后转世为达赖和班禅。达赖是卫地(Dbus)拉萨的掌政教大权的人,班禅则在藏地(Gtsaṅ)创建扎什伦布(Bkra-çis-lhun-po)寺,是纯然宗教领袖,最后达赖是转世的第十四辈,安多农区的藏童。十世班禅,因为候补人多,在1948年时尚未认定,解放后入藏,也是安多人。

清朝为了确定达赖、班禅两名活佛的转世候选人，于1793年颁布了金瓶掣签法，在北京和拉萨各置金瓶，候选人的名字用满文、汉文、藏文书写，同生辰和时间，放入金瓶各一份，作了典礼仪式，然后抽签，假定两瓶抽出来的签都一致，说明候选人无误。然而这种办法，同清朝一同完结。

总结蒙古族、汉族和满族皇帝创立萨迦巴、噶举巴、格鲁巴等宗教王的制度，蒙古的王公都是与西藏的王公混在一起。清朝政府于1726年设置"案办"（Amban），即驻藏大臣，他的地位于1792年即等于达赖。英帝于1904年侵入西藏，十三世达赖避难于蒙古、安多和北京，于1909年返回西藏，又于1910年逃至印度，以避清朝政府的惩罚。1912年清朝灭亡，共和国成立，十三世达赖方回西藏。他欲扩张势力范围，于1918年用拉萨士兵进攻西康。班禅第九世又于1923年逃出西藏。虽然十三世达赖和九世班禅于1933年和1937年先后去世，但两个最高的喇嘛之间的仇怨，仍延续至两派之间，在解放前一直未得和好。

解放以后，十四世达赖和十世班禅都曾分别住在拉萨和扎什伦布。

第二编　佛教以前的信仰和早期佛教

第三章　本教

——藏族原始信仰

本教作为藏族原始信仰，在印度输入佛教以前的原样子，现在已看不到，它与佛教互相反对，又互相适应，现在已变为佛教各派之一了。可是藏族佛教徒，把他们自己的信仰叫作“宗教”(Chos)，以与本教相对；并把本教叫作“黑教”，以与自己的信仰是“白”的，或纯洁的相区别。而本教教徒(Bon-po)为了使自己避免批评，把自己的创始人说得比释迦牟尼还要早，认为释迦牟尼或是他的转世，或与他同时。鉴于这种态度，试看藏族佛教徒如何对待本教的历史，是有意思的。本章所写的概述，则是这种历史的结果，也是作者实地研究，由西康本教徒所搜集的记录。不幸，手中没有本教的历史材料。

根据一本很有名的著作《教派明镜》(*Grul-mthaḥ-çel-mo*，第104—169页)①的记载，这位安多的大喇嘛引用本教经典说，在本劫，人类生命由无限量变到10岁，18位大师生下来以使世间觉悟。作为18位大师之一，辛饶(Gçen-rab)降生于人类寿命约活百岁的

① 1801年出版，作者名字是乐桑曲吉尼玛(Blo-bzaṅ-chos-kyi-ñi-ma)，以土官呼图克图著称。他是汉名明宇，藏名衮隆嘉巴凌(Dgon-luñ-byams-pa-gliñ)的活佛，寺院在安多。他生于1737年，参见第八章第三节。

世界。辛饶是香雄(Żaṅ-żuṅ)的窝末隆仍(*Ḫol*-mo-luṅ-riṅ或 Ol-mo ḫi-gliṅ)人。香雄就是西藏西部古代阿里三区之一。辛饶创立了本教,根据旁的书①更有如下记载:

> 欲教化香雄(Żaṅ-żuṅ)的人,
> (他)已变成辛饶弥泊(Gçen-rabs-mi-bo)了,
> 示十二大行,②
> 说九乘教法,③
> 为生者开天门,
> 为亡者断死门,
> 度生"雍中"(Gyuṅ-druṅ)道。④

特别值得注意的是在《巴玛噶塘》(*Padma-bkaḫ-thah*)这样的名著中(第257—258页),有下面一些话:

> 自本劫开始,人们就陷入轮回中,陷入愁苦大海之中,由于无知,做了不知多少错事。顿巴辛饶(Ston-pa Gçen-rab)对他们起了慈悲念头,就由天上的宫殿放出五种颜色的光,普照大地,然后把自己变成布谷鸟,蓝颜色与蓝宝石一样,唱的歌

---

① 《白琉璃》(*Bō-pū-dkar-po* 或 *Vaiḍūrya-dkar-po*)。

② 指释迦佛的一生. 如"被怀孕"、"被降生"、"出家"、"转法轮"等。

③ 见本章以后说明。

④ 相当于佛教金刚(Hdo-vje 或 Vajra). 不可毁灭的象征。根据达斯(Das)《藏英字典》,"雍中"的梵文是 srastika,即神秘的十字,或非语法的符号,是两个巴力文的语音,表示完全消极退让,不受任何干扰。

与琴声一样。他以这种形象落在一个天王(Gnam-gyi-guñ-rgy-al)的头上,扇了三下翅,闪出带红色的白光,然后投入到他母亲的头里。当他最后降生时,立刻就能发出有音节的语音,并有旁的幸福的象征。所以释迦佛的动作,在辛饶的转世中也有类似的迹象,如首先看他要降生的那个国家是否值得他降生;第二看父母是否属于正统家世;第三看什么地方宣讲他的教义合适;第四看群众有多少福气享受他的说教。

因为这样的神话,由藏族佛教徒的历史中保存下来,足以证明本教创始人辛饶是个了不起的人,既被他的信徒所重视,也被他的反对者所重视。一般承认,本教发源自香雄(Żaṅ-żuṅ)的窝末隆仍(H̱ol-mo-luṅ-riṅ),并由那里的语言传播的。以后,佛教传入西藏,自然与本教相互反对又相互影响,而且有本教经典,不断埋藏又不断发现,有原来的和修订自佛教的。这个过程,充分说明本教的传播和变迁的方法,因为佛教输入以前,在藏文创制以前,不可能将本教用文字记录下来,传播开来;而佛教的输入和藏文的创制,是641 年以后的事,那是文成公主嫁给藏王松赞甘布(Sroṅ-btsan-sgarn-po)的一年。

相传在辛饶出现以前,藏地充满了妖怪,危害于人民,据传说,①是辛饶才使这些有害的妖怪屈服于人民的利益。他也到过很多的地方,例如下述各地,特别提到他去过:翁达(On-mdaẖ)的赛康宰(Gse-khaṅ-rise),那就是后来建立了阿里(Mṅaẖ-ris)寺院的地方;瑞帕仁勤笨巴(Ri-bo-rin-chen-spuṅ-pa)山;西康西部的工字(Ko

① 见“本教的四门五库”(Bon-sgo-bżi-mdzod-lṅa)。

ṅ-yul)、步楚拉康(Bu-chu-lha-khaṅ);东边的神山笨瑞(Boṅ-ri)。他也有许多门徒,与他来往最密切的是穆错丹珠(Mu-tsho-Ldem-drug)。旁的著名的有波斯的穆擦茶黑塞(Mu-tsa-tra-he-se)、赤托巴擦(Khri-thog-bar-tsan)和古希李巴尔马(H̱gu-hi-li-spar-ma);印度的拉达阿卓(Lha-bdag-sṅags-dro);汉地的雷塘莽巴(Legs-thaṅ-smaṅ-pa);克冲姆(Khrom)的塞道介加(Gser-rdog-lce-byams);后藏的丹津擦莽给(Ldem-gyin-tsa-smaṅ-dge);布巴(Bum-pa)的木泵桑塘(Mu-Spuṅs-gsaṅ-thaṅ);香雄(Żaṅ-żuṅ)的匣拉布勤(Ça-ra-bu-chen);西康的木雅(Mi-ñag)或木雅的介擦卡鼓(Lce-tsha-gar-dgu)。这些人都帮助他在中国西部各地传布本教,使之发扬光大。

本教发展史可以分为三阶段:

(1)多勒本(Brdol-bon)或作勒本(Hdzol-bon),由西藏第一位有记载的藏王捏赤赞布(Gñaẖ-khri-btsan-po)算起,到第六藏王赤德赞布(Khri-sde-btsan-po);

(2)卡本(H̱khyar-bon),由止公赞布(Gri-gum-btsan-po,即叫二"德"的第一名藏王)到松赞甘布正式输入佛教的时候;

(3)居尔本(Bsgyur-Bon),由松赞甘布时代至宗喀巴(Tsoṅ-kha-pa)时代(1357—1419年),宗喀巴就是格鲁巴(Dge-lugs-pa)或藏族佛教正统化的创始人。

第一阶段,在前藏(Dbus)有个属于辛(Gçen)族(Rus)的孩子,叫阿母消翁(H̱am-çod-ẖon),传说到了13岁时被魔迷住了,一迷迷了13年,他漫游于西康和西藏。26岁时,他清醒过来,能见某处有魔危害于人民或造福于人民。他宣传降伏魔或祈祷魔的思想和办法,因而开始了本教原始行为,怎样与地下魔打交道,怎样向天上神做祈祷,怎样为两者之间的人谋福利。这样的原始本教,被称为黑帽派（Chab-nag），也是西康西部工布（Koṅ-po）地方的本教庙宇的名字，不能与喇嘛跳神舞蹈的“黑帽子”①和尚相混。

第二阶段，传说由魔造成巨患，那是止公赞布当政之时。当时所有本教内行都无法控制，由克什米尔的卡奇（Kha-che）来的人，能够坐在鼓上飞于天空，能用羽毛割铁成屑。另一个西藏西北竹夏（Bru-ça）来的人，能够占卜，即用不同颜色线（ju-thig）抽签，或用天语（Lha-bkah）和“牲血”（srog-dmar）决定人的善恶命运。第三人来自香雄（Żaṅ-żuṅ），能够驱除人死后阴魂不散的恶魔，或降伏一切魔鬼，并能作各种巫术。在前三人到来之前，原西藏的本教徒并无特别理论，这以后，本教才有相同于印度教大自在神（Maheśvara 或 Lha-dbaṅ-phyug-chen-po）的观点。

本教发展的第三阶段，又分成小的三个阶段：早期居尔本（Bsgyur-bon），中期居尔本和晚期居尔本。早期居尔本，传统都溯源于一个蓝裙子大师（Çam-thabs-sṅon-po-can）。他自己将某些不正规的经典埋于地下，然后冒充发现了隐藏的宝物，即将它发掘出来，包括在本教系统中。他也被认为发明了关于性交的文件和用杀死来求解脱的文件。中期居尔本是在赤松德赞（Khri-sroṅ-bde-btsan）为王时发展起来的。赤松德赞就是金城公主的儿子，他于755年当政，先延请佛教师和本教师均至其治下，可是后来偏重佛教师，忽视本教师。本教既受歧视，乃采取许多佛教的条文，将它翻译，纳入本教系统。根据《班马卡塘》（*Padma Bkah-thaṅ*，第134—135页），请来的佛教大师中，18人是由印度来的，六人是由

① 跳神中表现的“黑帽子”代表宁玛巴（Rñiṅ-ma-pa）或藏族佛教早期教派的成熟人物，这又不能与半改革派之一噶举巴（Bkaḫ-brgyud-pa）的“黑帽派”相混。

内地来的；他请的本教大师中，有香雄和旁的地方来的七名不同教派的人。这些大师都集中于桑耶寺（Bsam-yas）阿瑞亚八楼灵（Āryapalo-gliṅ）学院，桑耶寺就是在西藏建立的第一个寺院。藏王让他们把本教教义写入经典文字，还让本教大师举行宗教仪式。他们宰了鹿作为主要牺牲，也宰了许多牛羊。佛教大师乃向藏王提出抗议，说："大规模屠杀不合佛教仪规，本教完全反对佛教，两种大师不能共处于一教，就像两名国王不能共处于一国，我们也不能与本教罪犯共事。我们请求陛下遣我们回国。"但藏王则作如下答复："过去佛、本二教互相攻击，因为本教强，佛教弱，许多著名的佛教译师被迫回国，你们最好不要反对本教，以便两者共同传教。"听了这些话，佛教大师便沉默无言，但他们拒绝讲道。

然而，甲维罗追（Rgyal-baḫi-bio-gros）死的时候，两派都举行仪式。为死者谋福。藏王见到佛教派的优胜，遂倾向于佛教，而怀疑本教。他遂让两派在东卡塘（Don-mkhar-thaṅ）举行公开比赛，看谁做的奇迹优胜，结果本教派输了。在三派辩论中，藏族佛教创始人班马撒姆巴瓦（Padmasambhava，莲华生）与塘那（Thaṅ-nag）来的两名本教徒辩；山塔绕克西塔（Śantarakshita. 教护）与香瑞乌间（Ça-riḫi-dbu-can）等辩。结果，还是本教徒输了。

于是，境内所有本教徒，都令集中于康诵那卡（Khams-gsum-na-gar），都将头发束成辫子，头戴狐皮，手拿半个鼓，身穿普通老百姓的服装。且吃粗糙饮食，换句话，他们被降低身份，与一般人相同。流血牺牲再不允许，可是印的图样，可以代替真的祭品，许多本教徒被驱逐至上部西藏，至杰马雍中（Bye-ma-gyuṅ-druṅ）、杂迷（Rtswa-mi）等地方，甚至蒙古的司普瑞五腊尖（Spreḫu-slag-can）。从那以后，任何杀生的人，都被看作是职业屠夫，被认为是社会遗弃者。

当时本教被压，佛教吃香，一个本教和尚，叫桑佳将曲（Saṅs-rgyas-byaṅ-chub）的，被藏王罚款所激怒，作为报复手段，他将某种佛教经典，改编为本教的经典。藏王知道此事以后，即宣布任何人敢于改编佛教经典成本教的东西，以贬低佛教，即杀无赦。他乃将改写的东西埋于洞中，不使被人发现。这些东西，以后被人发现，即认为是本教的藏书，所以本教就这样被佛教所修改。这就是中期居尔本的特色。

晚期居尔本更大规模地用伪装来窃取佛教经典，那是朗达玛在837—842年灭佛教以后的事。

后藏的娘托（Ñaṅ-stod）地方土著辛固录噶（Gçen-rgyur-klu-dgaẖ），在前藏打域卓拉（Dar-yul-sro-lag）本教中心，改编了许多佛教经典，例如，《般若波罗蜜多十万颂》①变成本教"卡姆勤"（Kham-cheṅ）；二万五千颂②变成"卡姆穷"（Kham-chuṅ）；《瑜伽行地摄抉择》③变成本教经（Bon-mdo）；而五部陀罗尼（Dhārani）变成《十万白色和黑色龙经》（*Klu-ẖbum-dkar-nag*）。本教用不同术语和说法区别于佛教，起的作用是一样的。譬如，管"觉悟"叫"辛饶"（Gçen-rab），那就是本教创始人的名字，让他等于释迦佛；"三身"④

① Çcs-rab-kyi-pha-rol-tu-phyin-pa-sto ṅ-phrag-brgya-pa 或 śatosa-hasrikāprajñāpā ramitā。

② Çcs-rah-hyi-pha-rol-tu-phyin-pa-stoṅ-phrag-ñi-çu-la-pa 或 pañ-cavinitisāhas-rikā-prajñāpā-rainitā。

③ Rṅal-ẖbyor-spyod-paẖi-sa-mam-par-gtan-la-dbab-pa 或 yoga-caryābhūmi-vini scayasam-graba。

④ Chos-kyi-sku 或 Dharma-kāya, Loṅs-spyod-rdzogs-paẖi-sku 或 Sam-bhoga-Kāya，或 Sprul-paẖi-sku，或 Nirmāna，即法身、报身、化身。

叫“本身”(Bon-sku)、“普善身”(Kun-tubzaṅ-po),“无垢化身”(srid-pa-tshaṅs-po);“智慧空行母”①叫“撒垂耶桑”(Sa-tri-e-saṅ);“阿罗汉”(Arhat)叫“辛色”(Gçen-sras);“菩萨”(Byaṅ-chub-sems-dpaẖ或 Bodhisattva)叫“雍中塞姆巴”(Gyufi-druṅ-sems-dpaẖ);“喇嘛”(Bla-ma)叫“温塞”(Dbon-gsas);“空性”②叫“阿梅尼”(A-me-ñid);“菩萨十地”另叫一套名称。

一切改编的佛教经书都埋在错阿追五穷(Mtsho-lṅa-ẖdreẖu-chuṅ)的石头底下,不久即被同一人作为新发现而发掘出来。辛固录噶(Gçen-rgur-klu-dgaẖ)以后,穷波(Khyuṅ-po)的本教徒有更大效法。

本教的第三期,包括上述三个小期,也被承认为“白派”(Chab-dkar)。普通以颜色命名的,可能是由于佛教徒的概念,以为接近于佛教的东西,是皎洁的或白色的。在这一阶段,几乎没有什么佛教著作不被本教所吸收。

除了藏文大藏经的经部《甘珠尔》(*Bkaẖ-ẖgyur*)有和本教相关的部分以外,本教的著作,可用下列观点加以分类,即见、修、行持、事业、生圆道果,护法、宇宙观、心理物理修持结果。

属于见的有以下著作:

《圆满胜金曼论》(*Rdzogs-paẖi-rin-chen-gser-gyi-phreṅ-ba*);

《本释利刃论》(*Rtsa-ẖgrel-rluṅ-gi-spu-gri*);

《光明轮要门论》(*Man-ṅag-ẖkhor-lo-ẖod-gsal*)等。

属于修的有:

---

① Mkhaẖ-ẖgro-ma-ye-çes 或Ḍākinijñāna。

② stoṅ-pa-ñid 或śānya。

《蕴自转变明点九钟》(*Phuṅ-po-raṅ-ḫgyur-thig-le-dgu-skor*)；

《金点》(*Gser-thig*)；

《心自觉验集》(*Luṅ-sems-ñams-myoṅ*)；

《传心直授白书》(*Sems-luṅ-ye-khrid-dkar-po*)等。

下列是某些讲行持的著作：

《抉择八界书》(*Khams-brgyud-gtan-la-dbab-paḫi-ḫbum*)；

《雍中十道地书》(*Gyuṅ-druṅ-bcu-lam-gyi-ḫbum*)；

《清静律仪戒书》(*Rnam-dag-tshul-khrims-ḫdul-bohi-ḫbum*)；

《增长善品积集资粮书》(*Dge-rgyas-tshogs-chen-rdzogs-paḫi-ḫbum*)；

《黑病法》(*Nad-ḫbum-nag-po*)；

《华寿法》(*Tshe-ḫbum-khra-po*)；

《白医法》(*Sman-ḫbum-dkar-po*)；

《黑禳法》(*Gto-ḫbum-nag-po*)。

属于事业。即为老百姓者有：

《三百六十种禳祓》(*Gto-thabs*)；

《八万四千种观察》(*Dpyad-thabs*)，如天文、占卜、相面；

《四冥想》(*Gyer-sgom*)；

《八哭》(*Skad-coṅ*)；

《三百六十送丧》(*Çid-thabs*)；

《八十一种法镇伏妖魔》(*Ḫdul-thabs*)。

属于生圆道果的有：

《总积本藏》(*Spyi-spuṅs-bon-mdzod*)；

《九类可怕父神》(*Pha-rgyud-drag-po-dgu-ḫdus*)；

九太阳母(Ma-rgyud-ñi-ma-dgu)；

无限可怖者(Khro-rgyud-mdo-chen-ẖbyams-pa)。

护法类有:大小司热集撒卡(Srog-gi-sag-gdar)、红黑扎巴卜至(Gr-wa-pa-spu-gri)、达甲玛末茶主(Dal-hbyams-ma-mohi-khrag-sgrub)和“七使者”,如魔、食尸鬼、恶灵、海龙、凶星和马海尸瓦拉(Māheŝuara)。

至于本教的宇宙观,有人相信原始的空(Ye-mad),由此得出物本体(Ye-yod),即产生清白的霜,因即产生透明的露。由于这种液体,整个宇宙就演化出来。另外的人则说,动物是由卵孵出来的。本教关于巫术和禳灾的书在这一方面提到的很多。

根据本教论文基本宝藏(H̱dus-pa-rin-chen-po-cheẖi-rgyud),“世俗的坚持存在,精通的则沉于空”。可是两者都是心理构造出来的,没有贪欲,而有警觉,则有先验的智慧;有内在的感觉,而无过分的区别,则有普通的悟性。这就是任何灵性收获所企图的,可以得到“解脱”。在旁的地方也提到,“最后实体”不过“如此”(De-lta-bu 或 Tathatā)。它不是整个看得见的宇宙,但可反映出宇宙的任何东西。实现“如此”即“解脱”,而沉醉于现象世界,则使人纠缠于生生死死之中,在这方面,可见本教与佛教的世界观并无多大区别。

本教的心理和体质的解释,也跟佛教密宗一样。假定一个假想的解剖学,心说是有八瓣,在中心处有五根,由五色的线缠在一起,由光的“本教身”放射出“五慧”,“本教身”并非实体,所以并不属于“物”的范围。它也不属于“空”,因为它放出光。它是自存的、绝对的,不能想象与任何外因有关系。但它作用着,能发声、光和光线,借着身、口、意三行为和色、声、香、味、触、法六感,而传遍现象世界。为了观察“光的本教身”,必须取消主观和客观的区别,那就需要自发的省悟，而这没有主客观区别的省悟，可用三种办法达到。

第一种办法是坐着。用坐的姿态，可于日间某时把心专下来，然后，思想即可较好地集中，以致沉静入微而无骚动，最后随时可以静默，当需要处理人事的时候，随时可以变作正常。

第二种办法是自然状态。这就是入静的人，再也不需要用感觉来得知识；心既不用控制什么，也不用专想什么，而处于无虑的自然状态，于是心就摆脱一切牵挂。

第三种办法是摆脱一切逻辑区别，即知者、能知和被知的区别，而获自由。于是"心"就是"本教身"，是自明的，贯于一切现象，而把它们变作"智慧"了。这很清楚，乃是由宁玛教（Rñiṅ-ma-pa）大圆满派（Rd-zogs-chen-pa）抄来的，是与汉人的禅宗（Dhyāna）最相近的。

根据本教的著作（Gżuṅ-bsran），由《佛教历史》（*Rgyal-rabs-gsal-baḫi-me-loṅ*，第25—26页）作者转抄的，本教宣传"九乘"，四乘与原因有关，四乘与结果有关，一乘是超乎原因、结果的最高乘。

四乘与原因有关的：（1）第一乘是占运派（Phywa-gçen），为两女神杰卜巴（Skyes-bu-ber）和大露吉名结（Ta-klu-spyid-miṅ-ske）所传，其中有三百六十法的禳除（Lto-rigs）和八万四千种的观察（Dpyad-rigs）；（2）第二乘是现象派（snaṅ-gçen），为杰卓卡塞赞伯拉（Gyer-sgrog-gar-gsas-btsan-poḫi-lha）神所传，关于人和神的，以助世间政府，宣传四法静坐（Gyer-sgom）、八祈祷（skad-kyi-leoṅ）和四十二法出血（Gtar-rgyab）；（3）第三乘是神异派（Hphrul-gçen），为巴撒昂木巴（Sbas-gsas-rṅam-pa）所传，包括主要著作为《达江族普入》(*Lta-byaṅ-rdzu-ḫphrul*),是关于十三奇迹法和六巨大方便法的;(4)第四乘是世间派(Srid-gçen 或 Dur-gçen),传自杜塞巴伯(Ḫdur-gsas-spa-po)说教,即三百六十丧仪,四葬仪,八十一降妖术。

四乘与结果有关的:(5)第五乘是善行派(Dge-gçen 或 Dge-bsñen),为全知神(Ye-mkhyen-ḫphrul-rgyal 或 Kun-çes-ḫphrul-rgyal-po)所传,宣传为一切动物求解脱的方法,包括四种幸福的理论,两种洁净,三种治苦恼的巨大方法;(6)第六乘是善隐士派(Gçen-gyi-draṅ-sroṅ),为台竺雍中采伊甲箔(Theg-drug-gyuṅ-druṅ-tshe-yi-rgy-al-po)神所教,主要目的是训导规范,包括十方法以停止暂时的生存,两表现,两羞耻,三种方法的获得;(7)第七乘是白派(Gçen-gyi-la-dkar),为密神(Gsaṅ-ba-ḫdus-pa)所传,包括十八"部"和九反行,以传本教的密宗;(8)第八乘是完全派(Ye-gçen),为雍中伊旺加波(Gguṅ-druṅ-ye-dbaṅ-rgyal-po)所教,以传布四内省法,六十种静坐法,六十种兆头。

最高乘(Khyad-par-chen-po)为擦梅沃丹(Tshad-med-ḫod-ldan)所教,它代表本教最高教导,包括三护神(Yi-dam),一最高意义和五要方法。

与原因有关的四乘,意思是除掉真知的障碍,即知者与被知者之间一般的区别所造成的、与结果有关的四乘。前两个[(5)和(6)]是除掉困难(Ñon-moṅs-paḫi-sgrib-pa)所造成的心理障碍,那是由于自私所致的,而另外两乘[(7)和(8)]是除掉误解(Çes-byaḫi-sgrib-pa)所造成的心理障碍,那是由于偏见所致的。最后一乘[(9)],则导致神智。

另外,由于前四乘,追求者取得灵性进步的四种过程,在无量劫的转变以后。与结果有关的四乘之中,前两乘导致解脱,即通过三劫追求者的努力结果可得解脱，而后两乘可有同样的结果，即此生以后再生就可得到。最后一乘则使人获得本教身（觉悟），即在此生中。

本教的历史发展和理论，基本上根据佛教的书，它有时也取本教的书[①]就这样作了文件的概述。另外，加以实地研究，我们就可补充西康德格（Sde-dge）所属杂科（Rdza-khog）本教寺院邓勤贡（Staṅ-chan-dgon）的材料。

首先值得注意的是，那里的法台[②]根本不承认在本教里有什么派别。很显然，这是由于宁玛巴（Rñiṅ-ma-pa）的影响过大。为了将本与佛两教等同起来，法台所代表的邓勤贡寺院，趋向于忽视较原始的本教各派的存在。寺院本身，与西康的任何喇嘛寺院的外表没有区别；寺院的住户，也与普通喇嘛相同；绘制的偶像也看着与佛庙偶像相似，只不过较为可怖就是了。带翅的像代表智慧和武勇，这是著者第一次见到，后来在宁玛巴寺院又见到过。全体偶像跟佛教密宗一样，分为三类：善面的（Żi-ba）跟一般在内地见的显教佛像一样；可怕的（Drag-po），是密宗的特点；密主，是密宗的主要像。

显教佛像慈氏弥勒（Byams-pa 或 Maitreya）、白伞佛母（Gdugs-dkar 或 Sitātapatrā）等，在邓勤贡寺院是与本教诸神一起供养的。他们特有的护法，世间后（Srid-pa-rgyal-mo）可与喇嘛女神（Lha-mo

① 一个叫作《被智者传授和爱护的宝藏》（*Legs-bçad-ris-po-cheḫi-mdzod-dpyer-ldan-dgaḫ-baḫi-char-żes-bya*）的本教史，为夏杂仁白勤（Çad-rdza-rin-po-chen）所作，我曾在邓勤贡本教寺院见到。据该书记载，本教受到压制，结果，发生了各种灾难，包括藏王自己的疾病，祈求占卜的结果，本教与佛教双方都被允许插手，双方同样有效，但方式不同，这个故事与 1942 年《人文研究》第二卷马长寿文章《笨教由来》的记载相同，他是由川北嘉戎得到的材料。

② 名 Gyu-sprul-tshe-dbaṅ。

或Devi)相比,法螺神(Rgyal-po-duṅ-rtog)可与身、口、意、业(Karma)、果①相比。

本教僧人与佛教和尚分类也一样,转生主与法台都和佛教寺院一样,受全戒的出家人叫作张宗(Draṅ-sroṅ);受三十六戒的新出家人叫作臧促(staṅ-tshul);宗教仪式的领袖叫作古儒错(sgrub-stsol);念经堂的看管叫作给贵(Dge-skos);他的助手叫作给叫(Dge-gyod);念经头目叫作布杂(Dbu-mdzad);庙内守者叫作札尼(Grwa-gñer);这样称呼,与喇嘛寺的相同或相似。

这个本教寺院是西康本教寺院的中心,与喇嘛寺院的正统派争生存,也与佛教各派寺院一样,邓勤贡(Staṅ-chen-dgon)寺院有它自己的势力范围,由附近四村②七十户中选出家人。由于与附近格鲁派寺院冲突,邓勤贡原来的寺院被毁了。现邓勤贡不如原来宏大。

有两名转世者,夏杂仁白勤(Çad-rdza-rin-po-chen)是创始者,椎梅窝塞银(Dri-med-ẖod-zer-yin)较他次一级。前者于1940年死去,转世者在调查时尚未找出;后者是第24次转世,当著者参观时,他到各处化缘去了。法台管理寺院,他在12年中,时而管寺,时而不管,和西康佛教寺院一样,都在西藏更有名的寺院度过几年,他在班禅大师的扎什伦布寺附近曼瑞公巴(Sman-ri-dgon-pa)那个本教中心,读了经。

大多数有名的喇嘛寺院都授予学位,但邓勤贡太小了,生徒不够选拔的。这与旁的小喇嘛寺一样,所以许多本地的僧人都到旁

① 参看第十一章"事业王"。

② 那东宗(Na-duṅ-suṅ)、晓图(żo-to)、拉那尼(Ra-ṅa-ni)和德蒙(De-muṅ)。

的较大的寺院住几年。这就避免了小范围的缺点,可将活动范围扩大一些。可是邓勤贡经常考试生徒,虽然并不授予学位。考试是在附近的分寺院内举行,那里有转世主主持考试。

和旁的喇嘛寺中心一样,邓勤贡也举行公开的集会。在十二月二十八和二十九有新年庆祝活动,“可怖者”(drag-po)化装和他的88名从者演出,以镇压恶魔。

正月初五,是杰念没饶贾灿(Rje-mñan-mod-rad-rgyal-mtshan)死日纪念。他是著名的大师,在本教中相当于格鲁派的宗喀巴大师。在这一天,酥油花贡和许多灯光摆出作为纪念。同月十五日举行大祈祷会,但与喇嘛寺院不同,那里永远举行跳神。这里只绕着本教经书和注解向左转(逆时针方向),作为礼拜仪式。

四月十日舞会以使拉勤亚赛松(Lha-chen-yab-sras-gsum)出场,也相当于佛教的怖畏金刚(Rdo-rje-ẖjigs-byed 或 Bhairava)。

六月十五日开始或夏至开始,退休一个半月。

十月二十六日和二十九日另一个舞会,出场的是“可怖者”,与十二月出场者同。

至于给老百姓的影响,本教也与佛教相同。例如,两者都垒石成堆,作为绕着转的对象,两者都念咒,不停地念。所不同的是绕圣物转,在佛教徒向右转(顺时针方向),在本教徒向左转(逆时针方向);念的咒和刻在石上的咒,在佛教徒是六字真言,即“唵嘛呢叭咪哞”(Om-ma ni-pad-me-hum),在本教徒则是八字真言“阿嘛追木耶撒勒杜”(Om-madri-muye-sale-ẖdu)。

总而言之,本教与佛教不同处,只是表面上的,除了影响老百姓的行为外,我们已经看见两者的神、佛和经典尽管有不同的系统,可是它们的作用和意识形态是相似的。

第四章　宁玛派

——早期藏族佛教

宁玛巴（Rñin-ma-pa）意思是“古代的学派”，即藏族宗教自印度传来，没有被藏王朗达玛（836—842 年在位）毁灭之前。就显教而论，根本没有区别，还是它原来的样子。但密宗则靠宗师亲口传授，因解释与注重点不同而发展成差别。在第二章谈到的“早期翻译”和“后期翻译”，作为学派的不同，已作了说明。这里不用详述历史的区别，我们可将宁玛巴作为当代制度来讨论，而分成下述各条：教育、学习地点、学术组织、学习程序、事务组织、公开大会，然后作些概述。

（一）教育

佛教可以分作九种教育（九乘）：

（1）对于学者一听就懂的声闻乘（Ñan-thos-pa）；

（2）通过自己的努力即可精通，而不必努力于旁人的利益即独觉乘（Raṅ-saṅs-rgyas 或叫“清静无教佛”），得到启发即可由自己的努力而完善；

(3)像菩萨(Byaṅ-chub-sems-dpaẖ)那样找着推动旁人福利得到灵性觉悟;

(4)密教的教导关于外表的事续(Bya-baẖi-rgyud);

(5)密教的教导关于内部也关于外部的行续(Spyod-paẖi-rgyud);

(6)密教的教导关于"静观的宇宙灵性"即瑜伽续(Rnal-ẖbyor-rgyud 或 yoga)取得一致;

(7)大瑜伽(Mahā-yoga);

(8)无二瑜伽(Anu-yoga);

(9)无上瑜伽(Ati-yoga)。

前两者[(1)—(2)]属小乘(Hinayānā),余皆属大乘(Mahayānā)。前者只能救求者,后者则救多数。另外,前三者[(1)—(3)]属于显宗,即任何欲听者皆可听之,后者则属密宗,必得受密宗戒始可听诵。前三者[(1)—3)]是释迦牟尼,即转世佛或转世身所传授的,后三者[(4)—(6)]外表是密宗的,为金刚萨埵(Rdo-rje-sems-dpaẖ或 Vajra-sattva)所传授。末三者[(7)—(9)]内部是密宗的,为普贤(Kun-tu-bzaṅ-po 或 Samantabhadra)所传授的。

六密宗佛教中,三种是外表上的密宗,由于藏族佛教各派都分享之,所以说它们是外表上的密宗。其他三密宗,则是内部的密宗,因为都属宁玛派的特点。他们修持的主要特点,是利用一般被放弃的东西,如怒、欲和什么属于身体的东西。在显教佛教看来,物质身体一般被认为是桎梏,是恶的渊薮,是精神所惧怕的东西,但在这里则被认为是方便法门,能够帮助精神取得丰富的完满的生活。这个积极的道路,是根据这样的信心,即人不能使自已离开污染而孤立生活，或不能树立虚伪的二分法，使生长的机体脱离营养它的东西，唯一的希望，是使两者同时提高到新水平，虽然这是对于一切密宗佛教都是真理，但宁玛巴则有三等内部密宗教导。

首先，“变异”（幻化部H̱phrul）等于大瑜伽。相信每人自身内部都有与释迦等同的东西，但由于无知或偏见，一个人就会纠缠不清，在心理上会把不净的变净了；而在入静的过程中致使血管和身体旁的部分得到解脱，以致产生幸福、光明和无区别状态。这类教导，更进一步区分为论说（Rgyud-sde）和方法（Sgrub-sde）。

论说包括“在变异中的静与怒”（Sgyu-ẖohrul-żi-khro）和“神密核心”或“论说王”（Rgyud-rgyal-gsaṅ-ba-sñiṅ-po），有五十八善静保护神，四十二愤怒保护神，一共有“一百个最高的善静保护神和愤怒保护神”（żi-khro-dam-pa-rigs-brgya）。

方法是在论说的基础上实际的办法。方法包括崇拜“八保护神”（Sgrub-pa-bkaẖ-brgyad），那就是八成就方法。“八保护神”是：

名　号	象征供桌	克　服	获　得
1. 曼殊师利（Mañjuśri）（身）（H̱jam-dpal-skuẖi-lha）	一个深黄色三脚架	傲慢	世界平等智慧
2. 马头明王（语）（Padma-gsuṅ-gi-lha）	一个深红色三脚架	贪婪	区别智慧
3. 真实（意）（Yaṅ-dag-thugs-kyi-lha）	一个带绿色的三脚架	愤怒	大镜智慧（能反映一切）
4. 甘露（功德）（Che-mchog-yon-tan-gyi-lha）	一个深黄色三脚架	真知	了解一切现象本来性质的智慧
5. 金刚杵（行）事业（Phur-pa-phrin-las-lha）	一个深蓝色的三脚架	忌妒	成就的智慧
6. 驱魔王（差遣非人）（Ma-mo-rbod-ston-lha）	血海	一切不祥遭遇	祈祷禳解的成就
7. 差遣非人（Dmod-pa-drag-sṅags-lha）	脐间烈火	一切恶事魔怪	同上

8. 世间供赞 (H̱jig-rten-mchod-bstod-lha)	秘密葬场	同上	同上

前五者属于超世间的，后三者属于世间的。除马头明王[1]是慈悲观音的化身（Spyan-ras-gzigs 或 Avalokiteśvara），其余均为妙音文殊（H̱jam-dbyaṅs 或 Mañ-jughoṣa）的不同表现。在宁玛派中，胜德功菩萨则是八名的领袖（Gtso-bo），也是九名的领袖，即添上智慧保持师（Rig-ẖdgin-slob-dpon-lha），他的供桌以"苦海"为象征，他的作用，是取消五毒现象，集中五种智慧在一起。

胜德功的像有二十一头，三头一排，七排递升。二十一头代表显密两教圆满道[2]二十一级。七层则代表菩提道[3]七部分。脸有不同颜色，红指热心，白指干净，蓝指有恒，绿指安静、可怕、发展、努力等，黄指一切成就圆满，而多种颜色则指一切现象的综合。

四十二只手臂表示多种静态，一只手拿着一种静态的面目。两肩上有两翅膀，左边的表示方便，右边的表示智慧；如同神王与女伴侣一样，有八条腿，每只脚踏在一个魔王和一条龙上，八条腿表示解脱的八条路，而八神王象征八识，八龙则象征八种心意，伴侣拥护着他，名字是杜谋杜哲那谋（Gtum-mo-dug-brul-nag-mo），表明她是贪、嗔、痴这三个大敌的摧毁者。

回到方法方面，有一个区别，即由印度来的大师直接口述的（Bkah-ma）和由地下发现的埋藏文字（Gter-ma）而传到后代的。由于不同师传有不同注重点和不同处理方法，结果就产生了主要两

[1] 参阅本书第十一章第二节第七条。

[2] 参阅第十一章第二节第九条。

[3] 在大瑜伽系统中，在圆满道中，有密教十一级；但在阿努瑜伽中则有二十一级，在阿提瑜伽或大圆满派则有十六级。

种学派，即口述传统（Bkaẖ-ma）的主要两种学派：索路（Zur-lugs）和绒路（Roṅ-lugs）。著名的索路派大师有索伯切（Zur-po-che，1002—1062 年）、索穷巴（zur-chuṅ-pa，1014—1074 年）和卓普巴（sgro-phug-pa，1074—1134 年）。绒路来源于绒苏母勤伯趋吉臧伯（Roṅ-zom-chen-po-chos-kyi-bzaṅ-po），与宋仁宗（1023—1063 年）同时。

最早发现埋藏文字的人是宋高宗时代（1127—1162 年）娘（Ñaṅ）地的尼玛窝色（Ni-ma-ẖod-zer，1124—?）。以后宁宗（1195—1224 年）和理宗（1225—1264 年）时代又有古儒曲吉旺去（Gu-ru-chos-kyi-dbaṅ-phyug）继续有所发掘。两种发掘所得，叫作"上下宝藏"（Gter-kha-goṅ-hog）。以后陆续有较小的发掘，以致最后到明孝宗（1488—1505 年）时，拉提那灵巴（Rata Glin-pa）将这些发掘与他自己的大量发掘的著作编在一起，叫作"南方宝藏"（Lho-gter）。在明世宗时（1522—1566 年），北方统治家族中出现一位大师叫作瑞金过及得曲尖（Rig-ẖdzin-rgod-kyi-ldem-ẖphyul-can），他又有许多发掘，并编出"北方宝藏"（Byaṅ-gter）。

在神宗时代（1573—1619 年），扎喜掩甲（Bkra-çis-stobs-rgyal）创立了多吉扎（Rdo-rje-brag）寺，宣讲"北方宝藏"，而在 17 世纪中叶居梅多吉（H̱gyur-med-rdo-rje）创立敏卓灵（smin-grol-gliṅ）寺，宣讲"南方宝藏"。有了这两个学府，两个学派就确立了。但它们不只限于宣讲"宝藏"，也同样教导由印度大师通过口述传下来的教法。此处无妨附带说一下所谓"宝藏"的发掘。佛教的典籍，因为藏王朗达玛时期的压迫而有埋藏，这是很自然的。自然也会有关于某些埋藏的实际发现。可是为了佛教的复兴，以及后来各派的竞争,也就难免有人创造典籍,并埋藏它们,后又重新发掘它们,就像本教"宝藏"一样。无论如何,所有"宝藏"都被认为其来源是超自然的。为了使个人的根据取得较高威信而宣称其古老,乃是通常的动机。

三种本身密宗的说教的第二类,是"集聚"(Ḫdus)类,相当于阿努瑜伽(Anu-yoga)。这一类的主要论述是"普遍集聚知识"(kun-ḫdus-rig-pa)和"集聚神秘认识"(Dgons-pa-ḫdus-pa)。在心理创造和辨认双重过程中,辨认或与护身一致常被加重。这种可能性,主要是用自己的血管和精虫取得完全一致目的,以便产生幸运、光明和无私。有两种教导,都由印度大师流传而来,也自发现的"宝藏"中来。

第三类只是关于"心"的,与阿提瑜伽(Ati-yoga)等同。它废除了形象和内部能力,那是上述说教的两类的特点,而这里关心的是体现心的本身。汉传佛教的禅宗(Dhyāna)在这方面与之类似。然而宁玛巴独特之处,乃是修得的方法,即叫作"胜过最高者"(Thod-rgyal)。用这种方法,可以得到自明,即身体可在虹中消失,或虹的颜色中消失,以便得到解脱。论述与发现的宝藏,都是说教的根据。可是这些说教,又分成三小类。

第一小类是关于心(sems-sde)的,即怎样体现自身与外界的本性,而不被假象所迷惑。这一类主要论述的是"空中的卡辱达鸟"(Khyuṅ-chen-ldiṅ-pa),"普善王"(Kun-byed-rgyal-po)和"大圆满"(Rdzogs-pa-chen-po)。

第二小类是飞入神秘自在部(Kloṅ-sde)。经过上述体现后,一切障碍和偏见都没有了,以至于心中除光明以外,再无别物。心是完全自由的,有金刚桥(Rdo-rje-zam-pa)的教导,也有主要经典《不焚力》(*Bya-rtsol-me-pa*)。

第三小类是教授部(Man-ṅag-gi-sds)。当心完全自由的时候,则有"觉悟",身体可在虹中消失。此类的说教,包括"四实质"(Sñiṅ-thig-ya-bżi);主要经典包括《莲华无上权能》(*Padma-dbaṅ-rgyal*),《佛平等》(*Saṅs-rgyas-mñam-skyor*)和《回声全》等(*Sgra-thal-ẖghur*)。

(二)主要学习地点

现在还起作用的最主要的学习地点,在西藏有敏卓灵(Smin-grol-gliṅ)和多吉扎(Rdo-rje-brag),在西康有噶托(Ka-thog)、白玉(Dpal-yul)、佐勤(Rdzogs-chen)和西勤(Żi-chen)。西康四寺院中,前三寺最重要,可与西藏格鲁巴三大寺齐名,即色拉(Sa-ra)、哲邦(H̱bras-spuṅs)和甘丹(Dgaẖ-ldan),分别于1418、1416、1409年建立[①]。此处宁玛巴以年代先后作记载,以便与较小寺院作为比较,虽不太重要,但有历史意义。

本书前两章提到的桑耶寺(Bsam-yas或Sam-yas)是在西藏建立的第一个佛教寺院(762—766年),那是藏王赤松德赞当政时期。班马撒姆巴瓦(Padmasambhava)和山塔绕克西塔(Śantarakshi-ta)这样有独到见解的大师,就在那里宣讲佛法。不只密宗佛教第一次的系统翻译在那里进行,而且本教徒也在那里集聚,将他们的说教写成文字。

① 关于格鲁巴的寺院,在第七章还要详述。

奇姆普(Mchinm-phu),作为桑耶寺的退休地点,也是同一藏王当政时期建立的。宁玛巴传统中最著名的人,即在初、中、末期三阶段翻译最著名的人,是捏年那古麻拉(Gñags-jñāna-kumāra),与赤松德赞同时;努桑接伊西(Gnubs-saṅs-rgyas-ye-çes),在第九世纪;索伯切沙佳迥内(Zur-po-cheça-kyaẖbyuṅ-gnas,1002—1062 年),都以此作为教导生徒的地址。索伯三大师,在上面方法上提到的,即有最后一名;其他二名,也曾在此处传道。可是三人作为旁的寺院的创始人,更为著名。

五巴龙(Hug-pa-luṅ)为索伯切所创立,后为索穷巴(Zur-chuṅ-pa,1014—1074 年)和索下加僧格(Zur-çakya-seṅ-ge,1074—1134 年)所代替,后者又创建卓普寺(Sgro-phug),后来便以卓普巴见称。

西康德格(Sde-dge)的噶托(Ka-thog)寺,为卡当巴德谢(Bkaẖ-gdams-pa-bde-ggege,1122—?)①所建立,他是帕谋主巴(Phag-mo-grub-pa,1110—1170 年)的弟弟;而帕谋主巴则是属于噶举巴(Bkaẖ-brgyud-pa)或叫白教的。那是宋高宗当政的时代(1127—1162 年)。他也是卓普巴(Sgro-phug-pa)的徒孙。他吸收许多埋藏的宝藏,所以与敏卓灵(Stain-grol-gliṅ)同属一个教派,叫作"南方宝藏"派。可是噶托的创始人不只是宝藏派,他也传授了印度大师的遗教,只是宝藏更为重要罢了。噶托寺有 550 名喇嘛,为追没兴窘(Dri-med-żiṅ-skyoṅ)大喇嘛所管。

---

① 根据西康木雅贡嘎(Mi-ñag-gaṅs-dkar)新寺大喇嘛噶玛夏古曲吉桑结(Karma Bçad-grub-chos-kyi-seṅ-ge)所提供的记录。根据宁玛巴的历史,是计没灵巴(Hjigs-med-gliṅ-pa,1729—1798 年)编,德格出版的,创始人是帕谋主巴内兄的儿子波卜巴塔耶(Spobs-pa-mthaẖ-yas)。

不丹的塔巴岭（Thar-pa-gliṅ）寺，是追梅窝塞（Dri-med-ẖod-zer，133—1363年）建立的，那是他到不丹旅行的时候。后来宁玛巴又由不丹传入尼泊尔。

多吉札（Rdo-rje-brag）是西藏“北方宝藏”学习的中心，起源于埃窝曲卡（E-wam-chos-sgar）的聚会，而该聚会是扎喜拖甲（Bkra-çis-stobs-rgyal）所组织的。扎喜托甲是西藏拉堆泽地方的土司，后因失势而至前藏。寺院则正式起始于巴玛春雷（Padma-hphrin-las）的创建，而巴玛春雷则是扎喜托甲的儿子那吉旺曲（Ṅag-gi-dhaṅ-phyug）的转世。第五辈达赖（1617—1682年）对于此寺十分羡慕。它由于准噶尔入侵而被毁，但不久即恢复。

西藏的“南方宝藏”传授地点敏卓灵（Smin-grol-gliṅ），创建于明思宗（1628—1643年）最后两年，为居梅多吉（H̱gyur-med-rdo-rje）和那旺曲巴（Ṅag-dbaṅ-chos-dpal）二人所建。二人之后，继承人是达玛释瑞（Darma-çri），这个寺院，也跟多吉札一样，由于准噶尔入侵而被毁，以后又被修复，时间也相同。

佐勤寺（Rdzogs-chen），意为“大圆满”，在西康德格，是1685年由班玛日津（Padma-rig-ẖdzin，1625—1697年）所建。他是被德格土司阿旺扎喜（Ṅag-dbaṅ-bkra-çis）由金沙江西边请过来的。现在这个寺院在宁玛巴中最受崇敬，不只在西康，而且在不丹、尼泊尔也有吸引力，聚集的徒众达五百人以上，主持寺院的是创始人的转世。

白玉寺（Dpal-yul）也属德格范围，与佐勤寺同时，为日津昆臧西饶（Rig-hdzin-kun-bzaṅ-çes-rab）所建。也跟佐勤寺一样，属敏卓灵系统，僧众约有六百人，寺主是噶玛洋斯（Karma-yaṅ-srid）。

西勤寺(Żi-chen). 离佐勤寺不远，是 1764 年或后一点，由佐勤寺发展起来的。它的创始人是西勤饶将巴（Żi-chen-rab-ḫbyams-pa），有僧众约百人，但与佐勤寺的关系，似乎不协调。

（三）学术组织

抛开西藏宁玛巴寺院不谈，只有西康的噶拖（Ka-thog）、白玉和佐勤有学院，称为札萨（Grwa-sa）。早先，这些寺院都是密宗的，专重个人修持，不讲言传，特别是它们的大圆满（Rdzogs-chen）理论，与禅宗相似；上面已述，重点放在内省见解，而不放在传达知识方面。但这种修持，只对最有天才的人才有用，至于普通智慧，必须有理论的准备，才能有直接的了解。另一方面，为了与格鲁巴竞争，也必得注重可以传达的知识。一个多世纪以前，佐勤寺院创立了一个学术学院制，叫作师利辛哈罗札（Śrisiṁha-slob-grwa），为格芒显盘塔耶（Dge-maṅ-gżan-phan-mthaḫ-yas）倡导下创立的，以便正式传授显教和密教。以后大学院（Slob-chen）加在聚会楼上，以与前章所述的格鲁巴三大寺，即色拉、哲邦、甘丹做比较。教学内容，包括释迦佛语和他的印度门徒解释的翻译，加上宁玛巴大师的阐述。

约当 19 世纪末叶，司徒曲吉嘉木错（Si-tu-chos-kyi-rgya-mtsho）也在噶托（Ka-thog）创立了一个教学学院。早先建立的是续部学校（Rgyud-sde-khaṅ），虽然名字是密宗佛教的意思，但它不完全限于密宗。不如说，学校起了这个名字，是因为大厅内有大量的密宗佛像。事实上，这个学校分成两个学院，教学学院（Bçad-grwa）

和训练学院(Sgrub-grwa),前者给正式关于显宗佛教和密宗佛教的理论,当学徒精通这些理论后,即可进入密宗成就实际训练,如“灌顶、传承和讲解”(Dbaṅ-luṅ-khrid-gsum)。这个组织,在昆臧贝(Kun-bzaṅ-dpal)领导下,得到进一步发展。昆臧贝是洛坚丹津诺布(O-rgyan-bstan-ẖdzin-nor-bu)的徒弟。在这些学院以外,顺序学院(Sgrig-grwa)得以建立。为了普通僧人,他们既不关心理论的讨论,也不关心个人的成就,可是必须在仪式的作用上,在寺院的法规上及格。

在20世纪20年代初期,白玉的棍桑(Mgon-bsam)大喇嘛,建立了三学院,在他自己的寺院中,仿照上述两个寺院的规模。

大喇嘛(Bstan-bdag)或活佛(Sprul-sku)在每个寺院都是校长;在校长以下,又有院长或教授(Sprul-po),主管哲学讨论、实际辅导和宗教仪式。

每个寺院的徒众人数取决于供给的来源和数目,例如寺院分配的全份助学金和部分助学金,宗教活动收入,供给的来源有布施、生徒家庭个人的供给,如佐勤寺即由不丹王奉送的60驮印度绸中,发给60全份奖学金,平均分配给教学和训练两学院的徒众。每一项助学金都用实物交付,即两袋青稞大麦(合140斤),30斤酥油。

在三学院内,约有四五十名徒众在教学学院,十余人在训练学院。在佐勤寺的训练学院,特别有十三名受圆满戒的喇嘛,叫作“十三名净者”(Tshaṅs-pa-bcu-gsum)。

在教学学院至少要学习五年,训练学院要学六年,在受戒学院年限不一定。但学习年限可以根据学员的要求延长以便深入钻研。有的笨学生在教学学院可以停留十年以上①。

六七岁孩子,可以被送到寺院,跟教师(Dge-rgan)先学习藏文字母,再学习拼音,然后学习造句,叫作初学者(Grwa-chun)或噶卡巴(Ka-kha-pa),即由藏文字母开始的人。然后他跟讲师或教授学习必要咒语,以及在宗教仪式中的赞颂词。到16岁以后,才可剃头,作为预备僧侣(Dge-tshul-gsar-pa)。到了20岁上下,正式受三十六戒,叫作给催(Dge-tshul或Śrāma-ṅera)或正式学生(Grwa-pa)。在这以后,他便可以参加教学学院做旁听生,他正式做喇嘛(Dge-sloṅ或Bhikṣu),即在受了二百五十三戒,成了"教学学院的学生"(Bslab-grwa-pa)后,他的正规入学才算数。一到正规入学,他便可以把教师讲解的宗教著作,通过考试(Rgyugs-len)确认成绩。当他经受这等内容很多的考试后,他的学业必定有了长足的进步,这时,他便是学生助教(skyor-dpon),可以帮助同学进行学习。直到最后经过考试,他便算由教学学院毕业。他如考试最优,便得"饶将巴"(Rab-ẖbyams-pa)的称呼,那就是相当于博士的学位,得到三项奖品,即一个金刚杵,一个金刚杵铃和一身喇嘛服。少数次优的,获得次要的奖品,直到一般毕业而没有奖品。至于最后考试不及格者,有时会被拴在经堂门前的旗杆上示众。

从教学学院毕业以后,才有资格入训练学院,做一个"训练学院的学生"(Sgrub-grwa-pa)。当训练学院的学生,不同程度的突出自己,则可取得"自善喇嘛"(Sgrub-po-bla-ma)和"善教喇嘛"(Sgrub-po-dpon-bla-ma)的称号。头一个称呼是说他自己进修有成绩,后一个称呼是说教别人有成绩。及至两种学院毕业以后,即得

① 请参阅第五、六、十、十一章,以便比较。

教授(Mkhan-po)级,说明不仅在学术上,而且在灵性上,都是可观的。在这以后,他可以留在寺院教生徒,也可以到本寺院统治之下的分寺院去当长老。

试举佐勤寺为例来说明这样的教授的特殊的地位。一个人一旦当了教授,在一生中便放弃了乞求布施的权利,而"活佛"和旁的喇嘛则可自由接受布施。另外,寺院有两种选择后继人的办法:一种是一代一代地传下去,一种是选择领袖不限出自何方,换句话说,即学制的混合,一面由自己培养的,一面由外来的。有四种教学组织,那里的教授是选来的,他们必须得到与会听众的信任,不但在知识方面,还要在人格方面。他们不必是自己学院的毕业生。也有三种组织①,两种是显教的(所谓"大学学院"和获得全份助学金的学院),一种是密教的(在雪山上的一个组织),他们的教授必须是宁玛巴的本寺直接出来的学生。属于密宗的各种宗派都可前来参加学习。而属于显宗的各种宗派的人,都可来佐勤向佐勤的人挑战,举行公开辩论;一般是进行辩论的人要向寺院当局宣布辩论题目而且注册,以便按顺序得到讲坛,举行演讲,并与旁人举行辩论。

(四)学习程序

在教学学院,学习释迦佛教导和显密两教的注释。先学显教,

---

① 一个寺院可以有任何数目的教学单位:如已提到的,有三学院(教学、训练、顺序)是按作用分类的,不能与主题混在一起(即密教还是显教)。一个教学单位可以是任何一种,而一个种类可以有许多单位。

显教有十三部著作：

(1)《达到自我解放》(*So-sor-thar-pa* 或 *Prālimokpa*)；

(2)《寺院法规纲要》或《律经根本颂》(*H̱dul-rtan* 或 *Vinaya-mūla*)；

(3)瓦苏班杜(世亲)(Vasubandhu)的《阿毗达磨俱舍论》(*Ab-hid-harma-kopa* 或 *mnon-mdzod*)；

(4)《阿毗达磨论集》(*kun-las-btus-pa* 或 *Saṃgraha*)；

(5)《中观根本颂》(*Dbu-maẖi-rtsa-ba* 或 *Madhyamaka-mūla*)；

(6)《入中论》或《入中观论》(*Dbu-ma-ẖjug-pa* 或 *Madhya-makāvatāra*)；

(7)《四百论》或《中观论》(*Bži-brgya-pa* 或 *Catuẖśataka-śastra-kārihanāma*)；

(8)《入菩萨行》或《入行论》(*Spyod-ẖjug* 或 *Bodhisattva-carya-avatāra*)；

(9)《现观庄严论》(*Mṅon-rtogs-rgyan* 或 *Abhisamayālaṃkāra*)；

(10)《辨中边论》(*Dbu-mthaẖ-mam-ẖbyed* 或 *Madhyānta-vibaṅ-ga*)；

(11)《辨法性论》(*Chos-ñid-mam-ẖbyed* 或 *Dharmatā-vibhaṅ-ga*)；

(12)《究竟一乘宝性论》(*Rgyud-bla-ma*)；

(13)《大乘庄严论》(*Theg-chen-rgyan* 或 *Mahāyāna-sūtra-alamkāra*)。

这些可以分为四类：寺院规程、小乘的研究、大乘研究中的实体部分和大乘研究中的现象部分。除了寺院规程外，其余仍可以分为理论与实践两部分。在实际上，十三种著作有的可以认真学习，有的不必认真学习。以卡托寺为例，下面的学习顺序可以注意：

（1）《菩提道入门》（*spyod-ḫjug* 或 *Bodhi-saūracarya-aratāra*）；

（2）《寺院规程诗句》或《法句经》（*Tśig-laḫur-bcad-pa* 或 *Vinaya-kārikā*）；

（3）阿里班勤（Mṅah-ris-paṇ－chen）著《三种寺院规程清解》（*Tri-saṃvara-vinya* 或 *Sdom-gsum-mam-ṅes*）；

（4）弥勒（Maitreya）《慈氏五论》（*Byams-chos-sde-lṅa*）[①]；

（5）《寺院规程基础》或《律经根本颂》（*Ḫdul-rtsa* 或 *Vinaya-mūla*）；

（6）《中观基础》（*Dbu-maḫi-rtsa-ba* 或 *cafuhŝafakaŝāsfrakārika-nāma*）；

（7）《入中观论》；

（8）《四百论》或《中观论》；

（9）关于中观旁的收集品。

除了翻译印度原始著作外，学生也接受宁玛派学者的指导。

佐勤一年有三个月专门讲述上面的十三著述，听众都具有较高的水准，虽然来人数目不定。除了上述十三著述外，还加上：《密教要点》（*Gsaṅ-ba-sñiṅ-po* 或 *Guhyagarbha*）和追梅窝塞（Dri-med-ḫod-zer，1308—1363 年）及千才沃塞（Mkhyen-brtse-ḫod-zer，与清乾隆同时，而乾隆统治是在 1736—1795 年）的著述，如功德藏（Yon-tan-mdzod）和如意藏（Yid-bžin-mdzod）。

在佛教显教教完以后，即在教学学院进行密教教学。首先，

① 五论即上述（9）、（10）、（11）、（12）、（13）。

《密教要点》和《转化坛抓》(*Sgyu-ḫphrul* 或 *Māyā*),按着苏尔禄(Sur-lugs)进行讲解,那是各派都一致的。其次,再用让禄(Ron-lugs)注释进行讲解,那是不同派(Mthun-moṅ-ma-yin-pa)所共有的。再其次,按着龙钦饶将巴(Kloṅ-chen-rab-ḫbyams-pa,追梅窝塞的别名)解释再加讲解,而用下述著作为补充教材:《七宝藏》(*Mdzod-bdun*)、《三松弛》(*Ṅai-gso-skor-gsum*)、《三解脱》(*Raṅ-grol-skor-gsum*),都是绝对不与它派(Çin-tu-mthun-moṅ-ma-yin-pa)共同的。

一个学生能够清清楚楚地了解显、密两教的著作,他就有资格入训练学院,并住六年。第一个三年,他被教以授权仪札(Dbaṅ)、教训(Luṅ)、护理教导(Khrid),以为后来自我发展的基础——那就再需要三年,所以有这样的话:"一人停三年在明处,再停三年在暗处。"因为个人宗教的自修,是在暗室。

进修的次序,第一是保护神的样子用心理创造出来,办法是自念经典而且默想在心中兴起的形象;第二,用心理的身体控制自己的血管、精体,等等;第三,实感到自己的内心真实性质。

为练习前两项,须靠"三个基础"(Rtsa-ba-gsum),也就是自己的师傅(Bla-ma)、保护神(Yi-dam)和智慧女神(Mkhaḫ-ḫgro或Ḍākini)。修持者必须熟习对他们默念和对他们诵经。

为了实行第三,学者必须靠着"教诲"(Khrid-yis)。这又分作两部分:第一部分,是预备(Sṅon-ḫgro);第二部分才是"教诲"(Dṅos-gži)本身。预备,一般包括巴追尔(Dpal-sprul)的"教导自撒满擦抓"(Samantabhadra),那是跟宗喀巴的"菩提道次第"类似的,可在学生进入密教佛教之前得到学习、教诲。对于不同学生,进行不同的教诲,近来常是根据"最高智慧大全"。

一个学生由训练学院毕业以后，如果他同意，即有资格作为教授，假定他还要追求自我进一步发展，他可以到处旅行，拜访更高明的师傅，以便得到更高的指导。

（五）事务组织

学术组织和事务组织，都在寺院的大喇嘛（Bstan-bdag）集中管理之下，大喇嘛则永远是个活佛（Sprul-sku），尽管一个寺院里有许多活佛没有行政职务。一个寺院的事务组织，可分两部分，即宗教组织和行政组织。

寺院事务组织中的宗教部分，是在大喇嘛、教授（Mkhhan-po）和主要祭司（Rdo-rje-slob-dpon）管理之下。祭司主持宗教仪式，他不但需要在个人进修上，还要在学问上和人格上都及格；在他之下，还有好多领诵的（Dbu-mdzad），一些献祭的助手（Mchod-dpon）和一名训导（Chos-khrims）。训导不只是出席宗教仪式，而且所有不同学院都有一名训导，管理僧众遵守行动规范。在寺院的主要经堂以外，有特别为护法神设的神殿，也有专为这种神殿配备的僧侣，进行管理。

寺院事务组织中的行政部分，在大喇嘛和一名摄政（Dgon-dpon）管理之下，摄政职务由一长老（Rgan-pa）委员会分担；在委员会之下，另有一群助理派遣员，有一名会计（Phyag-mdzod）直接归大喇嘛管理，对大喇嘛私人财产和寺院公共财产负责；在会计之下，有一名干事（Gñer-pa）和二十名左右的记账员（Spyi-pa 或 Spyi-gso），实际管理一切财产，或投资商业，或放债给外人，取得利息。

盈余或利息，即用作寺院的修缮、塑像，做刻版印经、补助学生，进行宗教仪式、救济、处理死者。收入的来源是牲畜、经商、地租或由信徒捐款。

一切办公的职位，都是由大喇嘛选派僧众来担任的，任期或三年、四年、五年不等，因为任命完全根据寺院僧众的选举提名，然后才由大喇嘛任命的，职员可以连选连任，来为僧众服务。

职员不止于由个人服务，照例由执行委员会考虑公众问题，或一个委员会进行一种任务，或几个委员会联合商讨共同问题，所以事务组织，既有民主，也有独裁，两者兼而有之。另外，为了保护寺院的福利，不被外部事务侵扰，某些重要人物，如土司之类，常被请来作为外界保护人，或世俗“护法”。

（六）公开大会

公开大会是寺院仪式的一部分，可是每日在寺内做的仪式，不为群众所关心，只有大规模的仪式，而且常是化装有特殊服饰的，才吸引外界观众。这些不只满足宗教要求，而且为群众和僧侣提供娱乐机会，常视季节的重要性，趁公开大会之便，进行大量商业和经济活动。公开大会的日期各寺可以不同，但基本有如下列：

正月初一新年节（Lo-gsar），举行大祈祷会。

正月十八、十九两日是金刚杵（Phur-pa 或 Vajrakilaya）预演神圣舞蹈，叫作小杵（Phur-chuṅ）。二十八、二十九两日正式演出大杵（Phur-chen）。有的寺院，金刚杵不被演出，而以“一百最高安静和愤怒保护神”，也就是本章一开始所说的大瑜伽出来表演。只有在大寺院，才有条件进行这样大规模的表演。

二月二十二日，举行崇拜舞蹈（Sgrub-mchod），化装八十方法保护神，那也是以前提到过的。

三月举行的向山神、水神（Bswo-yul）献礼，祈求地方的平安和福利。

四月初一到十五，是默斋（Smyuṅ-gnas）期间，祷念十一面观音，对受戒的僧人来说，在此期间有个受戒机会。

六月或七月的初十，有十日礼（Tshes-bcu），用舞蹈表现班马撒姆巴瓦（Padmasambhava）八化身。据说这位大师喜欢每月十日到人世间来，造福于人类。所以他在西藏的信徒才创立了“十日礼”。理论上，任何十日都可以，可是遇着年、月、日都用十二属相①的猴来代表，那个十日特别好。所以每月初十，都有宗教的纪念日，但遇到猴年、猴月、猴日那个十日便举行舞蹈。

九月十八、十九日，举行降伏魔鬼典礼（Tinga-sgral）。相信一切佛教的敌人，都被制伏在大麦与糌粑所造的花中（Gtor-ma）。在舞蹈中，将花毁掉，象征将敌人毁掉②。这种典礼，可以在任何一年的舞会举行，叫作“毁掉酥油糌粑花”（Gtor-ma-bcad）。

十一月十四、十五两日，举行冬至典礼（Ñi-log）。

十二月二十九日举行典礼，纪念年末月末（Lo-zad-zla-zad-dgu-gtor），意思是季节这样幸福度过，神祇应受表扬，活物应得物品。

---

① 十二属即子鼠、丑牛、寅虎、卯兔、辰龙、巳蛇、午马、未羊、申猴、酉鸡、戌狗、亥猪，再加上金、木、水、火、土五行，各有阴阳，就变成十天干，十天干与十二地支配合，即成六十甲子。藏族对于年、月、日，都用十二属与五行（各有阴、阳）配合。

② 这是一般的或俗家的解释，有学问的喇嘛另有解释，说花代表贪、嗔、痴等内部敌人。

所以为了自利,也为了利他,祈祷平安与赐福。

(七)一般总结

教派的不同,通常被了解较少的人所夸大;有学问的喇嘛的看法则不是如此,因为在他们看来,教派的不同不过是学者不同的水平要求不同的满足方法而已。先天的遗传和后天的文化既对所有的人不相同,则要充分发展一个人的人格即有不同的方法。为了给每个人一个机会,佛教才给各种方法和观点以适应不同的要求。可是归根结底的目的则永远是最后解脱。小乘(Hinayāna)是为了个人解脱的;而大乘(Mahāyāna)则使个人有可能帮助旁人解脱。这乃是尽人皆知的事。

至于显教和密教的教导,则不是那样容易理解的。为什么要有密教?因为对于没有准备则无法理解的人,容易误解。耶稣曾经说过,对于公众,他用比喻;对于门徒,则说实话。这不但对于每种宗教如此,就是日常说话也要看听话的人理解能力如何。但代表后期印度佛教的藏族佛教中,有许多怪异的神像,特别是男女拥抱的神像,以致产生各种误解。这些神像,有的学者认为是原始性崇拜的遗留。在任何宗教中,都可追溯阳物崇拜的各种表现。基督教每餐向上帝祈祷,也可说是原始文化的遗留,当时人类对于自然的控制,还实在有限,不能保证饮食有充足的供应。可是这样的历史解释,不能满足现代生活中耶稣教徒对于祈祷的作用。所以,不管密宗佛教有多少原始的内容,也不能帮助我们了解今日的喇嘛在练习密宗时实际的心理过程。

根据有学问的喇嘛的解释，显宗佛教是一种弃世之道，可以求得智慧，以知现象世界的不善和无常。那是努力提升自己，不受由母体中出生而有物质限制。密宗佛教，不管是否起源于原始状况，在理论上则较显宗为进步。因为凡已有者均视为固然，而将已有加以利用，以求得理论认识和灵性发展。所以提升的过程，不再是物质身体的放弃，而是利用物质身体。所以密宗教徒嘲笑显教的唯心论者，说放弃物质身体等于追求影子，放弃造成影子的东西，不承认那个东西，一旦物体与心灵的矛盾被承认，便永远纠缠不清。不管是物质还是心灵，有一方特别重要，就纠缠不清。假如任何一方作为出发点，都视为“固然”，视为“本性”，则可对于任何事物没有偏见，没有误解，一视同仁。当一个人没有偏见、没有误解的时候，则他是“自由”本身，这就是解脱或得救或永存的意义。根据密宗经典的一段话：“好徒众，基本上任何是就是是。本性，包括你自己，本来不是纠缠的，为什么要避免纠缠呢？本来不被诱惑的，为什么要避开它寻求真理呢？”另一段说道：“行为而没有了解，是盲目的；了解而没有实践，是浅薄的。当二者为一，便有自我控制。”这个自我控制，自然不是抑制，而是自由。任何懒人都不能享受它。那是正确努力或思想与行为现实的结果。

用正确的理解和实践，求得对于事物的适应，以获得控制，一般叫作科学态度。但在人的领域，不管是个人的，还是社会的，态度在变得科学的过程中是落后了。我们才开始认识到，社会不能被诅咒它的人所改变。想发展真理的人，要提高真理的人，必须认识真理本身的价值。参加它的活动，而不与它隔离，徒然指手画脚。在这一方面，佛教的密宗教导，对于世界和他自己都是站在同一立场上。心灵分析已开始深入人们的心理深处，追求可能的能量。一事是清楚的,抑制没有用,通过提高而使能量转向。传统的道德和一般显宗佛教,都以控制告终,而密宗佛教则敢于正视现实,而有意识地求得升华。

回到奇怪的神像,意思是在自我意识中用神像唤起自然存在的事物,如神的愤怒像,唤起自身的愤怒感。他如贪、痴、欲望、无知等,都是一样。一旦把它们视为自然,便把它们放入应有地位。这便是发展全面人格,然后到了最后阶段,神像不再需要,所有在身体内部有的东西,都可自由进入轨道。当自己可以自由地指挥一切,那就是自生的、自由的、免于生命轮回的,即在此时此地进入涅槃(Nirvāṇa)。

第五章 萨迦派

——半革新的佛教

前面两章已提到，萨迦派创始人始祖昆巴波切（Ḫkhon-dpal-bo-che）是藏王赤松德赞（Khri-sroṅ-lde-btsan，742—797 年）的大臣。而赤松德赞则是唐金城公主的儿子。到始祖十一辈昆屯衮巧甲白（Ḫkhon-ston-dkon-mchog-rgyal-po，1034—1102 年），离开了宁玛巴（Rñiṅ-ma-pa），同卓米（Ḫbrog-mi，993—1078 年）学习新由印度典籍翻译的经典，后于 1073 年创建萨迦寺（Sa-skya）。由寺院之名而见称萨迦巴，当时是革新派，然与宗喀巴（Tsoṅ-Kha-pa，1357—1419 年）创始的更革新的格鲁巴（Dge-lugs-pa）相较，则萨迦巴同噶举巴（Bkaḫ-brgyud-pa）都是半革新派。

然而为什么叫萨迦呢？一种解释是，寺院建筑在白沙地上，藏语说地是“萨”，而白或无色是“噶”或“迦”（dkar 或 skya），所以寺院被称为“萨噶”或“萨迦”，到后来则专称“萨迦”了。另一种说法是，朗达玛后最著名的印度大师阿提沙（Atiça，982—1054 年），也是宗喀巴的前驱，在静坐中看见“白”莲在寺院处，在莲花上有八个藏文字：七个“赤”（Khri），一个“呼”（Hum）。于是阿提沙乃预言：“将来萨迦巴出七位大师，代表文殊（Manñjughoṣa或Ḫjam-paḫi-dbyaṅs），一位大师代表金刚手（Vajrapāṇi 或 Phya-na-rdo-rje），造福于人类。”

这是实际在萨迦巴的历史上实现的，七大师以后，第八大师使寺院出名了。七大师中，五大师特别突出。

第一个是萨勤衮噶宁白（Sa-chen-kun-dgsa ḫ-sñi ṅ-po，1092—1158 年），是昆屯衮巧甲白（Ḫkon-ston-dkon-mchog-rgyal-po）的儿子。当萨勤，或萨迦巴大师二十岁时，做了萨迦寺大喇嘛，他能使身体分成相同的六个，再合而为一。这种奇迹，使很多徒众集聚到身边，其中有三能者（Mchog），七以坚持（Bzod）著名，八圣人善了解（Rtogs-ldan），十一重要传法者，七以著作著名。

第二个是萨勤的第二子，名罗笨索南作末（Slob-dpon-bsod-nams-bdze-mo，1142—1182 年），或称教授。到十六岁，他已熟习一切密宗说教。据传说，他在四十一岁的时候，坐在传道宝座上讲活；有众仙来临，用各种乐器作乐，并散花于他。就这样，在美妙的乐声中，众仙下降，将教授肩荷至西方极乐世界（Nub-bde-ba-can）。

第三个是萨勤的第三子，名札巴甲岑（Crags-pa-rgyal-mtshan，1147—1216 年）；他是严格的素食者，在藏族区那样的地方，实在不容易。十一岁时，即能在听众面前讲欢喜金刚（Kye-rdo-rje 或 Hevajra）法，获得群众的好评，二十六岁时，便升法座，活到七十岁。

五大师的第四名，一般以萨迦班勤（Sa-skya-pan-chen，1182—1251 年）著称，即萨迦巴大师。他的名字是衮噶佳参（Kun-dgaḫ-rgyal-mtshan），是萨勤四子巴勤沃泊（Dpal-chen-ḫod-po）的长子。到二十五岁，便成受全戒的喇嘛。他分析了萨迦寺藏书，驳斥了一切错误的理论和见解，一个耆那教（Gain）哲学家穆帖东巴辍节（Mu-stegs-ston-pa-ḫphrog-byed）向他挑战，说谁辩论输了，即改信赢者的信仰，结果，萨班（即萨迦班勤的简称）使挑战者做了他的门徒，于是他的名声被人广泛传知。到六十三岁时，他到西凉，应蒙古王阔端之约，他留住那里至死，岁七十。

第五名一般以美号见称，即圣者（Ḫphags-po）或八思巴，是最著名的。他的名字是卓贡罗追佳粲（Ḫgro-mgon-chos-rgyal-mtshan），巴勤沃泊幼子索南佳参（Bsod-nams-tgyal-mtshan）的长子。当八思巴（1235—1280年）生下来的时候，他的伯父萨班便观看他，说道："这孩子的确比任何旁人都高贵。"他在三岁时，便能记住密教"生于苦海"（Sgrub-thabs-mtsho-skyls）。他在众人面前将它背诵，众人惊奇他的本领，说道："这个孩子的确高贵。"他的名声被广泛传诵，而八思巴也就成了他的称号。

八岁时，八思巴即能讲述释迦牟尼佛的生平事迹；九岁时，即能教语法，向群众讲述欢喜金刚的道理，有学问的、但是有偏见的长者，都在他面前认输。这个事实，到处为人所知。

十岁时，被萨班主持受初戒的仪式——在释迦牟尼十二岁像前（Jobo）；那个像是文成公主于公元641年带至拉萨的。然后八思巴从角龙（Skyor-luṅ）来的大师塞增（Çer-seṅ）学习各种教理。在同一年，萨班被请至西凉，八思巴作为萨班的侄子，也以侍从资格陪同，但这个十岁的侍从，已由他的伯父那里尽得伯父所能教的显宗哲学（Phyi-mtshan-ñid）和密宗教义（Naṅ-gsaṅ-sṅags）。

1253年蒙古王忽必烈汗（Khubilaikhan）还未当皇帝时，听到萨班的名字，即令阔端王将萨班给他送来。其时萨班已死，遂派八思巴前往。八思巴到忽必烈汗那里十天以后，即要求离开，他被问道："你的造诣与乃伯比，何如？"答道："伯父的成就，犹如洋海之水，我则如舌上一滴，那是由洋海中用手指蘸上来的。"忽必烈汗大悦，请他受戒，所以他被封为"帝师"，而且作为报酬（yon），得到藏土十三领域:后藏六,前藏六,牙卓(Yar-ḫbrog 或 Yamdok)一,于是他即派遣代理人到各处管理,人口约十三万户。

他二十一岁时,离开了蒙古王宫,在蒙藏交界处,遇上了三名佛教大师:堪布聂塘巴扎巴桑给(Mkharl-po Rñe-thaṅ-pa-grags-pa-seṅ-ge),觉丹索南甲参(Jo-gdan-bsod-nams-rgyal-mtshan)和桑顿牙弄巴将曲甲参(Gsaṅ-ston-yar-luṅ-pa-byaṅ-chub-rgyal-mtshan)。他们给八思巴施了主要戒。

他回到萨迦以后,使贵族和平民皆大欢喜,因为他把得自蒙古的珍贵礼品分给他们好多。

后来他又被请回蒙古宫廷,于1258年与道家公开辩论,驳斥了道家关于老子使西方番邦皈依道教说。辩论是在蒙古宫廷进行的,结果道家首领改学佛教和尚。

1265年,八思巴受蒙古王命,创制蒙古文字。1269年再至蒙古,忽必烈将他制的蒙文颁发于蒙古族。为了表示对他的赞赏,忽必烈将整个藏族地区,包括西藏(前后藏)、西康和安多,给了八思巴,另外给他几斗珍珠。

在蒙古居留七年以后,八思巴于1276年最后返回藏区。1277年,即元世祖至元十四年,统一中国的那年,八思巴在楚米仍末(Chu-mig-riṅ-mo)集合了七万僧侣,举行演讲,给他们讲道,并散发礼品,如丝、金和别的珍宝。

再回到萨迦巴的七位代表文殊(Manñjughoṣa)的大师,除了已提过的五位以外,一位一般认为是八思巴的父亲桑擦南甲参(Zaṅ-tsha-bsod-namsrgyal-mtshan);另一位,根据庸顿喇嘛①的说法是宫

① 庸顿喇嘛(Lama Yondon)是大卫·尼尔夫人(Madame A. David-Neel)的义子,感谢这位喇嘛,他帮忙把萨迦巴的藏文笔记译成英文。

巴窝（Goṅ-dpal-ḫod）。而永丹佳错（Yon-tan-rgya-mtsho）①则说是贡噶扎喜（Kun-dgaḫ-bkra-çis）。

八思巴的弟弟卓衮卡那（Ḫgro-mgon-phyag-na）说是金刚手（Vajrapāṇi 或 Phyag-na-rdo-rje）的化身，他能创造奇迹，能治好病人，使死者复活。所以阿提沙（Atiça）的寓言实现了：在萨迦巴历史中，七大师作为智慧神化身，一大师作为能力神的化身，都出现了。

离开政治历史，萨迦派还在萨迦寺以外，逐渐发展了三个寺院，成为三分派学府。

第一分派是额巴（Ṅor-pa）派，由该派的创始人得名，那就是额巴衮尕赞薄（Ṅor-pa Kun-dgaḫ-bzan-po，1382—1456 年），他在 1429 年创建了唉旺曲丹（E-ban-chos-ldan）寺。第二分派衮尕巴（Kun-dgaḫ-pa），他是衮尕拿佳（Kun-dgaḫ-mam-rgyal，1432—1469 年）的徒弟，在 1464 年创立了刚尕多吉丹（Gaṅs-dlar-rdo-rje-gdan）寺。第三分派是擦巴（Tshar-pa），他是擦勤罗塞佳错（Tshar-chen-blo-gsal-rgya-mtsho，1496—1565 年）的徒弟，他综合了以上二派学说和严格属于萨迦派传统的学说。第三世达赖喇嘛（1543—1588 年），曾是擦勤的徒弟。此一分派学术地点是鸦弄（Yar-luṅ）寺。

以上所述是萨迦派大师和他们的学府。下面概述西康萨迦派寺院活动。

---

① 永丹佳错著《藏族宗教史》（*Ris-med-chos-kyi-ḫbyun-gnas*），西康，八邦（Dpal-spuṅs）寺印制。

(一)五学程

萨迦派喇嘛,首先必备两个条件:一个静安(Dal-ba),一个幸福(Ḫbyorpa)。所谓静安,即必须安静和幸福,心怀宗教,身心健康,文质彬彬。所谓幸福,即有幸福环境。上述条件具备,而且生下来即能听见佛在讲道或喇嘛讲佛之道。

已经具备上述条件,必须皈依于佛、法、僧。信佛以后,必着僧服,加入寺院的学院之一。

然后学程即开始。首先是学习藏文字母及书写,接着学习礼拜的仪式,礼拜无我女佛(Yogini,Rnal-ḫbyor-na-bdag-med-ma)、十六怖畏神和信仰保护神。

然后学着做佛像和酥油糌粑花供(Gtor-ma),然后学习欢喜金刚(Kye-rdo-rie 或 Hevajra),极乐佛(Bde-mchog 或Śaṁvara)、空行母(Mkhaḫ-ḫgro-ma 或Ḍākini)以及时轮(Ḍus-ḫkhor 或 Kālacakra)。更需要在夏季学习退休的方法。

以上都完成以后,即可拜有学问的教授(Mkhnpo)为师,即深于哲学和玄学者;然后请他授初戒,即僧人最原始的戒(Dge-tshul 或 Çrāmaṇera)。这叫作初步学习。

已用夏天完成三个月退休静坐以后,即可出外朝拜宗教圣地。在每一圣地,必须表示诚意,为了众生福利,求灵性解放。

在他们旅行朝圣的途中,遇到萨迦派的寺院,必须遵守该处的法规,必须拜见学院的领袖或旁的尊者,并在他们面前宣誓遵守菩萨行(Byaṅ-chub-sems-pa),并诚心诚意牺牲自已一切私利,为了旁人的利益，包括灵性的和物质的，这就叫作进入菩提道，或第二步学习。

于是学者拜见萨迦派的长者，以及额尔（Ṅor）寺院的高僧，因为他们是金刚持（Rdo-rje-ẖchaṅ或 Vajradẖara）的化身。对于他们要献礼，请求他们施戒教法和仪式，那就是关于（1）密宗的无上主要对象（Gsaṅ-chen-rdo-rje-theg-pahi-yaṅ-sñiṅ）；（2）萨迦派的方法和成果，求得即身即世成佛，不必屡次重生（Ḍpal-ldan-sa-skyaẖi-chos-tshe-gcig-lus-gcig-la-sans-rgyas-paẖi-gdam-sṅag-larn-ẖbras）。

在这以后，心理建设的三重基础，必须了解。首先，欢喜金刚的祈祷仪式必得学到，以便被他所保护。其次，三种密宗论述必须背下来。然后，在心中创造某些神像（Skyed-rim）的本领，这就是密宗静观许多形式之一，就是将自己与神像合而为一，即实现了静观者与所静观的神佛合而为一。为了求得这种本领，必须受下列各种戒：

（1）将圣水壶，即装着命水或永生水（Bum-paẖi-dbaṅ）的壶，放在受戒人的头上；（2）密宗的受戒仪式（Gsaṅ-baẖi-dbaṅ）；（3）说了密语（Tshig-gi-dbaṅ）的戒仪；（4）知识与聪明为其结果的戒仪（Çes-rab-ye-çes-kyi-dbaṅ）。

实践了上述一切，并遵守于其中，才停留在密宗誓言内，叫作“在艺术中停留者”，这就是第三步学习。

于是站在五位或十位受全戒僧侣（Dge-sloṅs 或Bhikṣu）之中，学者对于学院领导表示敬礼，并直誓三种僧侣誓言：

（1）普通誓言，即初级僧众为了自己的精神解放（So-sor-thar-pa）而有的誓言；（2）菩提（Bodhisattva）誓言，即誓作解放众生

(Byaṅ-chub-sems-paḫ i-sdom-pa)的工具的誓言;(3)密宗誓言(Gsaṅ-sṅags-kyi-sdom-pa),已经学习了并实践了二百五十三僧侣法(Hdul-ba)的条规,学者已进入第四步学习,便成了得全戒的僧人。

然后即进入七神秘图解(Vkyil-ḫkhor 或 Maṇḍala)的戒,即以额巴寺院为标准。于是受保护神(Mgon-po 或 Mahākāla),或怖畏金刚(Ḫjigs-byed 或 Bhairava)和旁的神祇的戒仪,也受极乐佛(Bde-mchog 或Śaṁ-vaia)戒,根据时轮(Kālacakra)系。同时,学者必须练习在唱诵队唪诵圣书的办法,练习舞蹈仪式,也学习住在屋子里(寺院或非寺院)的神秘静修者的基本动作,而不是退休隐士。他在这种情形下被叫作"居住屋子的静修者"(Khyim-rnal-ḫbyor-pa),那就是他已达到第五学程。他可以作为"金刚教师"(Rdo-rje-slob-dpon 或 vajraguru),那就是寺院的尊者,可以管理寺院的法规了。

(二)五学位

第一,学者必须拜一位喇嘛,即精通五明[①]的喇嘛。学会这类科学的专门术语特别是龙树(Nāgārjuna 或 Klu-sgrub)著的《中观论》(*Dbu-ma* 或 *Madhyamaka*)。然后学习字的意义和语法意义,试图练习辩论。会了这些以后,他被称为卡喜巴(Bkah-bži-pa),那就是已遵守了四命令。他已得到第一学位。

---

① 五明有两等,即大五明(che-ha-lṅa)和小五明(Chuṅ-ba-lṅa),一共叫作十明(Rig-gnas-bcu)。佛学(Nan-don-rigla)、医学(Gso-ba-rig-pa)、语言学(Sgra-rig-pa)、逻辑(Tshad-ma 或 gtan-tshig-rig-pa)和机械学(Bzo-rig-pa)是大五明。诗词、韵律、修辞、星算、歌舞是小五明。

第二，在卡喜巴之上，即熟习逻辑（Tshad-ma）和能够在辩论中指出人的错误。他也能考察自己的性质和外界物体的性质，因为他能认识什么特点存在，什么不存在。他被称为卡额巴（Bkah-lṅa-pa），即遵守五命令的人。于是他得到第二学位。

第三，在卡额巴之上是卡居巴（Bkah-bcu-pa），或者遵守十命令的人，虽然受全戒的僧众都遵守这十命令，虽然这十命令在南宗佛教和北宗佛教（如藏区）不完全一样，可是在藏地只给对于高深教理已完成初步考试的、有学问的喇嘛以卡居巴称号。在南宗佛教，如锡金、缅甸等地，受全戒的喇嘛是不许保有或接触金钱的，他们的藏族同道，则对于此类事是自由的，卡居巴被认为已得第三学位。

第四，以次递升，卡居巴之上，是饶将巴（Rab-ẖbyams-pa），就是这样的人：已经完成形而上学和哲学十五种著作（Gżuṅ），另外又完成了十八种更重要的著作。这等于西方的哲学博士，只是西方的哲学博士学位者不一定懂得哲学，而藏族的饶将巴则必须懂得。饶将巴是第四学位。

第五，最高的荣誉是班勤（Pan-chen）或"大学者"（Savant）。得这种学位的，必须及格于医术、语法和逻辑、佛经的五种类别的密宗意义、诗作、美好散文、五种天文学和占星术。班勤是第五学位。这种有学问的人，在萨迦巴五位特别出名的大师中之第四位，即衮噶佳参或萨迦班勤，可作典型代表。

（三）五仪式

五仪式乃是为达到个人心理物质的发展所进行的五项仪式实

践。上述两种实践,是关于道德的纪律和智慧的发展的。其次则是灵性完成的严重事情,即心理物质的发展独一的过程。

第一,已熟习纪律和哲学书籍,并得到宗教教导和指示以后,即在自己的心中取消客观的(在心理外界存在的)和主观的东西(由自己感觉中产生的)两者的对立。一个人必须认识:思者或做者;所思所做的东西;思想本身或做者本身。三者本为一体,只是现象中表现为三。破除两种对立,实感一体,是在静观中完成的。能够这样静观的叫作撒姆丹巴(Bsam-gtan-pa),即达到第一成就的人。

第二,宗教实践,使人一方面自由升起某神的心理形象,那就是他所静观的,而且使自己与之合而为一的;另一方面,完成这种成就,两方面都是由此实现。所以可以说,他已实现了(Ñams-rtogs)两种过程(Rim-pa-gñis),那就是创造和完成心理形象。这样,他已成为一个"实现的修持者"(Ñams-rtogs-daṅ-ldan-paẖi-mal-ẖbyor),那就是第二成就。

第三,下一成就即等于"在菩提道上圣洁地完成十地"①中的第

① 菩提道十地,即:第一,欢喜地(Rab-tu-dgaẖ-ba):断异生障,证十真如;第二,离垢地(Dri-ma-med-pa):断邪障,证最胜真如;第三,发光地(H̱od-byed-pa):断暗钝障,证胜真如;第四,焰慧地(H̱od-ẖphro-ba-Can):断细惑行障、证无摄受真如;第五,极难脱胜地(Çin-du-sbyaṅ-dkaẖ);断下乘涅槃障,证无制真如;第六,观前地(Mṅon-du-gyur-pa):断粗相观行障,证无染净真如;第七,远行地(Rin-du-soṅ-pa):断佛相观行障,证法无别真如;第八,不动地(Mi-gyo-ba):断无极加行障,证无增减真如;第九,善慧地(Iegs-paẖi-blo-gros):断不欲行障,证智自在所依真如;第十,法云地(Chos-kyi-sprin):断法未自在障,证莫自在所依真如。这是显教的十地,但萨迦巴的密教还有另三地半,而格鲁派则有另外的四地,如"一地,基于最了解和行为"(Smos-spyod-kyi-sa);则前面十地顺序便成为二——十一地。十二地,"无能比"(Dge-med-kyi-sa);十三地,"全知"(Ye-çes-ldan-gyi-sa);十四地或十三地半,"普光"(Kun-tu-ẖod-kyi-sa)。

一个。有了这种成就，即可成为小成就者（Grub-chen-chuṅ-ṅu）。这就是第三成就，由“见道”（Mthoṅ-lam）而来。

第四，依次上升，成功地取得不同的智慧，由第二地起至第八地止，即得到中等成就（Grub-chem-ẖbriṅ-ba）。这就是第四成就，所谓“不动”。

第五，再由第八上升至第十成就和以上，即得佛的智慧，所以叫作“成佛”。这是最后的成就，得到这种成就者，叫作“大成就者”（Grub-chen-po）。

（四）十教规

十教规的根据乃为那烂陀（Nālanda 或 Na-lan-dra）寺院教规。那烂陀是印度的著名寺院，即在释迦佛后九百年瓦苏班杜（Vasubandhu 或 Dbyig-gñen）所创建的，萨迦巴僧侣借着下述办法进行崇拜：

（1）抄经典圣书；（2）敬礼经典；（3）向旁人传达经典的说教；（4）听取旁人关于经典的说教；（5）念经典；（6）学习经典，接受经典的教导；（7）宣讲经典；（8）背诵经典；（9）想念于经典；（10）静观经典。

通过以上十种崇拜和三种誓言①的影响，就可注意远离有害事物。在寺院教规（H̱dul-ba）中，特别提了五种坏行为有坏结果，物质的或精神的：杀人；说谎，如同说看见神祇或鬼怪了；性交，即结

① 指五种学程中第四学程所述三种誓言。

婚的在家人有婚外的接触，或出家受戒的人有任何性交；偷盗；饮任何使人致醉的酒，或用任何有毒的药品，如鸦片之类。假定出家人犯了任何这类罪，那就是违反戒律，或侵犯对于经典的尊敬①。

假定犯罪行为被人知道，寺院即鸣钟聚众，将他逐出神圣佛门。如佛说，这种人恰如破壶，或如掉了头的帕米瑞（Palmyra）树，再也不能重生了。

僧人必须永远居于寺院以内，他不能与邻居吵架。他是企望永远努力背诵《圣经》和个人静修的。

（五）日常程序

第一，是暑期退休时间，约两个半月，农历由五月十四起，公历约六月十四日。在退休期间，僧人不能远离退休地点，他听取长者讲述宗教，或者自己讲述经典给俗家听。给俗家听的演讲，在藏族地区，只是记载在书上，而不予实行；在锡兰和缅甸，普通群众则在此期间集聚于寺院，听取僧众的演讲。

藏族的节令与内地不同，因为藏族地区属于高原，冬季长，只有两个月的夏季，两个月的秋季，三个月的前半冬季，两个月的后半冬季和三个月的春季。退休期间，包括夏秋之间的夏季两个半月。退休时期，在印度，那是雨季的必需；而在藏族地区，则是可以享乐的愉快时期，因为那是一年中最好的季节，如同温带地区的

① 一般僧侣用合十（Thal-mo-spuṅ-ba）表示敬意，即将双手掌合在一起，那是自印度学来的办法，用以表示敬意和礼貌。

春季。

第二,每月十五的乌波撒达(Uposadha 或Gso-skyoṅ)必须遵守,也叫作"用坦白清除过失"。乌波撒达,这个字眼来自早期佛教巴力(Pāli)典籍。那个时候,到了每月末日,即三十或二十九日的乌波撒达日子,要召集僧众,大声宣读寺院为了个人解放(So-Sor-thar-pa)而立的寺院法规。每宣读一段,提及一个僧人必须免于犯的过失,法台必要问:"弟兄们,你们未犯过这种过失吗?"假定有人犯了某种错误,他必得当场坦白,然后被告知补偿的方法。假定僧众都静默无声,则法台宣布;"弟兄们均无声,我认为他们是无过的。"然后继续宣读。这在锡兰和缅甸,依然实行;然在藏族地区,僧众只唱这些规矩。至于大多数唱诵这些规程的人,并不了解它们的意义。至于坦白,则从来没有做过。

第三,每年必须有三个月时间,由大寺院的高级教授来为他们的徒众讲授各种问题,下面各书即是讲授的内容:

《杜鲁巴》或《戒律》(*H̲dul-ba* 或 *Vinaya*),即驯服人的动物性的著作;

《别解脱》或《锁锁他巴》(*So-sor-t-har-pa* 或 *Prātimokṣa*或律经),即解放个人免于生死轮回的著作;

《噶牙奇瑞多》(*Ga-ya-mgchi-rihi-mdo* 或 *Gayāśirṣa-sūtra*),这是许多著作之一,属于大乘,说是释迦在证道山(Ga-ya-mgchi-ri)上讲的。

《入行论》(*Spyod-h̲jug* 或 *Budhi sattva-caryāvatāra*),即《菩提道入门》,它是神秘训练的第三程,包括:检查或者看见(Lta-ba 或 Darśana);思考(Bsgom-pa 或 Blāranā)和成就(spyod-pa 或 Caraṇa)。

乌妈(Dbu-ma 或 Madhyama)、龙树(Nāgāriuna)所阐述的中观

著作；

《慈氏五论》（*Byams-chos* 或 *Maitreyaharma*），说是释迦佛在另一世界的讲述汇集；

经部（Mdo-sde 或 Sūtra），说是佛说的收集，故事的地点和情况的收集，并说明这些说教的收集是怎样发生的；

《辨法性论》（*Chos-ñid-mam-ẖbyed*或 *Dhaymatā-vibhaṅga*），事物本身性质的论述；

《辨中边论》（*Dbu-mthar-mam-ẖyed* 或 *Madhyānta-vibhaṅga*）；

《按作》（*Mṅon-mdzod* 或 *Abhisamaya*），由阿毗达玛克沙（Abhidharmakoṣa）略述，是瓦苏班杜（Vasubandhu 或 Dbyig-gñen）所著最重要的大乘论述，是关于"实体的贮存"的；

《恩巴毗途》（*Mṅon-pa-kun-bstus* 或 *Abhidharma-samucaya*），即阿毗达玛的集论；

《四百论》（*Bẓi-brgya-pa* 或 *catuh-śataka-śāstra-kārikā*），中观四百颂的著作；

《中观宝鬘论》（*Dbu-ma-rin-po-cheẖi-phreṅ-ba* 或 *Madhyamaka-ratunamālā*）；

《萨班多素母》（*sa-pan-sdom-gsum* 或 *Trisamvara*），"萨班三誓"；

《擦玛瑞得》（*Tshad-ma-rig-gtan* 或 *Pramṇāvidyā-kosa*），因明正理藏论；

陈那著（Tshad-ma-mdo 或 Pramāṇa-sutra），《量论》；

《释量论》（*Tshad-ma-mam-hgrel* 或 *Pramāṇavṛtti*），逻辑评论；

《续部》即《密宗经论》（*Rgyud-sde*），主要经典（Tantras）一类；

《噶尔此》(*Skar-rtsis* 或 *Jyotiṣa*),占星学;

《得居尔》(*Sdeb-sbyor* 或 *Çhandas*),韵语著作;

《温脚》(*Mṅon-brjod* 或 *Abhidhāna*),字义;

《年额》(*Sñan-ṅag* 或 *Kāvya*),诗作;

《词兼》(*Tshig-rgyan* 或 *Alaṃkāra*),饰语;

《乃穷讷》(*Gnas-chuṅ-lṅa* 或 *Pañca-rakṣā*),"小屋内五护法"。①

《札擦玛》(*Sgra-tshad-ma* 或 *Sabda-pramāṇa*),关于语法和逻辑的书。

除上列外,还要学些手艺(Bso)和医疗(Gso)。一切熟悉这些事的人。都要帮助旁人学习。

第四,九月十四日是释迦逝世纪念日。那是庄严的时候。要用七天专门来做各种仪式。僧众送走有害影响,并且用两天举行神圣跳舞。

第五,十一月初八那一天,相信要被死神(Gçin-rje 或 Yema)所吞没。所以喇嘛们祈求怖畏金刚(Rdo-rje-ẖjigs-byed 或 Bhairava)降伏死神。怖畏金刚是文殊(H̱jam-dbyans 或Manñjughoṣa)或善知识的化身,他表现死神的形象,以消灭死神。另外,怖畏金刚综合象征创造与死亡的普遍过程,与这普遍过程相较,个别的死亡,就显得渺小而没有意义了。因为死亡是黑暗的结果,而黑暗是无知的结果,则死亡、黑暗或无知的天然对立物自然是生命、光明或智慧。这个佛教的神,代表印度神西哇(Śiva 或 Çiva)神的某些方面。

第六,十二月是一年的最后一月,喇嘛们则用九天举行仪式,

---

① 参阅第十一章第二节第九项,格鲁巴神中"五护法"。

崇拜六十保护神(Mgon-po-drug-bcu)。

第七,正月初三,欢喜金刚(Kye-rdo-rje 或 Hevajra)被祈求。遵照额尔(Ṇor)寺院的规矩画出神秘的图案(Dkyid-ḫkhor 或 Maṇḍala)。这些图案,同藏族地区寺院其他图案一样,是用有色矿物研成的粉末绘成的。先将粉末装入顶端成尖状的圆筒内,按着在方盘中预先画好线,使粉末从筒的尖端徐徐倾出,形成图案,同美国印第安人"干画"类似。这些图案在用完了以后并不保留;这里的用场,即临时用作神祇的住所。

欢喜金刚被崇拜时,下述神祇也在一起受崇拜:

衮薄鼓(Mgon-po-gur),马哈卡拉(Mahākāla)保护神形象之一;

胜乐佛(Bde-mchog),佛之一;

入禅中不动金刚(Mi-bskyod-rdo-rje 或 Akṣobhyavajra),佛之一;

菩萨(Bodhisattva 或 Byaṅ-chub-sems-pa);

降白金刚(Hjam-pahi-rdo-rje 或 Guhyasamājdmañjuvajra)或简单称桑堆(Gsaṅ-hdus),佛之一;

金刚界(Rdo-rje-dbyiṅs 或 Vajradhātu)作为佛,或金刚界母(Rdo-rje-dbyiṅs-kyi-dbaṅ-phyug-ma 或 Vajradhūtu-iśvari)作为曼殊师利的配偶并为学者的保护神(曼殊师利即 Mañjuśri)。

这些仪式的举行,要继续七天。本月初十,另外举行仪式,那就是为:不动佛(M̱i-ḫkhrugs-pa 或 Akṣobhya),全胜佛母(Rnan-rgyal-ma 或 Vijayāsādbana),无量寿佛(Tshe-dpag-med 或 Amitāyus)。

还要加上一天以祈祷:三界保护神(Rigs-gsum-mgon-po),即神界、人界和蛇妖(Nāgas);观世音(Spyan-ras-gzigs 或 Avalokiteśvara）；金刚手（phyag-na-rdo-rje）；文殊（Ḫjam-dpal-dbyaṅs 或 Manñjughoṣa）。

接着还有八天以祈祷：红死神（Gçin-rje-dmar-po 或 Rakta-yamāri）；黑死神（Gçin-rje-nag-po 或 Kṛçṇa-yamāri）；怖畏金刚。死神只是一个，表现不同罢了。黑代表“可怕”，红代表“仁慈”。

这以后，还有一天祈祷经论保护神（Mgon-po-chos-ñid）。

（六）一年聚会

一年聚会是指德格萨迦寺（Sde-dge Sa-skya-pa）一年内的公开大会。

德格寺（Skte-dge-dgon-chen）在西康金沙江东岸。那里有很大的印经院，藏有二十万块木刻板，以印藏文书和佛像。那里的僧人到额尔（Ṅor）寺院进修，但一年季节公开大会也受擦尔巴寺院（Tshar-pa）影响，因为擦尔巴是额尔的分寺。

正月初一有神圣舞蹈、小杵、祈祷金刚杵（Rdo-rje-phur-pa），有七名侍从伴舞。

同月二十八、二十九两天神圣舞蹈叫大杵，由48名侍从伴随金刚杵舞蹈。

二月二十六日，房子或帐篷保护神（Mgon-po-gur 或 Cur-gyi-mgon-po 或 Mahākāla），以擦尔巴为模范，进行表演。神祇以木黑童（Gżon-nu-nag-po）见称，因为他有永远不老的本领。根据神话，他是两弟兄中的幼者，父亲死后，他怕哥哥侵占他的应得财产，于是将哥哥的头砍下来，在哥哥的肩上安上父亲的象头。同时他发誓：

“除非我老了,这个头不能换”。也传说,这个保护神,就是欢喜金刚的化身,因为欢喜金刚是佛,所以这位保护神就等于佛本身。

三月十五日,是释迦佛逝世纪念日。先在选定地点献礼,然后举行舞蹈,时轮佛(Dus-kyi-ẖkhor-lo 或 Kālacakrs)舞蹈举行十三天。

七月初一,以戏剧形式表演佛的不同转世的故事。

九月二十八,二十九两日,房子的保护神(Mahākāla)另行表演,按着本地传统仪式,四十五名侍从跟着舞蹈。

十一月冬至节,愤怒金刚同十名侍从举行舞蹈。这同本章上面第五节第五项相同。同月十四日,也是萨班纪念日,那时,为了他——“天行者的海洋”举行七日的纪念活动。

十二月二十八日新年节。愤怒金刚和他的四十五名侍从举行舞蹈,白天有舞蹈,早晚鸣枪。

上举一年的季节庆祝,不但在德格如此,即在旁处的萨迦派十二大寺院也是如此。较小的寺院,无力全部或部分举行这等活动。另外,萨迦举行这种活动的日期,与其他派寺院举行的日期,或同或异。

在概述这一学派的寺院以后,我们或许乐于听一听我们的朋友、也是情况供给者耶西丹津喇嘛(Lama Ye-çes-bstan-ẖdzin)的论述:“根据定义,佛教就是为了众生福利的。可是近来,较少的人按着规矩行事。世界一般喜欢空谈、外表和形式。不少僧侣走上商业化,彼此在市场上竞争,他们虚荣、忌妒、愤恨、无知。欢喜金刚经上说道,大言不惭地自己吹嘘,贬低旁人,就产生帮派体系。受过菩萨戒的人,那样毁佛灭道,就是犯了不可饶恕的罪恶。纵然你没有成功,甚至你终生贫困,只要你希望觉悟,你就走上正轨,只要你不多说话。”

第六章　噶举派

——另一半革新的佛教

比萨迦派起源早一些，但取得政权晚得多的噶举派（Bkaḫ-brgyud-pa）是半革新的藏族佛教，较著名的是他们的隐居生活。关于他们教派的名称，他们的不丹信徒的著作[①]中讲，玛巴（Mar-pa，1012—1097 年）、弥拉（Mi-la，1040—1123 年）和他们的直系信徒，早期生活都是穿白袍的，这样一来，他们就被人称为“白衣人”，因为“噶”字（Dkar）意为“白”。

白衣在早年西藏，是隐士的特殊衣服，尤其是那些善于体内生热（Gtum-mo）的人和学习印度人善于隐居静修的瑜伽（Yoga）士。弥拉[②]是玛巴的著名徒弟，身穿白棉裙（Çam-thabs）。他的名“瑞巴”（Ras-pa），就是“着棉衣”的意思，把他划入“只着棉衣”（Ras-rkyaṅ）一类，即只着白布衣的人，也就是善于体内生热的人。

尽管如此说，当“白”讲的字（dkar）被当作“字”、“说”、“命令”讲的字（Bkaḫ）所代替。由于“举”（Brgyud）意思是“系”或传授师傅的“言论”、“命令”的“传统”，“巴”（-pa）是字尾，如前所述，噶举

① 主巴噶举（Ḫbrug-pa-bkaḫ-brgyud），本章第二节有较详的叙述。

② 伊万斯闻兹（W. Y. Evans-Wents）著《西藏大瑜迦上弥拉瑞巴》（*Tibet' s Great Yogi, Milarcpa*），1928。

巴(Bkah̲-brgyud--pa)就是“命令系统传授者”。

谁是师傅?有人会说,是那些没有形成文字的佛的教诲,由师傅传授给徒弟。但有许多噶举派的人,则说那是神秘界首先将佛说传给人的。如金刚持(Rdo-rje-h̲chaṅ或 Vajradhara)是个善于思想的菩萨,说是首先将佛说的话传给梯罗(Tilo),梯罗传给那若巴(Naropa),那若巴传给玛巴。金刚持另外以密教王(Gsaṅ-sṅags-rgyal)或战胜者见称。同样,任何空行母(Mkhah̲-h̲gro-ma 或 Ḍākini)可以传达密教于人类。

不管传达方法如何,噶举派最初的学派只有两个,以后各有分支。第一派传达了天上飞行的天女的各种论述,这是传给穷波(Khyuṅ-po,1002—1063 年①)的。第二派是梯罗(Tilo 或 Tilopa),一位孟加拉的隐士,约于公历 975 年由金刚持得来,传给那若,那若约于 1039 年去世。由那若将那些教训传给了西藏徒弟玛巴(1012 — 1097 年)。

穷波一派,叫作向巴噶举(Çaṅs-pa-bkah̲-brgyud),而玛巴一派,叫作达波噶举(Dwags-po-bkah̲-brgyud),后者影响较大些。

(一)向巴噶举派

穷波幼时学习西藏原始信仰本教,后来不满意于本教,才另寻师傅。师傅叫苏瓦细地(Suwasid-dhi),是个创奇迹者和翻译师。苏瓦细地给他授大圆满(rdzogs-chen)道的戒,戒是宁玛派特点。

① 根据祝维翰(ChuWei-han)先生的说法。

穷波数次去印度,用五十年的时间周游于印度、尼泊尔和西藏,成功地从一百五十位老师学习。这些老师中,有六名影响最大,四名教他小乘,两名教他密宗。密宗必须是大乘。

小乘老师名多吉旦八勤薄(Rdo-rje-gdan-pa-chen-po)、八巴那觉巴(Sbas-pa ẖ i-mal-hgyor-pa)、麦垂巴(Maitripa)和日呼拉(Rāhula)。两名教他密宗非常法教义(Thun-mo ṅ-ma-yin-pa ẖ i-chos)的是尼古玛(智慧Ḍākini Niguma 或 Ye-çes-mkhaẖ-ẖgro-ma-ni-gu-ma)和苏喀西地(Swasiddhi)。密宗这种教义,只能被菩萨所了解,而不被小乘的信徒所了解。尼古玛是那若的神秘夫人。然而我们必须记住,尼古玛不是人类妇女,而是天女,她们有些被瑜伽师神秘权势所迫,而顺从地作为他们的夫人。这样的夫人,就会教她们的人类丈夫(即瑜伽师)以密宗的神秘教义。尼古玛的身体,只有一半是物质的,她的身体是微妙的、轻便的,就像虹(H̱jaẖ-lus)那样。

据传说,她与同辈一起,在她们领袖所主持的会上遇到穷波。她传给他受戒仪式,使他能获得非物质的身体,能将自己化为多数形象(Skya-lus)。她也在别的教导以外,传给他那若教义的深奥道理。

当穷波回到西藏以后,到浪瑞塘巴(Glaṅ-ri-thaṅ-pa)寺院,那个地方,似乎是现在新疆的一个地方,那时候佛教的密宗在那里颇为盛行。穷波在那里成为祈求神祇(Bsñen-pa)的专家。

以后穷波又居于拉萨北方盘盂(H̱phan-yul),那时候,他受戒五道(Tantras),学了一切保护神(Mgon-po)的教义;那是从喇嘛日呼拉古塔足(Rāhula Gupta-bdza)得来的,日呼拉曾在那里传法(Chos-sgo-skyel-du)。

如天女所预言的，穷波到后藏的向（Çans）地方，在那里停留了三年（1061—1063年），建了一百零八寺。① 所以他这一派叫作向巴噶举（Çans-pa-bkaẖ-brgyud）。

穷波在世时，收了八万徒众，在三十年中为众生讲经说法，与记载的证据相反，传说他活了一百五十年，许多奇迹都归于他。例如，说他会将身体变成一百二十八个，然后合而为一。他还能穿过石头和山岩。有一次他在瓶中坐了七天，将身体缩至瓶子里能容得下。另一次，他在空中坐着讲经说法。

在无数徒众中，七名最著名的，为"七宝贵珍藏"：莫巧巴存著（Rmog-lcog-pa-brtson-ẖ grus）、香贡曲桑格（Çaṅs-sgom-chos-seṅ-ge）、麦乌顿（Smeẖu-ston）、亚薄甲末切（Gyar-po-rgya-mo-che）、杜顿润旺（Rdul-ston-rin-dbaṅ）、拉堆贡巧卡（La-stod-dkon-mchog-mkhar）和桑杰东巴（Saṅs-rgyas-ston-pa）。最后者的徒弟埃桑格（Aẖi-seṅ-ge），成了这一学派的领袖。

著名的撒姆顶（Bsam-ldiṅ）寺院，是本派克尊笋奴著（Mkhas-btsun-gžon-nu-grub）创建的。它坐落于西藏南端羊卓雍湖岸上，那是女活佛多吉帕谋（Rdo-rje-phag-mo 或 Diamond）的居住地，她是胜乐金刚（vajravārāhi）的配偶的转世。②

回到我们叙述的故事，穷波系统的向巴噶举，此时发展成两个分派：撒姆顶分派和甲（H̱jag）分派。甲分派由尚顿（Çans-ston）传出。尚顿的徒弟是佳岑步（Rgyal-mtshan-hbum），佳岑步的徒弟是

① 一百零八是佛教仪式数字，如一百零八寺，一百零八菩萨等。

② 女活佛名，汉译是"金刚亥母"，汪带尔（Waddell）《西藏佛教》，1934年第二版278页说女佛的寺院有三个，但拉卜楞东边另有一寺，见本书第十四章。撒姆顶也不是像汪带尔所说属宁玛派，而是属于穷波系统的噶举派的。

甲勤甲姆巴贝尔（Hjag-chen-byams-pa-dpal）。

格鲁巴即后来变为正统派的创始人的宗喀巴（Tsoṅ-kha-pa，1357—1419 年），曾学过向巴噶举的教义。克主杰（Mkhas-grub，1385—1438 年），宗喀巴最出名的徒弟之一，后来作为第一世班禅，也跟向巴噶举分派的一个喇嘛学习过。

向巴噶举另一个喇嘛名帕郭衮噶藏伯（Pha-rgo-kun-dgaḫ-bzaṅ-po），在后藏扎什伦布（Bkra-çis-lhun-po）寺北边，建丹那多吉旦寺（Rtan-nag-rdo-rje-gdan），他的徒弟的徒弟是根顿佳错（Dge-ḫdun-rgya-mtsho），即第二世达赖（1475—1542 年）；他后来转世，成了格鲁巴的统治者，掌握西藏的政权。

向巴噶举派好像徒众甚多，然而他们的影响大体上限于后藏。同时，穷波的著作甚少，因此他的教义很少被人知道。

（二）达伯噶举派

这一学派势力极大，远及于西康。玛巴翻译大师（Mar-pa-chos-kyi-blo-gros-lo-tsa，1012—1096 年），是西藏南洛札（Lho-brag）的，是这一学派的创始人。但学派的名称，则来自达伯（Dwags-po，1079—1153 年）；达伯是弥拉瑞巴（Mi-la-ras-pa，1040—1123 年）的徒弟，而弥拉瑞巴才是玛巴的徒弟。这里也可附带说一说，向巴噶举这个名字，也不是来源于它的创始人穷波的。

玛巴首先受教于卓米（Ḫbrog-mi，993—1078 年），卓米也是萨迦派创始人昆屯衮巧甲白（Ḫkhon-ston-dkon-mchog-rgyal-po）的师傅。我们可以理解，玛巴的第一任师傅是在帐篷居住过游牧生活的喇嘛,因为“卓米”意思是“放牧的人”。这位师傅是牙卓(Yar-ḫbrog)区的土著,而“牙卓”意思是“上草原”。

噶举派的门徒直至今日依然相信玛巴得的是金刚持的启示。实际上,玛巴三次到了印度,在那里,他从那若学法,而那若是那烂陀寺院的服务员。在信仰佛教以前,那若是一位牧师,是克什米尔王的法师,后来那若听了一位仙女的话,去孟加拉(Bengali),拜见那里的隐士梯罗(Tilo)并受戒。

所以,玛巴的噶举派继续在他们的寺院中歌颂他们的灵性师傅:“梯罗(Tilo)、那若、玛巴、弥拉瑞巴。”

那若的一生永远是玛巴的灵性导师,玛巴除了那若以外,还从许多大师学法,最著名的有麦垂巴(Maitripa),巴耶西宁伯(Dpal-ye-çes-sñiṅ-po)和竺勤西巴臧伯(Grub-then-żi-ba-bzaṅ-po)。所有这些大师都是后期印度佛教密宗的信徒。所以玛巴便成了神秘说教和仪式的专家,如多吉铁巴(Rdo-rje-theg-pa)或金刚乘,如大手印(Phyag-rgya-chen-po 或 Mahāmudra)和旁的教义,他一个一个地学习,一个一个地实践,一个一个地学到手。

回到西藏以后,玛巴在他周围团聚了大量的徒众,最著名的是“四柱”:额顿曲骨多吉(Rṅog-ston-chos-sku-rdo-rje)、促顿旺(Mt-shur-ston-dbaṅ)、梅顿村泊(Mes-ston-tshon-po)和弥拉瑞巴(Mi-la-ras-pa)。玛巴给前三者的使命是传道。他们和他们的系统是讲:各种密宗教义;四种高尚真理;①大幻觉(Mahāmāyā),一种唯心论的哲学;欢喜金刚(Kye-rdo-rje 或 Hevajra)仪内部意义。

① 即痛苦真理、痛苦来源的真理、停止痛苦的真理和引导至停止痛苦的方法的真理,这都是释迦牟尼(Sākyamuni)早期传授。

至于弥拉瑞巴，玛巴给他受戒，为了能知静功各法，使他享受冥想的隐士生活，弥拉瑞巴在从玛巴以前，学的是黑巫术，杀了亲族中的许多人；因为他们偏袒他的叔父，使他、他的姐妹和母亲，失掉了财产，那是他父亲死时，委托他的叔父保管的。可是弥拉瑞巴犯了罪以后，深感痛悔，乞求玛巴指明方向，可在此生以内，得到解脱。作为改造的办法，玛巴给他许多痛苦的磨炼，然后才向他讲明道理。他的自传和诗歌十万（Glu-ḫbum）即讲到他如何经受考验，趋于完善，获得高尚思想的过程。那是说藏语的世界最流行的文学。

弥拉瑞巴虽然主要居住在孤零零的雪山上，可是他吸引了许多徒众。绝大多数的徒众，也和他那样，是瑞强（Ras-rkyaṅs），即只穿棉袍的。两名徒弟最著名，一名是"如日"（ñi-ma-lta-bu）的达伯（Dwags-po）医生（lha-rje）；另一名是"如月"（Zla-ba-lta-bu）的瑞穷巴（Ras-chuṅ-pa）。

瑞穷巴（1083—1161 年）曾两次去印度。第一次，从巴拉堪抓（Bala-candra）大师学道，受愤怒（Gtum-po）金刚手（Phyag-rdor 或 Vajrapāṇi）戒。返回见弥拉瑞巴时，被告知："在印度有九种教义，是关于无体（lusmed）仙女的。吾师玛巴只熟悉五种，没有得到另外的四种，你再去把它们得来吧。"于是瑞穷巴又去了印度，见到梯普巴（Tiphupa），他是那若巴（Naropa）和麦垂巴（Maitripa）的徒弟。瑞穷巴向梯普巴请求弥拉瑞巴所求的教义，得到以后，又从旁的大师学了旁的教义。然后，返回西藏，将这一切都传达给弥拉瑞巴。

弥拉瑞巴将这些教导，依次传授给恩宗顿巴（Nan-rdzoṅ-ston-pa），后者又写了几篇论文，评论这些教导。这样流传的体系，被称为"胜乐者听诵的体系"（Bde-mchog-sñan-brgyud）。另一方面，由瑞穷巴根据弥拉瑞巴和旁的大师教义而来的体系，则叫作“从瑞穷巴而来的体系”（Ras-chuṅ-sñan-brgyud），所谓“听诵体系”，系指直接由师傅口传给徒弟的教导。

（1）达伯的直传。达伯医生一般称为卡姆伯巴（Sgam-po-ba，1079—1153 年）。因为他在达伯建立了卡姆伯寺院，而且他在幼年是学医的，所以群众称呼他达伯医生，这比他的姓名更较为人知。另外，藏族人相信，他是达窝宗奴（Zla-ḫod-gžon-nu 或 Candraprabla-kumāra）的转世。由于达窝宗奴的请求，释迦佛才讲了《静观王经》（*Tiṅ-ṅe-ḫdzin-rgyal-po-mdo* 或 *Samādhirāja-sūtra*），所以他也以达伯达窝宗奴见称。

达伯年轻的时候已是名医，由于他的妻子在他二十五岁时死去，他十分悲痛，从此转向宗教。他在二十六岁时当了和尚，向噶当巴派（Bkaḫ-gdams-pa）[①]老师学习，那是由阿提沙（Atiça，982—1054 年）创建的寺院出来的僧侣。阿提沙 1042 年来自印度，也是创建格鲁巴的宗喀巴的先驱，达伯三十二岁时听到弥拉瑞巴的名字，仅这名字，就不可抗拒地把他吸引住了。正如藏族说的：“达伯的心被弥拉瑞巴夺去了。”

达伯赶快到了后藏的卜仁去见弥拉瑞巴。弥拉瑞巴立刻就发现了他的特殊才能，于是将自己全部教法传授给他。达伯沉思于这种教法，仅用六个月的时间（根据另外的说法，是十三个月）就完全消化了它的全部意义。然后根据弥拉瑞巴的教诲，他回到前藏，并创建了卡姆伯寺。

由于他首先学习的是噶当巴的教义，所以达伯创造了一个新

---

① 参看本书第七章开头。

教义，是噶当巴和大手印（Phyag-rgya-chen-po 或 Mahāmudrā）系统的混合物。大手印系统就是弥拉瑞巴传授的，达伯写了一本书，名《解脱历程》（*Lam-rim-thar-rgyan*）。这种混合方法和理论，相继传授给粗赤宁伯（Tshul-khrims-sñiṅ-po）和温过姆（Dbon-sgom）的各代转世，原来的达伯寺院，就是他们的讲坛。

粗赤宁伯的一个徒弟，尊追乍（Brtson-ẖgrags-pa，1123—1194年）。在1175年和1187年相继建立了擦尔（Tshal）和贡塘（Gun-thaṅ）寺。他的系统叫作擦巴噶举巴（Tshal-pa-bkaẖ-brgyud-pa），是达伯噶举巴（Dwags-po-bkaẖ-brgyud-pa）的一个分系。它既有宗教权，又有政权。

（2）噶玛噶举。噶玛杜斯勤巴（Karma-dus-gsum-mkhyen-pa，1110—1193年），是西康人，达伯的著名徒弟。十六岁时，当了和尚，先从哲波巧（Tre-po-mchog）学，然后向阿提沙的一个徒弟，名约曲旺（Yol-chos-dban）的，还有旁的师傅，学了噶举巴的教义。约二十岁时，他到前藏堆隆（stod-luṅ），从喇嘛甲玛巴（Rgya-dmar-pa）和卡巴曲给桑结（Phywa-ba-chos-kyi-seṅ-ge）学习。他们教给他未来佛（Byams-pa 或 Maitreya）慈氏法、中观（Nāgārjuna）和逻辑。他从夏巴（Çar-pa）学噶当巴的"教程"（Lam-rim），并从帕擦巴（Pa-tsh-wa-ba）进一步学习了中观之道。玛杜津（Mal-ẖdul-ẖdzin）教以寺院纪律（H̱dul-ba）规程，并授以和尚全戒。

当他二十三岁的时候，他会见达伯。达伯解决了他在学习中遇到的困难和疑惑。他也熟悉了瑞穷巴，每年都和瑞穷巴同居隐居处一段时间。这样他就学到了"那若巴六道"（Naro-chos-drug）诸教法和弥勒（Maitreya）的教法。更向其他喇嘛学习，在不同隐居处成功地沉思默想，取求高度启发。五十岁时返回西康，收徒众千名以上。

然后他建立了噶玛拉顶寺（Karma lha-stiṅ）和粗普（Mtshur-phu，1159年），所以跟着他的徒众被称为噶玛巴，由杜斯勤巴（Dus-gsum-mkhyen-pa）下传到十六世化身。此一学派，下学府是卡伯岗拉（kam-po-gaṅ-ra），中学府是类伍齐噶玛贡（Rihu-bo-che Karma-dgon），上学府是西藏的堆隆粗普（stod-luṅ-mtshur-phu），但后一个逐渐变为这一派最大权威的学府。

噶玛噶举黑帽小派：噶玛杜斯勤巴（Karma-dus-gsum-mkhyen-pa）常戴黑帽，根据徒众的说法，那是一些天女送给他的，是由千数天女的头发制成的。他的徒众为了学习他的样子，也戴黑帽。于是他们被称为"戴黑帽者"（Żwa-nag）。到了噶玛帕克西（Pakżi，相当于藏文 Slob-dpon 的蒙文，即教员之意），也就是噶玛二世（1204—1283年），即首创转世喇嘛①的人。他得到元朝皇帝一个高贵的帽子。这个帽子碰巧也是黑色的，只是镶有金丝边。这就加强了本派喇嘛被叫作"戴黑帽者"的分量。这一学派在蒙古和他处的影响，足以和萨迦巴竞争。它的声誉，甚至传到印度。它的转世喇嘛，至今已在十六辈之上。噶玛三世（1284—1339年）名噶玛让将多吉（Raṅ-byaṅ-rdo-rje），是拖丹扎巴（Rtogs-ldan-grags-pa）的师傅；而拖丹扎巴又是红帽这一小派的创始人。噶玛四世，即罗柏多吉（Rol-pahi-rdo-rje，1340—1383年）给宗喀巴授放弃五罪②戒。噶玛五世，名噶玛德辛谢巴（De-bżin-gçegs-pa，1384—1415年），是明永乐帝（1403—1424年在位）的朋友，有徒弟名玛塞罗追仁勤

① 转世喇嘛作为一种制度，见于记载者如此。格鲁巴的转世，如几世达赖，几世班禅，是仿效噶玛噶举派的这一制度。

② 杀人、盗窃、奸淫、说谎、醉酒。

(Rma-se-blo-gros-rin-chen),即首创喇嘛跳神舞蹈的人,也在孙蒙(Zun-muṅ)创寺,此地成为学术场地。

噶玛噶举红帽小派:与黑帽小派类似。元朝皇帝赐给拖丹扎巴(Rtogs-ldan-grags-pa,1283—1349 年)以红帽,成为红帽小派的起源,即将该派喇嘛叫作"戴红帽者"(Żwa-dmar)。该创始人是有名望有学问的喇嘛,精通显教与密教。在他许多徒弟中,有一些印度学者。他的第六代转世曲吉旺曲(Chos-kyi-dbaṅ-phyug,1584—1635 年)有个徒弟叫噶玛扎没(Karma Grags-med),他创始了另一小派,叫作内多噶举(Gnas-mdo-bkaẖ-brgyud)。

孙蒙和内多都是噶玛噶举的重要学府。后来发展的五学府,即堆隆粗普(Stod-luṅ-mtshur-phur)、噶玛瑞灵(Karma-rigliṅ)、甘波内囊(Kam-po-gnas-naṅ)、蓬灵(Spuṅs-riṅ)和追噶赤(Tre-ka-mkhrim)一起,巴拉(Ḫbar-ra)和札玛著西(Grwa-ma-grub-żi)一起,分别代表身、口、意、优点和事业。这五等分寺,分布在西藏和西康,特别在西康,两处噶玛噶举寺院最著名:即在北方的八邦寺(Dpal-spuṅs)和在南方的米娘岗卡(Mi-ñag-gaṅs-dkar)。

八邦寺建于 1727 年,为衮前曲吉迥内(Kun-mkhyen-chos-kyi-ẖbyuṅ-gnas)所建。衮前曲吉迥内即司徒第八,他的第一代转世曾是红帽僧,在类伍齐噶玛贡(Ri-ẖu-che-kama-dgon)有其学府,即噶玛噶举的居中学府。第八代转世已变为八邦寺第一代,现在的转世是第四代,由类伍齐数下来,即十一代。

八邦坐落在德格,米娘岗卡则在康定之南。"岗卡"(Gaṅs-dkar)意思是"白雪山",八百年前有一著名隐士认为这里是一个好的学府的所在,象征极乐佛(Bde-mchog 或Śaṁvara)。寺院的实际修建,是在六百年前,由札八巴尔(Grags-pa-dpal)修的,那就是在噶玛第四罗柏多吉(Rol-paḫi-rdo-rje,1340—1383 年)路过该地将释迦当太子的像献出来的时候。现在在全国各地演讲(指 1943 年时)的活佛,是新岗卡寺转世的第五辈,他的名字是噶玛辖竺曲吉桑给(Karma-bçad-sgrub-chos-kyi-seṅ-ge)。岗卡寺是三百年前建立的,第一代是噶玛德谢(Karma-bde-çegs),作为八邦的司徒,追溯他的灵性世系至粗普(Mtshur-phu)。

(3)巴绕噶举(Ḫbaḫ-ram-bkaḫ-brgyud)。达伯另一著名的徒弟是巴绕巴达玛旺曲(Ḫbaḫ-ram-pa-dar-ma-dbaṅ-phyug)。他创立巴绕寺,一群徒众即以巴绕巴见称。有"帝师"头衔的瑞巴(Ras-pa)即其中的一个。

(4)帕谋噶举(Phag-mo-bkaḫ-brgyud)。帕谋主巴(Phag-mo-gru-pa,1110—1170 年),即我们在第二章见过的,是这一小派的创始人。这一派系后来发展成为一个朝代和八个小派。

朝代起于 1347 年至 1618 年,叫作德细帕谋主巴(Sde-srid-phag-mo-grub-pa)。其间统治者有"最高者"(Goṅ-ma)的头衔,寺院领袖以兼阿(spyan-sna)见称。司徒将楚甲粲(Si-tu-byan-chub-rgyal-mtshan,1302—1364 年)是朝代的创始人,是六世院主札甲(Grags-rgyal)和七世院主札喜(Grags-çes)的弟兄。自 1345 年以后与萨迦巴领袖常有战争,他的统治被元朝于 1351 年承认。嘉木央(Ḫjam-dbyaṅs)是第二代统治者,于 1372 年得明帝"国师"(Gu-çri)称号。第五代统治者札巴甲岑(Grags-pa-rgyal-mtshan)于 1406 年被封为"阐化王";他也是第十辈法座①。

① 当寺院由统治家庭修建时,其家庭中一子留作世俗统治者,另一子则为活佛;如其家只有一个男孩,则担负双重任务:既为活佛,又结婚生子,以传后代,同时也作世俗统治者。(有误,应为第五辈泽当寺庄主。——校订者注)

这一朝代在1618—1642年间被一名噶玛的家庭所取代，那就是噶玛赞松巴（Karma-bstan-sruṅ-pa）、噶玛彭错那木佳（Ksrma-phun-tshogs-mam-rgyal）和噶玛丹迥旺伯（Karma-bstan-skyon-dbaṅ-po）。可是这一短命的朝代又于1642年被固始汗（Guçri Khan，1582—1654年）所灭，给了五世达赖阿旺罗桑甲错（Ṅag-dbaṅ-blo-bzaṅ-rgya-mtsho，1617—1682年）。后来达赖被清帝承认，所以达赖一直传至第十四辈，既作宗教最高喇嘛，也作世俗首脑。

可是话说回来，再说帕谋噶举的故事。八个小派，如下：

①帕谋噶举的止贡分派。止贡（Hbri-guṅ）分派的创始人是仁勤巴（Rin-chen-dpal，1143—1217年），西康人。他在幼年时代，即已与帕谋主巴（Phag-mo-grub-pa）有联系，而于1179年创建止贡寺以后，他的徒众均称止贡巴。据传，在一次聚会中，仁勤巴就聚集55525名僧侣，且在一次安居中，就给十万名喇嘛受全戒。他的巨大影响，可从下述说法中看出："不管是山区。还是平原，都属止贡巴。"然而，当到他的后代仁勤盆错（Rin-chen-phun-tshogs）时，由于热心发掘埋在地下的经藏，致使他的学派类似未改造的宁玛派。因夏中朱龙巴（Żabs-druṅ-bbru-luṅ-pa）常与三世达赖锁南佳错（Bsod-nams-rgya-mtsho，1543—1588年）闹矛盾，致使这一分派的影响愈来愈小。

②帕谋噶举的达隆分派。札西巴（Bhra-çis-dpal，1142—1210年）在二十四岁即从学于帕谋主巴。他应达隆（Stag-luṅ）地方人民的请求，在1180年建寺，并以达隆为名。他不管对自己，还是对于徒众，都严格要求纪律。他既不走访俗家，也不允许妇女至寺院。他也是素食者，同三千徒众一起，能坚持与弥拉瑞巴特点相似的隐退生活。他的学派，政治影响不大，然而宗教影响是大的，1276年

他的侄孙桑吉温(Saṅs-rgyas-dbon)在西康创建分寺以后,更是这样。以后由于掘出埋藏在地下的经典,宁玛巴的密宗特点就包括在这一分派之中。卡钟促衔多尔吉(Mkhar-druṅ-mtshar-skyes-rdo-rje)对这种影响是起了作用的。

③帕谋噶举的辍浦分派。辍浦(Khro-phu)译师,法名嘉木八巴(Byams-pa-dpal,1173—1225年)是帕谋主巴的两名著名徒弟——甲擦(Rgyal-tsha)和衮丹瑞巴(Kun-ldan-ras-pa)的徒弟。辍浦寺即因这一分派而得名。译师都是由尼泊尔、印度等地请来的著名学者,如米初磋吉(Mi-tra-dzo-ki,1198年来藏)、布达释瑞(Buddhaśri,1169年来藏)和沙加释瑞(Śākyaśri,1204年来藏),而且给萨迦巴第四祖萨班授僧徒全戒。他注重寺院纪律,这是在他以后,萨迦巴和噶举巴的共同特点。四五代以后,布顿(Bu-ston,1290—1366年)著有《瑜伽要义》,就成了另一分派起名的根据,即布鲁(Bu-lugs)或布顿系。

④帕谋噶举的主巴(Ḫbrug-pa)分派。灵瑞巴玛多吉(Gliṅ-ras-padma-rdo-rje,1128—1188年)是宁堆(Ñin-stod)地方的人,他二十八岁开始从帕谋主巴学习,便能三日内得到完全而深刻的体会。在他的门徒中最著名的是苍巴嘉瑞(Gtsaṅ-pa-rgyal-ras,1161—1211年),也是宁堆人。当苍巴嘉瑞于二十二岁从灵瑞巴玛多吉学习的时候,仅用七日即掌握了发生内部热的功能。但创建了"主"的寺院①以后,人们就将他的门徒叫作"主巴"。据说有五万门徒

① 不丹人藏语叫作主巴(Hbrug-pa),根据达斯《藏英字典》(Das, *Tibean-English Dictionary*),当修建寺院的时候,大雷阵雨降临,所以寺名"主",即"雷阵雨"的寺院。那里僧众由于在不丹山地传播佛教,而且很有学问,所以很有名。达斯记载该寺院属宁玛巴,误。

聚集在他的周围，门徒们又把他的学术机关发展成五处：上主巴，起名于贡伯多吉（Mgon-po-rdo-rje）；中主巴，起名于达玛桑格（Dar-ma-sėn-ge）；下主巴，起名于达玛旺秋（Dar-ma-dbaṅ-phyug）；巴拉噶举（H̱bar-ra-bkaẖ-brgyud），起名于巴拉嘉粲（H̱bar-ra-rgyal-mtshan）；南主巴，起名于昂旺囊佳（Ṅag-dbaṅ-rnam-rgyal），即兼有世俗和宗教权威的人。五处联合势力，大到如下说法："藏族人民的一半是主巴，主巴的一半是乞食静修者，乞食静修者的一半是圣者"。

⑤帕谋噶举的玛仓分派。本派的创始人是玛仓西饶桑格（Smar-tshaṅ-çes-rab-seṅ-ge）。他将教义传给耶西佳参（Ye-çes-rgyal-mtshan）和仁勤灵巴（Rin-chen-gliṅ-pa）等。后来这个学派与西康的白玉（Dpal-yul）宁玛巴合而为一。

⑥帕谋噶举的耶巴（Yel-pa）分派：学派的名称，起源于耶普（Yel-phug）寺院，那是耶西采巴（Ye-çes-brtsegs-pa）创建的。他也在北方创建了一个寺院，叫作达那（Rta-rna）。"灵给撒"①（Gliṅ-ge-sar），这位通俗藏文文学的主角，据说对这一教派颇为崇拜，他的后代将他使用的武器献给了达那寺院。寺院早期很有影响，但后来与旁的派别混在一起了。应该感谢司徒帕马宁杰佳伯（Si-tu-padma-ñin-byed-rghal-po），达那最后恢复了达伯原来的立场，那就是弥拉瑞巴的直接门徒。

⑦帕谋噶举的雅桑分派。噶巴噶旦伊西桑格（Kar-pa-skal-ldan-ye-çes-seṅ-ge）是雅桑（Gyaẖ-bzaṅ）寺创始人，于是他的徒众就以他的名字为该学派的名称，许多著名的大师在这个学派内部讲

① "灵给撒"，俗称藏族的关公，与汉族的《三国演义》中的关公齐名，可参看大卫·尼尔的《灵给撒的超人生活》（David-Neel, *Supenman's life of Gesar of Ling*）。

过学，它也一时兼有世俗与宗教的权威。

⑧帕谋噶举的休塞（Çug-gseb）分派。这个学派的名称起于在尼铺（Sñe-phu）创建的寺院的名称，即休塞寺，为杰贡勤伯（Gyer-sgom-chen-po）所建，后继大师们颇有巨大成就。但近来该寺已无所闻。

所谓四派［（1）—（4）］和八小派［①—⑧］，都是达伯（Dwags-po）噶举的派系，已如上述，这都是根据教导的某一方面有所偏重而来，如欲超出俗世，包括慈悲的智慧和密教纪律的戒律。举例来说，玛巴注重佛语的教导，弥拉瑞巴注重特殊的静观，达伯注重清洁的心思，噶玛杜斯勤巴（Karma-dus-gsum-mkhyen-pa）注重心思与呼吸的均等，本来没有那些不同，后来硬是采取一方面，放弃旁的方面。

（三）教义

显教的噶举，同佛教旁的派系一样，在教程里包括寺院纪律、龙树的《中论》、世亲的《俱舍论》（*Abhidarma-koṣa*）、弥勒的《五著》（*Byams-pa* 或 *Maitreya*）；密教的噶举包括朗达玛灭法后重新翻译的佛经，两种识别（Brtag-gñis）、最深义（Zab-mo-maṅ-don）和特殊保护神。举例来说，玛巴的保护神是欢喜金刚（Kye-rdo-rje 或 Heyajra），弥拉瑞巴的保护神是金刚亥母（Rdo-rje-pha-mo 或 Vajravārāhi），达伯的保护神是无尚乐（Hde-mchog 或Śainvara）。

在静修方面，有寺院纪律相当于行为（Spyod），有大手印（Phyag-rgya-chen-po 或 Mahāmudrā）相当于见解（Lta），“那若巴六法”相当于心理物理的成就（sgom），意思是开始有超现世的要求，再加以慈悲为目的的欲望，为达到慈悲心灵的客观境界，求助于安静和思考的心情。达伯在所著《解脱次第》（*Lam-rim-tbar-pa-rin-po-cheḫi-don*）中说道："既有客观的心情以作思考的境地（Gži），将人的身体作为工具（Rten），周围有有学问的师友作为外加的影响（Rkyen），再加宗教的教诲作为工具，则由救护神的心理形象创造和完成的完全觉醒，可以有助于一切众生的福利事业。"

更详细一点，弥拉瑞巴可以被引用以说明显教的见解："为了适应世俗观念，佛方说存在。然在最高的意义，既没有妖，也没有佛；没有什么可以企望的，也没有企望者；既没有十阶菩萨路，也没有五存在界；既没有佛身、佛智，也没有涅槃（Nirvāṇa）。这些东西都存在于语言境界之中。"他在另一个地方又说："假定没有人类，也就没有不同劫数（Bskal-pas）的佛；没有原因，也就没有结果。所以在常识中，佛才说生、死和涅槃的存在。"

关于大手印，弥拉瑞巴都把它当作密宗佛教。内部热用以引起智慧。如此引起以后，这个智慧就会产生实感，作为心理受教的完成部分，以区别于它的产生部分。然自达伯以来，大手印则已教给未受密宗佛教戒的人。所以显教手印是对未受戒者，与已受戒者的密教手印不同。

显教手印另外的名称是"空性手印"。在训练过程中，首先集中注意力于一个境地，什么对象也不附着。于是问问自己悬空的心，把它停留在什么地方：在里面？在外面？还是在里外之间？直到觉出不能追问它在哪里，也无法认出它是什么样子时，则可以专注于自己的心的空性。

密教手印说的是由中心血管产生的"快乐"和"光明"，那是被呼吸所占领和影响的。在训练的过程中，就第一次发现自己的“初心”。然后即用“初心”指导呼吸于中心血管，以便休息和取得联系。这样产生力量以后，即可引导它至脐端，以点燃一个猛火。这个火又产生四种快活，就使“初心”成为“大快”。这个“大快”，加上它的性质是“空”，就产生“智慧”，那就是包含“大快”和“空性”而无所区别的。最后，这种“智慧”即集中，借着遵从四瑜伽，以便完成“大快与空性大手印”的双重成就。这样完成的手印，便可停止任何干扰，换句话说，即已获得“解放”。

为了便于产生这种成就，达伯发展了“即刻同一性”的方法，仁勤巴发展了他的“五法”，苍巴嘉瑞发展了他的“八教”和“六均等”。

所谓“即刻同一性”，心与身是“即刻的”，因为它们是均等的。由于教师的指导，心与身是同时的、同一的、即即刻实现的。过程是首先取得纯信仰，清楚地了解和有超过生死轮回的愿望，于是在境观中“空”可到处出现。

所谓“五法”，即：包括慈悲目的的智慧；个人与保护神的统一；对于教师有信心和敬仰；心的了解而无区别；发誓要求灵性的重生。

所谓“八教”，即：教师之教；慈悲目的之教；因果之教；上面所述“五法”之教；即刻同一性之教；那若巴六法之教；世间八法均等之教；密教如产生内部热之教。

所谓“六均等”，即遵守六者之一至逻辑结果，都可得到解放：区别；艰难；疾病；鬼神；痛苦；死亡。最后求解放的一条，即死亡，是在死亡与重生[①]之间的存在，那就是那若“六法”所讲的一法。

---

① 参看伊万斯闻兹（W. Y. Evans-Wents）所著《藏族死后书》（*The Tibetan Book of the Dead*）1928 年版。

噶举巴原来遵守那若巴和买吹巴的教诲,可是自达伯以后,也包括了阿提沙的教诲。噶玛杜斯勤巴和帕谋主巴以后,萨迦巴的教诲也包括进去。最后,如上所述,宁玛巴也对于噶举巴作了贡献。

(四)等级和公共典礼

喇嘛学生的等级,首先是普通学习,其次才是心理生理的训练。开始普通学习的学生,是学习藏文字母者(Ka-kha-pa),一般称为学生(Grwa-pa)。其次是学生助教(Skyor-dpon),他可以教导旁人,不过是初步的。最高者,是教授(Mkhan-po)。

完成普通学习后,要在暗室里过三年隐居生活,进行心理物理训练,这就叫作喇嘛(Bla-ma)了。然后,随着高深程度,即被称为自完喇嘛(Sgrub-pa-bla-ma)、教人喇嘛(Rdo-rje-slob-dpon)和教人完善喇嘛(Sgrub-dpon-bla-ma)。

这一学派的神圣舞蹈,在下述日期,按着八邦和木雅贡嘎两寺的风俗进行:

十二月二十八,是神母聚会。猴年(如1932年、1944年)在八邦(Dpal-spuṅs),牛年(如1937年、1949年)在木雅贡嘎(Mi-ñag-gans-dkar),环绕各自的神山,既是崇拜的仪式,也是取得功德的办法。

十二月二十九,双臂保护神(Mgon-po)和他的八随从出来化装表演。

六月二十左右,金刚亥母被化装表演。同月十日姑如参佳

(Gu-ru-mtshan-brgyad 或 Padmasambhava)的八化身出来表演。

四月初八、九,金刚杵(Rdo-rje-phur-pa)化装表演。

十月二十五,是胜乐者(Bde-mchog)为群众化装表演。

没有寺院能够举行所有这些跳神,有些则被选来为某一寺院特点。这里列举神祇名称,以便区别噶举派不同于其他派寺院的地方。

第三编　格鲁派

——革新或当权的佛教

第七章　格鲁派大师和在西藏的寺院

在第二编，概述了西藏的原始宗教和藏族佛教的三个重要的早期派别。其实，早期派别中，藏族佛教还有许多，不过它们在组织上，都不重要，除非有人特别关心。甚至这些小派别的人本身，也不把自己派别说出来，因为将自己大致分类属于较著名的派别之一，就可以了。我们在叙述格鲁巴或革新的藏族佛教之前，只举某些小派别的名称，也就够了。

我们已提到噶当巴（Bkaḫ-gdams-pa）是因阿提沙（Atiça，982—1054年）而得名的。噶当巴则在教义上影响了一切半革新派藏族佛教。西杰巴（Żi-byed-pa）和觉域巴（Gcod-yul-pa），前者的意思是"停止生命与死亡所造成的痛苦"，后者的意思是"剪断自私和生命与死亡的锁链"，都溯源于印度大师达姆巴桑吉（Dam-pa-saṅs-rgyas）。他访问西藏五次，最后一次在1037年。觉囊巴（Jo-naṅ-pa）由于图杰从柱（Thugs-rje-brtson-ḫgrus）建了觉谋囊（Jo-mo-naṅ）寺而得名。

噶当巴最后吸进萨迦巴、噶举巴，特别是格鲁巴，甚至于他的基本学术中心，即阿提沙的徒弟仲顿甲瓦琼内（Ḫbrom-ston-rgyal-baḫi-ḫbyuṅ-gnas）建立的寺院热振（Rwa-sgreṅ），也不能作为独立学术机关而存在。至于其他较小的学术单位则因其小，更无影响。由于格鲁巴是著名学派，他们的寺院是最大的，而且是分布在各处的，我们以后的叙述则限于此派，首先历述它的最著名的大师及其寺院，其次则以拉卜楞作为标本，因为它是除西藏几大寺院外，属安多地区最大的寺院，而且就寺院组织而论，在西藏、西康、安多都是最复杂的。

(一)宗喀巴和甘丹寺

改革派的创始人是宗喀巴(1357—1419 年)。他反对在他的时代藏族佛教腐败的情况，这是尽人皆知的。然而当时的实际情况如何？他又怎样进行工作？在这方面，则有许多夸大的地方。甚至于有人说，他放弃了密宗的实践，所有旁的教派的僧侣都乱搞男女关系，这都是远离事实的。

以下简单介绍宗喀巴所处的时代背景。由于萨迦巴和噶举巴两派互争权势，灵性的智慧的道路常被人遗忘。在公元 14 世纪，即元末明初时，不管是佛教中的显教，还是密教，在藏族文化区都到了低潮。除了少数高僧外，大多数的僧侣都忽略严格的寺院法规，即使理智有成就的人，也谈不上有灵修方面的成就。那些关心密宗的，也只是关心仪式，而少关心意义。宗喀巴首先重视寺院纪律的重要性，要求正规的寺院服装和其他佩戴，以区别于群众。并且重视关心他人的福利，作为进步发展的入门。其次，对于实践密宗的人，严格要求师傅的指导。最后，为了避免越级前进的趋势，他使菩提路成为一种科学，即实际的过程，由理智的理解到灵性的体验，都有步骤可循。其他学派的人可以说，宗喀巴没有添加上什么新东西；外道的人也可以说，他并没有在藏族佛教中排除什么已有的东西。可是他的循规蹈矩、绝不越等,就是他的贡献。假定他排除了什么东西,那就是当时的杂乱无章。不幸的是,后来他的信徒,在今日常是杂乱无章。他们误以形式换取合法化,寻求世间权势,也使他们重犯早期其他教派的错误。可是我们将结论预先说出来了。

回到宗喀巴的历史,①他是文殊即代表智慧的化身。因为他是宗喀(Tsoṅ-kha)人,宗喀即青海西宁以西七十余里的地方,所以一般称他宗喀巴,比他本名更著名。

在他于1357年降生前,他的父亲在1356年做了一个梦,梦见一个由五台山来的高尚僧人,身佩花环,背着经典,来求隐居,直接上了楼。五台山,尽人皆知这是文殊的住地,宗喀巴的父亲又是历来崇拜文殊的,这就证明他家中要生个孩子,是智慧的化身。另外,宗喀巴的母亲也做了个梦,梦见自己与很多妇女坐在花朵盛开的平原上;同时有男童和女童来临,男的带着水瓶,女的手持孔雀羽和镜子,男的还指着女人们问:"这个行吗?"女童则一个一个地说不行,并说出所指人的过失,及至问到宗喀巴的母亲,女童则笑了,说是可以。男童则说她需要洗洗干净,即用水瓶在头上注水,同时念念有词,她感到很快乐,醒后依然如此,不知要出什么事。

在1357年正月初十的夜间,她又做梦了。这次梦见无数僧俗群众在欢迎众仙自天而降,她看见天上一个金身,其大如山,被仙女环绕,当金身下降时,逐渐缩小,直到落在她的头上,只有手那般大了,然后进入她的身体。接着,这个金身的侍从和群众相继进入

---

① 这里关于宗喀巴,也和以后关于安多的拉卜楞寺创始人嘉样协巴一样,都将传说作为一般人类学个案历史叙在一起,以便说明心理、社会背景,这也是藏族文化、宗教领袖共同的特点。

她的身体。她特别高兴，而且感到特别聪明。这件事正好与释迦佛降伏六种非佛教的反对者的日子相当。

当宗喀巴快要出世的时候，他的母亲又做了个梦。许多僧侣出现，要在祭坛上上供，问祭坛在哪里。童男童女，上次出现过的，又出现了，他们本身是代表慈悲神和他的配偶的。他们说："在这里。"然后童男在宗喀巴母亲胸上，用透明的钥匙开开一个黄颜色的孔，取出金身，看上去有些血污，童女即用水瓶倒水清洗，并用羽毛擦干，同时唱梵文的诵词，献上祭品。宗喀巴就这样在1357年①十月二十五日早晨出世，与他于1419年涅槃之日相同。

出生的第二天，顿珠仁勤（Don-grub-rin-chen）喇嘛派来使者看望这个孩子。顿珠仁勤是本地喇嘛，他已用静修功夫，达到了与怖畏金刚合而为一体的程度。由于他的神通，他已看见发生的一切，所以给婴儿送上了宗教敬礼。

割断婴儿的脐带时，落了一点血。在落血的地方，后来长出旃檀树，叶子上有狮子吼（Seṅ-ge-sgra 或Siṁhanāda）佛像和文殊五字真言。叶子符号更多的时候，这个地方和这个树，就被称为古布（Sku-ḥbum 或"十万身"即十万佛身）。我们在下一章还要提到古布寺即塔尔寺的本名。

宗喀巴三岁时，噶玛弱巴多吉（Karma-rol-paḥi-rdo-rje）给他命名棍噶宁伯（Kun-dgah-sñiṅ-po），给他施了五戒，并预言他要作为佛教台柱，配得上释迦牟尼的好徒弟。同年他被顿珠仁勤（Don-grub-rin-chen）收做门徒，并教给他许多崇拜仪式，包括诵读文殊的

① 宗喀巴出生的年代，汉文历史记载一般较实际年代晚六十年，这是由于六十年甲子计算法的缘故，藏历与汉历尽管相同，可是汉历算得有误。

五字真言，那是常写在他周围墙上的。他也被赐予密宗的名字顿约多吉（Don-yod-rdo-rje）。

在1363年，当他七岁时，常在梦中见到双臂瓦支饶撒梯发（金刚萨埵 Vajrasattva）和阿提沙（Atiça）。在同一年，他被赐予一个新名叫罗桑乍巴（Blo-bzaṅ-grags-pa），顿珠仁勤给他施十戒，作为初步和尚。

在他于1372年十五岁入藏以前，同一大师教给他首先要学习的教程。即广泛学习理论，然后应用那些理论，为万物的福利服务。给他列的学程，首先是弥勒（Byams-pa 或 Maitreya）五著，①其次是达玛吉提（法称）（Dharmakirti 或 Chos-kyi-grags-pa）关于逻辑的七著，②三是中论（Madhyamaka）以避免或有或无的极端，然后是显教与密教的实践。还告诉他，他应崇拜金刚手（Phyag-na-rdo-rje 或 Vajrapāṇi），以免不幸，背诵文殊的五字真言，以增长才智；实践无量佛（Tshe-dpag-med 或 Amitāyus）的仪式，以延长寿命；实践北天王（Rnam-thos 或 Vaiśravana）的仪式，以获得物质方便，以达成就事物的目的；实践六臂马哈卡拉（Mahākāla），以免除来自人类或人类以外的不祥成分。

宗喀巴在去西藏的途中，时常因怀念他的师傅而哭泣，希望回去看看。但在背诵文殊祈祷时，遇着“不回头，不退步”，才放弃走回头路的念头。这也预兆他以后再不回家看母亲。也许他的例子使以后甘丹寺（Dgaḥ-ldan）的法台，永远停留在西藏，不管他们出生

① 弥勒“五著”是：《现观庄严论》、《大乘庄严经论》、《辨法性论》、《辨中边论》、《究竟一乘宝性论》。

② 包括《究竟一乘宝性论》、《决定量论或决定论》、《因明正理论》、《因滴论》、《辩诤正理论》、《观相属论》、《成他相续论》。

地点在哪里，因为甘丹寺为宗喀巴所建，并由他做首任法台的。

第二年他到了止贡（H̱bri-guṅ）寺，从噶举喇嘛止贡仁宝切（H̱bri-guṅ-rin-po-che）学习。然后他到贡塘（Guṅ-thaṅ）学医，由那里他到了得瓦尖（Bde-ba-can），学习弥勒（Maitreya）的著述。他利用萨迦巴法座索南佳参（Bsod-nams-rgyal-mtshan）到曲宗（Chos-rdzoṅ）访问的机会，在那里向他致敬，即学到有关马哈卡拉（Mahakala）的密宗仪式，而马哈卡拉是住宅保护神（Gur-mgon）。他在得瓦尖停留了两年。

他在1375年访问了桑普（Gsaṅ-phu）、萨迦、那塘（Snar-thaṅ）和旁的寺院，以寻找研究和辩论的机会。

他在1376年即遇到他最亲密的大师仁达瓦（Red-mdar-pa），并学习了世亲（Dbyig-gñen 或 Vasubandhu）的著述和关于中论的著作。

他于1378年收到他母亲的信，即准备回去，学一些仪式，以便利群众。可是突然感到这样做，便要离开摆在他面前的更重要的任务，不免走入歧途，所以他才决定永远留在西藏。就这样他给母亲送去一张自己的像。据说，母亲接到以后，这像竟喊出一声“妈妈”，她因这个奇迹，也就十分安然了。宗喀巴回得瓦尖的当年，收到蒙古王铁木耳的信和一些礼品。

1380年和1381两年宗喀巴用来学习萨迦巴的教诲，也于此时他获得远近声誉，因为他常在萨迦、贡塘、桑普和旁的学术中心进行辩论。

最重要的事件是在粗赤仁勤（Tshul-khrims-rin-chen）和旁人监护下，于雅隆囊佳（Yar-kluṅ-mam-rgyal）得到圆满和尚的受戒仪式。后来他从帕谋主（Phag-mo-grub）喇嘛札巴将曲仁宝切（Grags-pa-byaṅ-chub-rin-po-che）学习道路与成就的教训、那若巴（Naropa）六法和帕谋主著述。他的这位大师的传记，成了文学作品的杰作。他在桑普静修中，静观善音圣母（Dbyaṅs-can-ma 或 Sarasvati），善音圣母将实体显现出来，并教诲他。

1388 年他在塔哈尔（Tahai）写了弥勒的《现观庄严论》的注释，他在雅隆（Yar-kluṅ）的时候，提到过去学者的故事，说有个时候，罗锥桑给（Blo-gross-seṅ-ge）讲述十一种重要著作，一天讲了十一次，当他被问，是否他也肯给徒众讲那么多著作时，他答复："或者我也能，只要预备一下。"于是他用 20 天的时间做预备，从下个月的初五开始，他讲了三个月十七种①重要著作，一天讲十五次，一次讲一种。因为两种比较短，先讲完了，于是加上另外两种比较短的，以与十三种较长的配齐。他的演讲，每一种都是根据一种主要的注解，加上旁的注解。每个听讲的人，都对他的能力和才智感到惊奇，认为除非菩萨的赐力或者他自己就是菩萨，才有可能做出那样的事。然而他曾一次讲演二十种著作，同在一天内开始，也在同一天内结束。在七年中讲了无数著作，常是一起讲十种以上；在他退休做密宗休养的前一年，曾一起讲了二十九种著作。

他在 1390 年遇到一位中道的专家，他是西宁的乌玛巴遵住桑格（Dbu-ma-pa Brtson-ẖgrus-seṅ-ge）。后者从幼即能亲身看见文殊这位智慧佛。但他的视觉是否靠得住，还没有把握。他求宗喀巴给他授予善音女佛的受戒仪式。女佛告诉他，他的视觉是真的，不是幻象。这样，他就隐居习密宗，于是文殊的形象作为本尊出现，

① 十七种包括弥勒"五著"；五种中论，即中《观根本颂》、《迴诤论》、《六十正理论》、《七十空性论》、《细研论》；还有关于逻辑的，即《俱舍论自释》、《入中论》、《入菩萨行论》、《四百论》等。

愈来愈真实，标准是：当形象好像在镜子里表现的样子，那不是真的；完全的获得，是看见形象在肉体中。宗喀巴由于与喇嘛乌玛巴的接触，获益不少，喇嘛能够借着他的本尊解释中道理论的不同点。譬如，在衡量幻象和实体之间的优缺点，他被劝告多注意现象本身。论点是，假定现象被否定了，那么，超过现象的理论怎样树立起来呢？当宗喀巴渴望放弃群众讨论，以便集中力量在密宗收获上时，喇嘛又求本尊的忠告，他向本尊申诉："这个学者依然很年轻，又有在公共场合上进行演讲的才能，恐怕需要继续进行公众生活吧？倘若他隐居起来，不与外界接触，恐怕人们会责备我，取消他们听到他的演讲机会吧？"本尊说道："这不是你完全了解的事。假定人们因为他的隐居而责备你，你正好练习忍受功夫。除非他有一段专门隐居静修生活，宗喀巴便不能成就更伟大的事业，而且他的寿命会短一些。"

结果，于 1392 年，在释迦牟尼供桌前献祭以后，宗喀巴与乌玛巴遵住桑格都在噶瓦东（Dgaḫ-ba-gdoṅ）将自己隐蔽起来，专门静修。宗喀巴首先借着他的同僚听取文殊的教诲，但逐渐可以自己见到本尊出现在眼前。当他的朋友去西康以后，宗喀巴和他八个徒弟即到拉萨南边沃卡曲隆（Ḫol-kha-chos-luṅ）和达伯曼隆（Dwags-po-sman-luṅ）两地，进行更为隐闭的静修生活，因而有更多的奇迹被记载下来。

在 1394 年为弥勒于沃卡（Ḫol-kha）建津奇（Rdzin-phyi）寺以后，他于 1395 年参观乐乍（Lho-brag），在那里见到堪勤囊卡佳粲（Mkhan-chen Nam-mkhaḫ-rgyal-mtshan）。后者见宗喀巴是文殊化身，宗喀巴则见后者是金刚手化身，于是两人互教，互施戒礼，学到许多护法的仪式。此时宗喀巴打算去印度进一步学习，可是他朋友的护法告诉他，如果他留在西藏，贡献会更大些。也在此时，他向另一位大师学习阿提沙的理论，学得更深入一些。

自1396年起宗喀巴即对寺院纪律给以充分的注意，他参观热振（Rwa-sgreṅ）寺，那是阿提沙教学的地方，他在那里讲述了许多重要著作，并于1402年写出《菩提道次第广论》（*Byaṇ-chub-lam-rim-chen-mo*）。他曾得到许多保护神的支持。有些曾说，他们曾帮助班马撒姆巴瓦（Padmasambhava）和阿提沙，他们也乐于帮助他宣传理论。在他那部著作中，他紧紧遵循阿提沙的理论，将人类分成三等天赋，如希望离开人世间，希望造福于他人，希望实现具体世界的空性等等，他即能够在圆满的路上指出不同的步骤。实际步骤，不是抽象的说教，这使他的著作的知名度高出于一般。

在那以后，宗喀巴常是在宣讲旁的著作中，也宣讲自己的著作。在1415年，他写出《简编》（*Lam-rim-chuṅ-ba*），以便易读，可与《广论》原著平行。他于1404年曾写《密宗道次第广论》（*Snags-rim*），还有旁的著作。据说，魔鬼忌妒他的成就，对于佛教太有利了，于是四个主要魔鬼对他加以干扰。他在静修中举行仪式，降伏了一个。

1408年，明朝皇帝的四位使者拜访了宗喀巴，邀请他到首都。他辞了盛情，推荐他的徒弟释迦伊西（Çaḫ-kya-ye-çes）同使者去京城朝见皇帝，后来此人被明朝封为大慈法王。

在1409年，大祈祷（Smon-lam-chen-po）的制度于正月初一至十五建立起来，以纪念释迦击败敌人的日子。

同一年，由于他的门徒申请，建立了甘丹寺（Dgaḫ-ldan 即 Rnam-par-rgyal-baḫi-gliṅ），作为他自己的学术中心，以免周游各处，没有固定地点。这个格鲁巴第一中心，在拉萨东北百余里的地方。它有两个学院：札仓贡降则（Grwa-tshaṅ-goṅ-byaṅ-rtse）和札仓握夏则（Grwa-tshan-ẖ og-çar-rtse）。前者有十三个居住分院（Khams-tshan），后者另有十三个居住分院。这与西方大学居住分院类似，只是西藏的分院普通是根据僧徒学员的来处而分的。寺院的僧众共三千人以上，宗喀巴的门徒或叫甘丹巴，由寺院得名；或叫格鲁巴（Dge-lugs-pa），由教派得名，意思是“走正路者”。

同一年年底，宗喀巴在智慧神的幻环中看见保护神拿着一个水瓶给他，说道“这水瓶是阿提沙用的，三百多年以来，没有人可以承受它。现在我将它交给你”。这又是一个证明，证明他是承受阿提沙的系统的。

因为他怀疑在五十五岁那年，会遇到很大痛苦，所以他将1411年冬到1414年夏这段时间，用来作禳求仪式和在心理中体现和创立他的保护神。他的最优秀的门徒，约四十名以上，也帮着他作同情的静功。结果，三个剩下的最凶恶的恶魔，其中之一被降伏，其二被消灭。

由静修中出来以后，他恢复了讲演和著作工作，并在百忙中，抽出时间，于1415年和1418年在他的门徒分别建立哲蚌寺（H̱bras-spuṅs）和色拉寺（Sa-ra）时，给它们施奠基典礼。这两寺，加上甘丹寺，就是格鲁巴最著名的三大寺。

1419年十月二十五日在他圆寂时，出现了许多奇迹，包括“复活”。我们就不赘述了。继承他在甘丹寺的法台地位的，是他的大门徒嘉错杰（Rgyal-tshab-rje）。

（二）嘉错杰——首任继承宗喀巴的人

嘉错杰（1364—1432年）在遇到宗喀巴以前，已是著名的萨迦巴，因为他在十个著名的寺院中进行辩论、宣传十种佛教著作，从未遇着对手。当他听到宗喀巴的名声时，他不相信自己的耳朵。约在1396年或以后，宗喀巴在后藏乃宁（Gtsan-ñiṅ）寺宣讲的时候，他由前藏赶来，打算进行讨论，看见宣讲人坐在群众面前，他即走向前去，也不脱帽，鞠了一躬。宗喀巴看见来者，即将自己的座位让给他，自己坐在较低的座位继续宣讲，来者并未怎样注意，即坐在让给他的座位上，但渐渐听到他不知道的事情，便减少了傲气，提高了敬意。他开始脱帽，并在听众当中选一个地方坐下，最后发誓，要跟旁的和尚一样，做侍候大师的人。

这样跟宗喀巴十二年，学到显密两教的一切东西，成绩胜过其他同学。宗喀巴在圆寂之前，将自己的衣帽放在嘉错杰的膝上，说道："你知道这个意思，满怀菩萨心吧。"嘉错杰在继承法台以后，遵守大师留下的一切规程，并继续他的教义。大师圆寂后十二年中，每个人都尊敬他如同尊敬大师一样。继他任法台之位的是克主曲杰（Mkhas-grub-chos-rje）。

（三）克主曲杰和以后历代班禅喇嘛

和嘉错杰一样，这位宗喀巴的徒弟，也是个萨迦巴，也是十部重要著作的宣传者。经他的老师仁达瓦介绍,他于1407年到前藏拜访大师,立即被大师的纯洁和威仪所感动,于是他请大师解决他学习中的困难。解释以后,他被赞许有理解密教的能力,即日就被施怖畏金刚戒,而且从此以后即将怖畏金刚作为自己的保护神。他成为大师最喜爱的人,就同阿难达(Ānanda)和释迦牟尼的关系一样。他关于密宗佛教的著作(*Rgyud-sde-spyi-mam*)最有影响,和宗喀巴的《密宗道次第广论》有同样影响。

大师圆寂后,他去后藏宣传从大师学到的教义。以后,由于嘉错杰的召唤,他继任为甘丹寺法台。他执行法台的职务八年,影响并不亚于前任。西藏与西康各地都有请他讲学的,他怕大师的密宗传统中断,而乐于维持学术中心,不到旁处去。一世达赖,我们以后即要提到,既是宗喀巴的徒弟,也是他的徒弟,但他自己则在以后以一世班禅见称。

他的转世如下:锁南曲朗(Bsod-nams-phyogs-dlan,1439—1504年)是二世班禅。罗桑顿主(Blo-bzaṅ-ẖdun-grub,1505—1566年)是三世班禅。罗桑曲吉佳粲(Blo-bzaṅ-chos-kyi-rgyal-mtshan)生于1567年,第二年即死去;相信他又降生于同一家庭,是1568年生的,1662年死的,他被认为是四世班禅,是扎什伦布法台,也是四世和五世达赖的师傅。因为自他开始,班禅喇嘛作为制度才被承认,所以他也被认为是一世班禅。自从他以后,历代班禅都以扎什伦布作为居住地。

罗桑伊西巴桑(Blo-bzaṅ-ye-çes-dpal-bzaṅ,1663—1737年)即班禅第五,是五世达赖的徒弟,是六世和七世达赖的师傅。他于1713年得康熙颁发的"班禅额尔德尼"(Pan-chen Erdni)的称号。

“班禅”是梵文“paṇ”和藏文“chen”的混合，前者是“paṇḍit”的缩写，意思是“大师”，后者意思是“大”。“Erdni”（Erteni）是蒙文，等于藏文“rin-po-che”，意思是“大德”。根据1728年雍正的谕旨，五世班禅曾统治整个后藏。

罗桑巴丹伊西（Blo-bzaṅ-dpal-ldan-ye-çes，1738—1780年）即六世班禅，是七世达赖的徒弟，八世达赖的老师。旦贝尼玛（Bstan-pahi-ñi-ma，1782—1853年）即七世班禅，是八世达赖的徒弟，九世达赖的老师，十世、十一世达赖也都是他的徒弟。旦贝旺曲（Bstan-paẖi-dbaṅ-phyug，1854—1882年）即八世班禅，为十三世达赖行和尚初戒礼。

曲吉尼玛（Chos-kyi-ni-ma，1883—1937年）即九世班禅，是十三世达赖的徒弟。由于两人属下闹摩擦，他于1923年离开西藏，到了内地，在北京和南京的时候，向汉人宣传时轮（Dus-kyi-ẖkhor-lo 或 kālacakra）法，他一直未能回到扎什伦布寺。因十三世达赖于1933年去世以后，他的部下依然反对班禅，所以班禅在试图回藏的途中，死于西康和青海交界地。他的转世十世班禅，到解放后才去扎什伦布寺，现在则在北京。

（四）佳样曲接巴和哲蚌寺

在嘉错杰和克主曲杰之后，宗喀巴的徒弟中数佳样曲接巴最重要了。他既富有学问，也以纯洁见称。宗喀巴在1414年演讲时，曾告诉他应该建个寺院，甚至比母寺甘丹还要重要。他回答道：“对于任何成就，首先要求是大师的命令。我要试作你说的任何事情。”他在夜间梦见大河，河岸上有很多群众，打算过河。但找不到桥梁。他即跳入水中，将自己变成桥梁，横贯河的两岸，所有的人都过去了。由梦中醒来，他认为是个吉兆——对于他的事业。第二年1415年，找着施主，他便建了哲蚌寺。哲蚌，即“米堆”的意思，在拉萨西边十二里。它被七千僧众所用，其中有很多蒙古人和西伯利亚的布里亚特(Buriats)人。

佳样曲接巴先在徒弟中选出七名做教授，教育徒众，然后建立七个学院，宣讲显教，后来三学院合在四学院中，三学院徒有其名，教授三名也无生徒。以后法台中，第十二是四世达赖，第十三是四世班禅，第十四是五世达赖。第十四法台后，哲蚌寺便成了达赖历代转世者直接控制的地方。寺院的一个学院名果莽(Sgo-maṅ)，意思是“多门”。下一章即要详述的安多(A-medo)区拉卜楞寺(Bla-braṅ)创始人嘉样协巴(H̱jam-dbyaṅs-bžad-pa，1648—1721年)，曾任果莽札仓的法台；五种重要著作的注解，都是由他整理的，在这里和安多及西康许多地方均被采用。

(五)佳勤曲接和色拉寺

佳勤曲接的本名是释迦伊西(Çah-kya-ye-çes)，以他的学问和幸运著名。当明朝永乐皇帝于1408年遣使约宗喀巴的时候，他是代宗喀巴去见皇帝的。几年以后，他回到西藏的时候，宗喀巴命令他于1418年在拉萨近郊建立色拉寺。首先有五学院，然后合并成两学院，即上下丹珠克(Tantric)学院，最后加上曼抓(Mantras)学院，总共三学院，约有僧众五千人。

佳勤曲接又来到京城，他是永乐（1403—1424 年）、宣德（1426—1435 年）两代的“帝师”，第一次将格鲁巴教义传到蒙古和内地。他的继承人在色拉寺是二世、三世达赖、一世班禅、五世达赖。在五世达赖以后，法台传统都由各代达赖转世所控制。

上述三寺常以三足鼎立见称，有时加上扎什伦布，便成了格鲁巴在西藏的四大寺。

（六）根顿主巴及以后历代达赖喇嘛和扎什伦布寺

根顿主巴即一世达赖喇嘛。达赖的名称是在他死后一百多年才开始有的，他本名根顿主巴，是宗喀巴最小的著名门徒。他也从嘉错杰和克主曲杰，特别是从后者学习。宗喀巴圆寂后二十八年即 1447 年，他建立了扎什伦布寺，意思是“吉祥须弥”。他是第一任法台，任职二十八年。当四世班禅任法台时，该寺就成了班禅和以后各代转世的固定法台席位。它在后藏的日喀则，有僧徒五千人。这一中心，加上前藏的三大寺，彼此互为支援，即将格鲁巴的影响散布在前后藏、西康、安多和蒙古。旧派的寺院，有很多接受了宗喀巴的理论。

回到达赖喇嘛各代转世，根顿主巴是后藏人，是四弟兄和一个姊妹中的第二个，家庭以游牧为生。传说他降生的夜晚，家被强盗抢劫，不能带他逃出，他母亲将他放入石缝中，他母亲于早晨回家时，发现他被一只乌鸦保护着。幼年时他常与旁的孩子玩耍，学着向他们演讲，并帮助父母牧羊。到了二十五岁，他去前藏。当他为了他的逻辑学拜见宗喀巴时，宗喀巴即很喜欢他，将自己的僧服给了他，作为他将来成功的预兆，能够传布寺院纪律的训导。在建立扎什伦布寺以后，他于 1450 年被邀请担任甘丹寺的法台职务。他辞谢说："不管我做什么，都是为了佛教。这个寺院，是新建立的，假若我去甘丹寺，这里的基础就不巩固。为了宗喀巴的教诲，我必须留在扎什伦布。克主曲杰的弟弟，巴索曲吉甲错（Ba-so-chos-kyi-rgyal-mtshan，1401—1473 年）配做法台，请问他去吧。"

根顿佳错（Dge-ḫdun-rgya-mtsho，1475—1542 年），即二世达赖。传说他生下来后，即会救渡母（Sgrol-ma 或 Tārā）咒。在哲蚌寺学了三年以后，即在二十一岁时，得完全灌顶戒，于是他即周游后藏、前藏，到各处讲法。在访问卡谋炯（Dkar-mo-ljoṅs）和拉谋拉错（Lba-mo-lha-mtsho）以后，他于 1509 年在拉谋拉错建立甲类下巴卡擦（Rgyal-legs-bçad-paḫi-dgaḫ-tshal）寺，然后即被迎入扎什伦布寺做法台。在扎什伦布数年以后，他开始于春天即到哲蚌寺，于夏秋则到甲类下巴卡擦分居。

锁南佳错（Bsod-nams-rgya-mtsho，1543—1588 年）即三世达赖，相传生下来即口念唵嘛呢叭咪哞六字真言（Om-mani-padme-hum），那是观音的咒语。三岁时，即能口述前生的转世的故事，以致谁都相信，他是二世达赖又回来了，于 1546 年被迎入哲蚌寺，受不犯五戒礼。自 1549 年即为早期出家人，然后于 1552 年即为哲蚌寺的法台。但在 1564 年以前，他还不是圆满受戒的和尚，到 1577 年即被蒙古俺答汗（Altan Khan）邀请去青海，1578 年得到汗的接见，受"达赖喇嘛"的称号。1580 年到了西康，建理塘寺，并于 1581 年到了昌都（藏名 Chab-mdo）。当他到了宗喀巴出生地点——青海（蒙名 Kokonor）的塔尔寺（Sku-ḫbum）时，埋宗喀巴的脐带的地方，长出树来，于是他在那个地方修了一个银塔，把树掩盖起来。

他在蒙古亲王和大臣之间,宣传格鲁巴的教导。死时,年四十六岁。

永丹佳错(Yon-tan-rgya-mtsho,1589—1616 年),即四世达赖,出生在蒙古,于 1614 年被迎入西藏哲蚌寺。可是他也参观了许多寺院,特别是扎什伦布,1614 年他在那里由四世班禅受僧人全戒。

阿旺罗桑甲错(Ṅag-dbaṅ-blo-bzaṅ-rgya-mtsho,1617—1682 年),即五世达赖,是最重要的达赖,胜过以前数世。他被安排在哲蚌寺——当他六岁的时候(1622 年)。青海的固始汗(Guçri Khan,1582—1654 年)在 1641 年惩罚了西康白利(Be-ri)头人,因为他相信本教。在 1642 年固始汗捉了后藏王,这时固始汗将整个西藏给达赖喇嘛处理。著名的布达拉宫是在 1645 年建立的,达赖即定居在那里,第一次统领全藏。他在 1652 年去北京,由清朝皇帝给了长长的头衔,说明他的权威。"达赖"(Dalai)意思是海。附带可以说,藏族并不怎样知道这个头衔,他们管达赖叫"佳瓦仁宝切"(Rgyal-ba-rin-po-che),即"最可贵的吉那"(Jina)。班禅这个称号,则是谁都不知道的。

仓洋佳错(Tshans-dbyaṅ-rgya-mtsho,1683—1706 年),即六世达赖,到十五岁(1697 年)才被发现,迎入布达拉宫。内部纠纷,引起许多麻烦。桑结佳错(Saṅs-rgyas-rgya-mtsho)总督(Sde-srid)于 1703 年辞职,蒙古亲王拉臧(Lha-bzan)刺杀总督于 1705 年,拉臧即宣布自己绝对独裁。同时,巴卡津巴伊西佳错(Pad-dkor-ḫdziṅ-paye-çes-rgya-mtsho)被认为是达赖的真正转世,而否认仓洋佳错。为了解决纠纷,康熙于 1706 年命令仓洋佳错去北京。可是到了青海边境,他就失踪了。他是死了,还是逃跑了,再也无法知道。赞成和反对他的人,有不同的说法。对他有信心的人,都说他去安多、蒙古、尼泊尔、印度等地传教,宣传逃避公开的荣誉的道理去了。

卡臧佳错(Skal-bzaṅ-rgya-mtsho,1708—1757年),即七世达赖,是西康里塘人。当时西藏的历史颇不平静。准噶尔军队,即蒙古的左翼,在1717年杀了拉臧,并掠夺了许多宁玛寺院,偏待格鲁派。七世达赖于1720年被送至西藏。青海的厄鲁特蒙古人,又与清朝军队作战,于1723年被击败。1726年清朝政府在拉萨设驻藏大臣(Amban),管理那里的事务。三个拉萨藏官,即噶伦(Bkaẖ-blon),于1727年杀了总督向康勤伯(Żaṅ-khaṅ-chen-po)。颇罗鼐锁南托接(Bsod-nams-stobs-rgyas)集合拉达克、阿里、后藏的军队,并得到汉军支援,于1728年杀了三藏官,将达赖喇嘛移于西康的卡达(H̱kaẖ-dag),颇罗鼐即成了西藏的总督,并有郡王的头衔。此时谕旨令五世班禅统领整个后藏。雍正命令章嘉活佛于1734年护送达赖由西康回藏,可是在1747年颇罗鼐的儿子利用准噶尔为后盾反清,驻藏大臣傅清和拉布顿(Labudun)等,于1750年把他及其同谋者一并杀死。结果,四川总督策楞(Tse-ring)和将军岳钟琪带军入藏,为死难者建双忠祠,废藏王,设四噶伦(Bkaẖ-blon).三俗一僧,协助达赖喇嘛理政。

强白佳错(Hjam-dpal-rgya-mtsho,1758—1804年),即八世达赖,五岁时被迎入布达拉宫,到二十岁时掌政。廓尔喀人(Khal-khas)于1790年侵藏,将军福康安于1792年征廓尔喀,将其讨平。驻藏大臣(Amban)的权限于同年变得与达赖喇嘛同。1793年颁金瓶,以确定如达赖、班禅和在西藏、西康、安多的其他重要喇嘛的转世人选。

隆多佳错（Luṅ-rtogs-rgya-mtsho，1805—1815年）即九世达赖，死得早。促赤佳错（Tshul-khrims-rgya-mtsho，1816—1837年），即十世达赖，生于西康。克主佳错（Mkhas-grub-rgya-mtsho，1838—1855年），即十一世达赖，也生于西康。这三位转世喇嘛和达赖十二世，即春雷佳错（H̱phrin-las-rgya-mtsho，1856—1875年），都太短命，无可记载。

图丹佳错（Thub-bstan-rgya-mtsho，1876—1933年），即十三世达赖。他的出世，与十二世达赖转世的预言充分相符，所以清廷同意不用金瓶抽签，就确定了。他三岁的时候，被迎入布达拉宫。十二岁的时候，他用三个橘子认出九世班禅的转世，与后用金瓶抽签所确定的人选一样。1895年，他二十岁时，受和尚全戒。同年掌政。二十九岁时，即1904年，他到蒙古，逃避英军侵入西藏的威胁。1906年由蒙古转入青海，1908年受光绪帝的命令到了北京。中途朝拜了五台山圣地。1909年返藏，与驻藏大臣闹冲突，他怕受处分，竟于1910年逃往印度。适1912年清朝崩溃，共和成立，驻西藏清军撤离拉萨，达赖才返回布达拉宫。达赖的部下与班禅部下的矛盾，使九世班禅不能留在西藏，于1923年进入内地，以后竟未返藏。1933年十三世达赖圆寂，黄慕松于1934年入藏致祭，作为民国特使，主持葬礼。

十四世达赖生在青海，即距宗喀巴生地不远处。于1940年被迎入西藏。

第八章　格鲁派大师和在西康及安多的寺院

旁的格鲁派重要寺院，在西藏以外，西康和安多以内，要按建寺的次序加以叙述。因为我们对拉卜楞（Bla-braṅ）寺的兴趣，是在个案研究方面，所以本章主要是对寺院创始人的历史简述。

（一）眉若臧和降巴灵寺

眉若臧是西康人，先到色拉寺学习，后成为该寺的副教授。那里许多学者的高标准的灵性和智慧的成就，使他深受感染。他常想："我回本乡后，也要为人民的福利做些类似的事。"姜曲布（Byaṅ-chub-ḫbum）是色拉寺的重要人物，了解了他的心事，便将他请到自己的屋里。客人进屋，便赠给他一些礼品，并且说道："我了解你不久即回西康传道，请接受一点小小的礼物。"客人很吃惊，说："我并未说要回西康的事嘛，是否我在这里不受欢迎？我要向嘉错杰（Rgyal-tshab-rje）请示，他或者叫我留在这里。"他去甘丹寺求见嘉错杰，不料宗喀巴这个首要的门徒，也不要他留在西藏，而是动员他去西康的昌都（Chab-mdo），并给他许多礼物。所以他于1437 年在昌都建了降巴灵（Byams-pa-gliṅ），即西康第一个寺院。

降巴灵建成以后，眉若臧收了三千多徒众学习。他这才明白，姜曲布是有神通的，能预见他的未来。昌都这个中心，今天依然很重要。

（二）沃宰甲错和滚布寺

在安多（A-mdo）首先传布格鲁巴教训的人，是宗喀巴的第一位师傅。他在宗喀（Tsoṅ-kha）附近建了个小寺院，那就是宗喀巴作为初步和尚居留的地方。后来在出生的地方，建了个塔，僧人们便慢慢聚拢来，在三世达赖去蒙古的途中，于1583年路过此地时，便命令沃宰甲错正式建立个寺院，因为旃坛树叶上有奇怪的花纹，如前章所述，所以这里被称为“滚布”，那就是西宁附近的塔尔寺。它发展显密两宗的学院，现在是四学院，其中之一研究医学。转世活佛，据传说，是宗喀巴的父亲。

（三）佳塞东坚巴和滚隆降巴灵寺

这是安多的第二寺院。行政范围在青海。它是1604年建立的，下命令的是四世达赖，执行者是佳塞东坚巴，也是安多区第一个显教寺院。以后，拉卜楞创始人给它加了一个密教学院，使他成为显密两教坚实的根据地。著名的喇嘛，在清朝时期的章嘉和土官都在这里有法座，松巴堪布（Sum-pa-mkhan-po），即著有藏族历史年表的,①也是这里的法台。

(四)嘉祥协巴和拉卜楞寺

这个寺院,也是安多区的,可是行政范围在甘肃,建于 1709 年,那时行政范围,还属青海,它的区域、组织等,留在下几章详述,这里只讲创始人和他的继承人的传记,直到今日的状况。

嘉祥协巴(1648—1721 年)这一创始人,即嘉祥一世,是拉卜楞寺附近乍噶(Brag-dkar)小地方的人。关于他有许多预言,其中之一,说他是权威神的转世。另一个是根据姆吉拉准(Ma-gcig-lab-sgron,1052—?)说的,她是一位圣母,曾在安多,她说嘉祥协巴是慈悲神的化身。他的外祖很有名,因为他曾数念珠数了一百万遍,即念诵权威神的咒语百万遍;他用银水抄写整部《甘珠尔》(*Bkaḫ-ḫgyur*);所以为后代积福很多。他的父亲名巴须卡大巴布加(Dpal-çul-kha-ḫdal-dpal-ḫbum-rgyal),是三弟兄中最小的一个。可是他自己则在弟兄中居长,他的二弟和四弟都是出家人,三弟则在本地是最富有的人。

他的母亲是卡揭(Kha-gyas)地方的人,名叫卡谋吉(Mkhar-mo-skyid),传说在怀孕期间,做了很多吉祥梦。他在正月初八出生的时候,在雨中听见龙啸声。当请来占卜者看他的时候,说他有特殊的命运,但同时要保密,作为小孩子,不能将他放躺下使他安静,

① 松巴堪布著有《年表》(*Rehu-mig*),也以伊西班觉(Ye-çes-dpal-hbyor)见称,生于 1703 年。他的生平和著作曾被 S. C. Das 翻译并加概述,见 *Jas of Bengal*, Parti No. II, 1889,译者所译的年代,迟了一二年。

必得让他坐起来他才不哭。他不怕生人，总是赔以笑脸。

庆贺他的满月时，他过继给一位尊敬的长者阿梅拉玛杰（A-mes-bla-ma-skyebs）。因为据预言，他的星太强烈了，不适于由他父母抚养。他的养父给他请了个专人，阿伊佳乍（A-yis-bya-bral）抚养他，把他看成眼珠一样爱他。当他两三岁时，常是在各处见到淡绿光环，也常看见锥形和佛像。据说，见到前者，是因为他在前生常念时轮咒语；见到后者，则因他是秘密佛（Gsaṅ-ẖdus 或 Guhyasamāja）咒语的专家。当玩耍的时候，常是修庙宇上供、静坐，并为旁的儿童讲道或跪下拜佛。他也常见到佛寺的黑橘色的墙边上有保护神前的箭，两者都于后来入藏时，在一个庙宇里见到。据说，那是因为他在前生，曾是那个寺院的法台。他于 1650 年五岁时，达赖五世去北京的路上曾经过安多区，由于他的特殊活动，曾引起达赖的注意。

到七岁那年，在同他的叔父索南伦珠（Bsod-nanis-lhun-ẖgrub）学习藏文字母时，他建议字母应教得有连带关系，便于记忆。这样，他就熟习字母不同写法。他也熟习占卦，并用巫术治病，他曾给他父亲治疮，是旁人无法治疗的。

到了十三岁，他当了初步和尚，被伊西佳错（Ye-çes-rgya-mt-sho）认作徒弟，给他起名罗桑佳粲（Blo-bzaṅ-rgyal-mtshan）。后来，成了土眉拉遵（Thub-med-lha-btsun）的徒弟。这个师傅，以背诵六字真言一千万遍著名，并因真言的功效，于年老时重生出一列牙齿。因为此事，被人称为“董索”（Duṅ-so）。所以土眉拉遵被人普遍崇拜，可是他被徒弟的天分所感染，因而建议徒弟的父亲送儿子到西藏进一步学习。

此时父亲正患重病，怕什么时候即死去，便把儿子叫到跟前，说道:“我死了以后,即由你供给家庭,努力使家庭兴旺,不要辜负我的期望。”但孩子的回答最为突出。“你还不会死”,他说,“你的业果还重。假定你现在死去,对于你太方便了,我也可以请众僧念经,为你祈福。不要担忧,我可负责一切。”就是这一出乎意料的答话,使父亲感到轻松,疾病慢慢好了。

这个初步和尚被佛像的僧服所吸引,便欲赴西藏成为正式和尚。但他遭到父母和叔父的反对,他们彼此谈道:“我们都老了,他该留在眼前,使我们快活,他也不需要到西藏学习,他在这里已学得够好了。”

可是孩子不听话了。“你们倘若不允许我去西藏”,他威胁着说,“我也不留在家里,我宁可到处流浪,死于途中,也不留在这里。”最后,听喇嘛的劝,父母才允许他到远处去学习。

1668 年,他二十一岁时,去拉萨。传说旅途中有土地神的保护,每天都知道第二天要发生什么事情。在过唐古拉山时,他在想象中见到六臂马哈卡拉(Mahākāla);但在远处看,好像人的肺,有蜂由那里飞出来,又飞进去;但在近处看,则有几千佛像。群蜂都落在他的身上,给他以香味和快乐的心,使他忘掉旅途中一切疲劳。他到拉萨以后,给释迦牟尼像和文殊像献了哈达。文殊向他报以笑脸,这就是他的名字嘉样协巴(H̱jam-dbyaṅs-bžad-pa),即“曼殊勾沙(Manñjughoṣa)的笑脸”。当他在哲邦寺(Hbras-spuṅs)的拉姆瑞姆拉康(Lam-rim Lha-khaṅ)殿内向一世达赖像叩头时,据说像伸手摸了他的头。当他拜二世达赖所建立的宗喀巴像时,表现更为奇怪:像竟告以“你到五十岁以后,再来这里一次”。彼时他不知道这话是什么意思,但后来他当哲蚌寺多门学院(Sgo-maṅ-grwa-tshaṅ)的法台时。他才明白这是预言。在这类故事以外,在哲蚌寺留下的最初印象是很好的，因为他在到达的那天就借了宗喀巴的《分段教程》的简编。僧众们很奇怪，因为他们并不怎样读它。实际，全编并不在那里。

第二天他在多门学院入学，即开始在学问上进步很快，那是罗卜阿旺罗椎佳错（Klo-ḫbum-ṅag-dbaṅ-blo-gros-rgya-mtsho）当法台的时候。法台于1627年受明朝皇帝的召请，曾去朝见皇帝。这一事实，似可解释后来这个安多的年轻和尚关于西藏和内地的关系的理解。

1672年他二十五岁的时候，被吸收到一个班去学习《中论》。他在桑普（Gsaṅ-phu）护法庙恰好坐了克主曲杰坐过的座位，那就是神殿的第七根柱边的座位。这一偶然事件，使他成为克主曲杰的著作的专家，即将他的著作制成木版，加以印刷，并使之推广的人。

他被五世达赖授以全僧戒仪式，那是在他二十七岁，即1674年时。此时，他以饮清水，不喝茶的朴素生活著称。于1676年谢绝作多门学院法台后，他进入神学下院（Rgyud-smad），那是1433年建立的。那里的法台，就是多门学院吸收他入院的法台，即罗卜阿旺罗椎佳错法台。新进入密宗学院的人，先以当学生受人尊敬，后来又以当教师受人尊敬，最后不能不退休习静，以避免接受法台的任务，虽然他这样做使他的大师、原来的法台甚为失望，那是他在原来的学院即深为敬爱的大师。

在1697年以前（即他五十岁以前），他在色居恭巴（Sre-rgyud-dgon-pa）寺同滚巧牙配（Dkon-mchog-yar-ḫphel）学习，并从大师学到由嘴到耳的格鲁巴教诲，那是不曾写入书中的。那时他也得到本乡来藏的四人许诺，他在以后回乡建寺时，他们乐于献出地方。

当他五十岁时，正值六世达赖（Tshaṅs-dbyaṅs-rgya-mtsho）由西藏南部门（Mon）地迎入拉萨，他即预见到这个孩子不会遵守将来的誓言，恪守清规。

1700年他任多门学院的法台，那是达赖自己任命的，不便辞谢。在十月二十五日，为了纪念宗喀巴圆寂，他献了酥油花供。自那以后，酥油花供即成为格鲁巴许多学术中心的著名礼仪。他又严格管理学院的规程，以便于执行纪律。并获得不同来源的布施，保证僧众的生活。

1702年他五十五岁时，他作为陪同六世达赖到扎什伦布的人员之一，便于五世班禅施受戒仪。据说，新达赖曾问，给他受的各种戒，是不是一个一个地施。班禅答“是”。达赖又问，破戒是否也是一个一个地破。答复是：“一切都可同时破。”于是达赖便说：“那么，我将一切戒律都还给你。”他便由座椅上跳下来，走了，没有人能够劝他回来进行典礼。此事引起了很大的混乱。桑结佳错（Saṅs-rgyas-rgya-mtsho），①西藏政府总督，他是被蒙古王拉臧（Lha-bzaṅ）于1705年杀死的；六世达赖，是1706年被废除的；第二个六世达赖被扶上了宝座。这三人发生的事故，嘉样协巴都亲自见到过，这里就不赘述了。

回到嘉样协巴个人生活历史。他于1703年收到家中的蒙古王额尔的尼局囊（Air-rdi-ni-ju-naṅ）寄给他的全部佛经，并叫他回家

---

① 他有西藏政府总督（Sde-srid）的头衔，是五世达赖的香佐（Phyad-mdzod），即“在他手中有财宝”，或司库的意思。他以文艺见称，与宁玛派以巫术见称的闵卓灵阿巴（Smin-grol-gliṅ-sṅags-pa），及以格鲁巴学问见称的嘉样协巴齐名。三人互相仇视，不相上下。有一次嘉样协巴被总督投毒，不能由总督那里走回住所，据说法王（Chos-rgyal 或 Dharmarāja）和马哈卡拉（Mahākāla）等神，变成人把他抬走，放在大白石上。他吐出来的东西，将石染黑，他没有被毒死，归功于他学习过怖畏金刚仪式。

去，传授佛教。对于此事，他反问道："假定我回去，你能帮助建个好的寺院，像哲蚌那样吗？"蒙王回答是："要像哲蚌那样子，恐怕有些困难，但我要尽最大的努力满足你的愿望。"

1707 年他六十岁时，嘉样协巴辞了多门学院法台的职务，但在同一年他被邀请当帕崩卡（Pha-boṅ-kha）寺的法台，那是被看作西藏 24 座最圣洁的寺院之一，据说藏王松赞甘布曾在那里静修一些时间。所以尽管他乐意早日回安多，可还是于十月份接受了法台的职务。

1708 年蒙古王打发人来接他，他只告诉来者，他打算次年回乡。1709 年夏，他便离开了拉萨，沿途为许多群众举办了许多宗教仪式，于当年九月到了蒙古王的领地。甘卡曲（Rkan-dkaḫ-bcu）捐了乍西奇（Bkra-çis-ḫkhyil）这块地方，如前许诺，而拉卜楞（Bla-bran）寺即在佳卡托顶（Rgya-sgar-tog-tiṅ）奠基，与甘丹寺奠基礼（1409 年）同是己丑年（1709 年），即五个甲子，等于三百年后。

藏文"乍西奇"等于梵文"阿塔"（Atha）。第一个字母"A"代表 A-mes-ge-sar-rdo-rtags，即"祖先"（A-mes）戈撒（Ge-sar）的纪念碑（Rdo-rtags）。地名的由来，也与"A"字相符，即与公元 11 世纪姆吉拉准（Ma-gcig-lab-sgron）所作的预言里的字相符。据预言所说，在"A"地方建寺院，即代表文殊。嘉样协巴既符合在乍西奇建寺院的预言所述，他便是文殊的化身。

1710 年，第一个显教学院诞生了，初学生徒三百名，蒙古王第一次捐赠了大帐篷，可容千人。旁人也捐赠了其他必需品。实际的经堂，于 1711 年开始修建，费用由蒙古王负担。它是按照多门学院修建的，有八十四根柱子。

1716 年神学下院，按照西藏的居眉（Rgyud-smad）修建，那是

1433年修建的。1720年清朝皇帝康熙赠给嘉样协巴以“大宝法师”（Or dni No-mun-khan）的称号，他1721年二月初五圆寂，时年七十四岁。他的肉身保存在拉卜楞寺经堂的金塔中。他的忌日依然举行典礼。

嘉样二世（1728—1791年），拉卜楞创始人第二代转世，是青海和西康交界囊谦（Naṅ-chen）地方的人。他的家是当地四大家族之一，因为相信嘉样一世转世为清帝乾隆，所以嘉样二世好久都被一世的同事所否认，蒙古王的夫人于1742年去拉萨求金瓶卜，正式承认二世，才于次年迎至拉卜楞。那时他已十六岁了。他于二十二岁，被章嘉大喇嘛施全僧戒仪。他在二十五岁和三十一岁之间在拉萨进修。由三十三岁起，每天都在拉卜楞管理十三个班的僧人学生辩论，直到三十六岁，当了佑宁寺（Dgon-lun-byams-pa-gliṅ）的法台为止。三十八岁时，他当了青海塔尔寺的法台；从那时开始，每一世嘉样活佛必在一生有一次任那里的法台，作为制度。他在四十五岁回到拉卜楞后，以十二年时间，尽力使群众敬仰该寺。五十八岁时，又去拉萨，至六十岁回来，六十四岁圆寂。生前扩建了大礼堂，较原来的建筑规模大了一倍；在1763年修建了时轮院（Dus-ḫkhor），专门教拉萨历；在1784年修建了医学院，专门教医学。

嘉样三世（1792—1856年）是青海保安的年托（Ñan-thog）人。当他四岁时，拉卜楞寺的代表给他带了很多东西，其中包括二世用过的东西，让他辨认。可是四川松潘人说，他是他们那里某位活佛的转世。但二世神龛上的证据，达赖喇嘛的肯定，使人无可怀疑，他是属于拉卜楞的。七岁时他被迎入拉卜楞寺，十八岁到拉萨留学。班禅大师在他二十岁时给他施和尚全戒，两年以后他返回拉卜楞。他虽然是活佛，但却保持苦行生活，他永远不穿新服，拒绝银品装饰，不坐锦绣垫毯，他随时乐于帮助普通僧人，甚至安放锅灶的小事他也进行指导；绝大部分的时间，他都在入静状态，甚至在骑马旅行时，他也能入静。他没有建立新的学院，只完成了二世遗留的未完工的医学院。

嘉样四世（1856—1916 年），西康德格（Sde-dge）人，五岁时迎入拉卜楞，二十一岁时，至拉萨进修，在那里学习三年，即回原处，并于 1881 年修建喜金刚院（Kye-rdo-rje），专门讲授汉历。在行为方式上，恰与前世相反，他喜欢旅行和建筑。除了许多寺院以外他修建了各种私人住所。在 1898 年他旅行至北京和神山五台。在他的传记中，充满了如何欣赏远地难见的景色的故事。

嘉样五世（1916—1947 年），生于西康理化，于 1920 年五岁时同其家人到了拉卜楞。与其家人一起到寺的事，在转世活佛中是不常见的。当寺院于 1924 年被青海回族侵入的时候，他避难到了旁处。那时的中央政府，允其所请，将拉卜楞划归甘肃管辖，以免回族在青海的当权者再去干扰。命令于 1927 年到达，嘉样五世于是年即回原驻所。1938 年他去拉萨进修，于 1939 年修建神学上院（Rgyud-stod）。他在 1940 年回到拉卜楞后，关心显宗佛教的教程扩大事，并于 1943 年选择年轻的僧人学习汉文初小课程。他自己也同出身于大学毕业生的拉卜楞寺汉僧学习汉文，在汉族文化的边缘上形成了藏族著名的文化中心，这显然有文化交流的迹象。不幸他在三十二岁，正当他对藏族文艺复兴大有贡献的时候圆寂了。

嘉样六世尚未亲政时，拉卜楞的宗教事务和俗家事务，都被五世的两个哥哥分头掌管。

第四编　格鲁派寺院

——拉卜楞寺

第九章　拉卜楞和它的施主

(一)地点

拉卜楞(Bla-braṅ)的字面意义是“上人居住的地方”,即活佛居住的地方。拉卜楞寺活佛即嘉样活佛。寺院的本名是乍西奇寺(Bkra-çis-ẖkhyil),意思是“吉祥漩涡”。它在夏河北岸,距夏河近一万英尺,汉文名字称夏河县。自拉卜楞驮运三日程至东北的临夏县,旧日叫河州,被中国西北的回民视为圣地,有如“中国的麦加(Mecca)”。由临夏再向东去,同样驮运三日程到兰州,即甘肃的省会,为临夏和夏河所属。由夏河东南至临潭旧城,比至临夏稍远,四日程可到,因经过草地和山区。由夏河向南方,过草地至甘肃、四川交界的拉谋(Lha-mo)寺亦需四日。由夏河西南行直向黄河曲,全是草地,是通拉萨的大路,约二十八日驮运日程。同仁和循化在青海,由夏河向西北行,约两三日程。在1927年以前,拉卜楞和同仁、循化等地都属青海,此后,拉卜楞划归甘肃行政范围,起名夏河县。在没有公路和火车前,由拉卜楞至北京,约四十二日马程。现在火车离拉卜楞尚远,可是乘汽车可以经兰州通至全国各地。兰州至拉卜楞虽然可用飞机,但还没有用过。

对拉卜楞,可以用不同观点来考虑:作为寺院,作为学校,作为居住区，或作为一个县。作为寺院，此地所以被选用，因为它有八种幸运记号：南方的曼陀罗（Mandala）山作为莲花，东方有茶西哥（Chahsiger）作为法螺（纹为顺时针方向），西边约为十八里陆地（Ludi）作为花瓶，玛沙得瓦（Mabshadewa）作为伞，九家的红石作为底，八沟作为轮，赵湖塘的“堂笛”作为鱼，三科塘的甲夏作为幸福结。

寺院作为宗教圣地，以及寺院以内的任何东西，都可以被认为是崇拜的对象。佛教的三宝（Dkon-mchog-gsum），就是寺院里的佛、法、僧，这已被充分证明。关于佛（Buddha），寺内除有六学院的佛像以外，还有活佛像，留待第十一章和十三章详述。还有三十个以上的独立神殿，六个为了内部事务（Mgon-khaṅ）的护法神殿，四个为了外部事务（Btsan-khaṅ）的神殿，三十个以上的活佛公馆，以及许多塔和大量小型佛像。全寺大约五百名活佛，其中包括十八位较大的活佛。寺院中的僧侣分类有的可列为佛，有的可列为僧（Saṅgha）。至于法（Dharma 或 Chos），则有用金汁书写的代表佛语的甘珠尔（Bkaẖ-ẖgyur）和代表注解佛语的丹珠尔（Bstan-ẖgyur）等一万部以上的佛经保存在寺院图书馆，一千部以上的佛经保存在不同的学院，几百部的佛经保存在每一位活佛的公馆，四十至两百部的佛经散存在每个学者的手中。木刻版存在印经院，无数的印片藏在寺院周围的玛尼法轮中，以便信徒边走边转，作为一种崇拜仪式。还有僧（Dge-ẖdun）这一圣侣，全寺有三千六百名喇嘛，公众聚会季节，会远远超过此数，一般寺院少于此数，但拉卜楞寺以三千六百喇嘛见称。假定我们在此数上，加进一百零八个附属寺院，则拉卜楞寺直辖的僧众数目则会大大超过此数。虽然一百零八是个仪式数，如一百零八个珠子的念珠等，但分寺的数目不是少于一百零八，而是多于此数。分寺实际在二百个以上，分散在各省区，包括内蒙古。

作为学校，拉卜楞寺除为崇拜对象外，作为教育机关，也是说得过去的。实际上，藏族文化大部分是靠寺院来传播的。诸如学制、学习年限、升级留级、学位、考试，以至于学院的分类、教师的级别等，都与内地佛教寺院不同，而与学校，尤其是大学很类似的。

作为居住区，寺院基本上是为上下他洼所供养的，其次才是"十三庄"，我们将在十五章叙述。在神话里寺院创始人与下他洼的保护神有联系，说明一件事的发生必有它的前提。事实上，两个他洼的人都是建寺以后才来的，是为寺院服务的。最初的居民，上他洼是十三家，下他洼是六家。

下他洼的居民崇拜的保护神，名字叫阿涅家拉（A-mye-bya-lag），正月初三在村子的庙里，四月十一在山上。故事如下：

过去有个时候，印度一王子名达巴（Da-pa），与父亲和继母同住。他与继母的孩子一块玩耍，把自己当作大首领，把他的继弟当作次等首领。这种身份，使其继母不高兴。于是他的继母便装着害重病、吐血，父亲甚为发愁，求她说出什么可以治疗。她说只有吃达巴的心，病才可能好。父亲无法拒绝这种引诱，正要取出孩子的心时，适有两个鸟儿飞过，儿子问它们是干什么的，父亲答道："鸟儿的母亲在教鸟儿子飞翔。"儿子说："连鸟儿都知道抚养自己的儿子，假定我的母亲还活着，她一定也如此。唉！可是她不与我在一起了，以至你要杀我！"

父亲深受感动，决定不杀自己的儿子，便杀了一只乌鸦，将它的心给他的女人吃，而将达巴藏于亲戚家中。就这样，母亲好了，可是八个月后，事实被泄露，她又大害重病。

这次她所要的药，是在吃人怪（Srin-po）的洞里。自然，达巴是到洞里为她取药的人。于是，达巴带上干粮，骑上自己的马，出发了，想着再也不会活着回来了。在妖怪的门前，遇到看门人阿涅家拉，当知道了达巴为什么来后，守门者深为同情，告诉他妖怪正在进行七日静修，只进素食，经常睡眠。

于是，守门人又进一步指导达巴，随后将他放进洞去。这时达巴遇到了妖怪的女儿马克夏娜（Makshiana），并与她交了朋友。马克夏娜决定同他回家去，做他的媳妇。离开的时候，遇上看门人，即要求达巴修个庙宇，宣传佛教，他自己便可到那里，以便赎罪，赎自己曾侍奉妖怪的罪。

马克夏娜带了两条龙，当她同达巴回家的时候，继母实在吓得要死。当她看见小两口都来了，她又假装害病，好不了了，说："什么治疗都晚了，我只能等死了。"儿媳便央求她说出治疗方法，同时自己允诺，只要说出来，她便可以使她如愿。

婆母要一个妖怪的宫殿，次早宫殿就修成了。但这件事，仍不能使她高兴，她竟继续装病。再问她，她便说要一个大海，里边有各种鸟在飞翔，还有几千朵莲花，每朵莲花上坐着一尊佛。"我绕佛转的时候"，她说："我或许就好了。"

然后龙便造出大海来，自己变成水牛，各处踏着水走，儿媳自己变成许多佛，坐在莲花上，婆婆来了以后，水牛便顶她入海致死。

公公因为失去爱人，大为悲伤。少年夫妇便向他宣讲佛道，使他安然；同时证明，已故母亲实为女妖。

现在明白，达巴是嘉样协巴的几代前生，当他建了拉卜楞寺，便使阿涅家拉了了赎罪的心愿，龙也来了，居于夏河以内的三科塘，任何时候天旱，只要在山上祈祷，阿涅家拉便可使龙降雨。

作为一个县或行政区,拉卜楞寺行政区,在不同程度上被夏河县分管,被保安司令部分管,也被蒙古亲王分管,作为县政府,与中国任何县政府一样,不与任何宗教相干,但保安司令是与嘉样五世同一家人,而蒙古亲王的辖区一部分是在拉卜楞,一部分又在青海,所以必须讲一下,以弄清楚。

(二)嘉样五世的弟兄

嘉样五世被迎入寺院的时候,他的家也与他一起由西康迁来拉卜楞。这是1920年的事。后来,因为青海回族与拉卜楞喇嘛在1924年打了仗,全家为了避难离开拉卜楞。当1927年拉卜楞由青海划归甘肃的时候,全家又回来,而由甘肃省政府另立一个县(自1928年起)和一个保安司令部。县长是汉人,保安司令是嘉样五世的哥哥。全家人员如下表:

父　亲:　黄维忠

母　亲——
- 长子:黄正清,保安司令。
- 长女:黄阿婵,下果洛首领的妻子。
- 次女:黄阿塞,中果洛首领的妻子。
- 四子:嘉样五世(1916—1947年)。
- 五子:阿莽仓,拉卜楞寺的活佛。

第二母亲——
- 次子:黄正本,拉卜楞寺的活佛,他是嘉样五世的香佐(phyag-mdzod)。既管僧,也管俗,职位只次于嘉样五世。可是他比嘉样五世死得早。
- 三子:黄正基,是长兄之下的武职人员,于1939年去世。

第三母亲——六子:也是拉卜楞寺活佛之一,早年死去。

虽然香佐是宗教职务,可是在寺外也有很大影响,因为寺院制度本身是多方面的，再与两兄弟合作，影响就更大了。另外，黄正清能够占有重要地位，是因为他可利用藏族和汉族两方面的便利。以他帮助参观人一事来说，就使拉卜楞远近驰名。他的两个妹妹嫁与果洛两个首领，他的儿子也娶了蒙古亲王的妹妹，这都是利用家族关系，影响了地区的民族关系。

（三）蒙古河南亲王

我们曾叙述过蒙古亲王的家族早期曾请嘉样一世回乡建寺，贵族家族也一直帮助拉卜楞寺院。这个家族的历史，曾简述于它的官方纪年中，即“固始丹津曲吉甲薄夏拉”（Ku-çri-bstan-ẖdzin-chos-kyi-rgyal-poẖi-žabs-lags）。

前一章提到的额尔的尼局囊（Air-rdi-ni-ju-naṅ），那是根据嘉样一世传记的记载；他在这里以洽那丹津（Pbyag-na-bstan-ẖdziṅ）见称，有台吉衔，但以后于1665年升为多罗贝勒（Tolo Beilo），1718年升为多罗郡王，1723年升为亲王。他是勃谢图觉囊（Bo-çeg-thu-jo-naṅ）长子，勃谢图觉囊又是域土记采仁（Yul-thu-chi-tshe-riṅ）的长子，域土记采仁是固始汗（Guçri Khan，1582—1653年）或固始丹津区吉甲薄长子。固始汗原称土伯户（Thu-pahi-hu），但在1642年将西藏给了五世达赖以后，清朝于1653年颁给他固始汗称号。

他是哈民诺颜混格（Haminnoyen-hungor）第六子，颇北密札（Pobe milcha）即魏拉特汗（Weilat Khan）是哈卜图哈撒（Habutu-hasar）第九代后人。哈卜图哈撒是成吉思汗（Jenghis Khan）的弟弟，而成吉思汗是1206年征服西藏的。

向下数，额尔的尼局囊是成吉思汗的第十一代后人。他的长子于 1735 年继位，即丹津旺曲（Bstan-ḫdziṅ-dbaṅ-phyug）。丹津旺曲于 1736 年去世，其子旺丹多吉帕拉（Dbaṅ-ldan-rdo-rje-pha-lam）继位。1771 年旺丹多吉帕拉之子阿旺答甲（Ṅag-dbaṅ-dar-rgyas）继位，由于犯法而被剥夺了"亲王"的头衔，他只得保留"郡王"头衔，后因害病，于 1807 年由其长子札喜迥内（Bkra-çis-ḫbyun-gnas）所继承。札喜迥内解职以后，由长子札喜旺加（Bkra-çis-dban-rgyal）于 1833 年继任，札喜旺加子曲加（Chos-rgyal）又继其父位，即额尔的尼局囊以后第六代。

但曲加没有儿子可以继承，乃于 1887 年由额尔的尼局囊的弟弟斯当巴八（Si-thaṅ-dpal-hbar）的第七代孙班觉拉丹（Dpal-ḫbyor-rab-brtan）继承。民国建立，班觉拉丹立即表示拥护共和，于是，1913 年由总统赐还其祖宗的"亲王"封号。1920 年由其独子滚噶班觉（Kun-dgaḫ-dpal-ḫbyor）继承。滚噶班觉的母亲，是嘉样四世的侄女，所以在寺院和贵族之间，较一般寺院与施主的关系更为密切。

在滚噶班觉这个蒙古亲王还小的时候，有一个大喇嘛说，他得出家，不然不能长命。他的家人自然关心他的命运，于是他当了和尚。然因没有继承人，后来他又不能不还俗娶亲，以延续家业，可是变得重病难当，就在嘉样五世由拉萨回来之前，他竟于 1940 年去世了。

年轻的亲王没有继承人，他的家庭遂令他的妹妹札西采郎（Bkra-çis-tshe-rin）暂作女亲王，希望在她结婚以后，生个男孩，以便有后继人。已故亲王的母亲和他的夫人拉谋采仁（Lha-mo-tshe-riṅ）分享对拉卜楞和青海的百姓的统治权。听说女亲王札西采郎与保安司令黄正清的儿子结了婚。我们知道，黄正清即嘉样五世的长兄。

这个蒙古家庭，即一般人都知道的河南亲王家，它统治着青海和硕特蒙古前首旗。当拉卜楞初建寺的时候，那是这家的地方，但在青海的回族首脑与拉卜楞寺于1924年冲突以后，拉卜楞寺于1927年辖入甘肃，则蒙古贵族的环境，甚为难处。因为王府在拉卜楞，而所属老百姓绝大多数在青海，所以青海的统治者，才是贵族家庭和首脑所需要服从的。

寺院印经院的地方，原为蒙古亲王的官邸，在寺院修建的时候，就把它让给寺院了，王府迁入现在的住处，后来这里包括黄正清的保安司令部，这是当嘉样五世一家人搬来时才如此的。王府另在寺院西边修建新房，这时候，王子死了。

河南亲王一家虽遭不幸，但这一家依然是青海蒙古族最大的王府。我们虽不详述，但可记下这些事实：

亲王将属地捐给寺院以后，自己还保留大参，在甘肃省夏河县境，300户，约1200人；陶主，在青海省，500户，约2500人；臧戈，在青海省，500户，约2500人；“十一箭”，在青海省，500户，约2500人。

这些数字都是大概估计，亲王治下蒙古族人约15000，或多或少都藏化了，与旁的青海蒙古贵族比较，如刻瑞（Kheri）约有1000户，刻刻（Khekhe）约有300户，擦克（Tshakher）约有80户，庆海（Tshinghai）约有30户，甚至还有八户的，则河南亲王在安多（A-mdo）一般衰败的贵族中不能不算十分显赫了。蒙古族夹在回族和藏族中间，就要被同化，也是很清楚的。

以上是拉卜楞寺院、保安司令、河南亲王在拉卜楞区域彼此关系的大概。寺院内部的关系，还要在以下各章阐述（除了十五章是讲寺院治下人口的），这里不妨只简述一下一般百姓与寺院的关系。

上面一开始我们就说了嘉样的历代转世，都是寺院及所属寺院和辖区的统治者。在活佛喇嘛以下，又任命一个喇嘛，总管一切，叫作“香佐”（Phyag-mdzod），即“宝库在其手中的人”。宗教领域中嘉样历代转世相当于教皇，香佐相当于大主教；在学术领域，前者相当于大学校长，后者相当于副校长，在两人之下，再任命教务长和训导长，以统管六个学院。每个学院再有一个院长统管以下职员。但这些职务，留在下章评述，只在政治方面，我们将嘉样与皇帝相比，将其指派的香佐与总理相比。虽然这种说法太不伦不类，因为寺院太小了，但这种比较，并不致将读者引入歧途。寺院最高主持人和他的助手香佐，对于他们治下的百姓，有类似皇帝和总理对于他们治下的子民一样的权力。为了执行他们的命令，寺院最高领导人和香佐需要选任僧官，直接统治百姓。

关于拉卜楞寺周围的“十三庄”，香佐所任命的僧官，叫作尼尔巴（Gñer-pa）。尼尔巴再选任每一村庄的头人（Rgan-pa），头人再选任一名喊命令的人，每天早晨都要大声喊叫，告知老百姓要干什么。对于日常事务，尼尔巴是最后权威，遇着重要事务，尼尔巴则要报告香佐。在“十三庄”以外的村庄，僧官有不同的名称，如古擦（Sku-ẖtshah）、锅瓦（H̱go-ba）、尼尔巴等。

任各种职务的人，除了由老百姓那里分取的酥油外，都没有薪金。他们也分班轮流服劳役。这些僧官的生活靠罚金，老百姓如果没有完成寺院交给他们的任务，或没有遵守传统的习惯，都要处罚。罚金多少，除了根据案情的轻重外，也根据僧官个人的脾气，宽大的人罚款少一些,斤斤计较的人罚款多一些。如是小数目,他们可以自取。案情较大,所得半数归寺院,交香佐,半数归自己。当案情严重,不是他们自己能处理得了的,则交给香佐自己去处理。

尼尔巴和其同等的僧官,在活佛的侍从中任命,任期三年。当有人告发到香佐手里,而且证明不是诬告,则任期未满也可撤职。但老百姓害怕上告对自己不利,他们并不常运用这种权利。一般而论,当这些僧官任满时,都比较富有了。有人感到寺院生活不够味,于是离开寺院,过家庭生活。实际上,藏族中许多富人,除了传统土司以外,很多是过去的僧官。

实际上,两个他洼的土地,都归寺院所有。假定有人为了个人居住打算在该处盖房,每一间屋的地方先收三银元的费用,然后每年交 125 个铜元,当时每一百铜元相当一个银元。为了耕种属于寺院的土地,佃户要交出相等于下种数量的谷子,以作田租。假定开垦土地,则租额相当于一半到两倍下种的数目。

寺院占有的土地,除了原来重要捐助者所贡献的以外,任何不动产都可捐给寺院作为死亡者取得幸福的手段——特别是当他没有继承人的时候。结果,寺院取得的不动产越来越多。“十三庄”所占有的全部土地,90% 以上已归寺院所有。

(四)人民对寺院的贡献

至于义务与传统。可用下述的例子来说明:

第一,无偿的运输,叫作“乌拉”(Ula),听到尼尔巴的命令,必须服从。关于十八大活佛和其他小活佛个人的需要，则由从事乌拉的人管饭吃。

第二，柴与料由老百姓轮流供给，交给管理老百姓的僧官。

第三，在寺院与旁的地区之间发生纠纷的时候，所有老百姓中的男人都是兵丁。他们使用自己的马匹、枪支、子弹进行战争。假定这些装备不齐全，则要处罚。在战争中不管任何损失，都由自己负担。假定战争的双方有“命价”的争议，则赔款由群众分担，进款归寺院所有。

在日常生活中，群众依靠僧人为他们举行宗教仪式，而僧人所得则是实物或钱财。在按季节进行的乞求福利的仪式以外，疾病和死亡，尤其要请僧人作仪式。当僧人到了的时候，他们注意的往往是超过或违反传统的行为。譬如，超过一般的干净，用页岩造窑洞（那是出家人才能用的），油漆了门（那也是出家人才能用的），妇女穿上袜子了（那是藏族以外的人才有的）。还有其他违反传统的行为，都可招致不同的罚款。

在“十三庄”以外有传统头人的地方，各村和各村的社会负责人，是由这些头人选派的。但这种地方，永远有拉卜楞的分寺。为了当地贵族头人的威信，他们都要求那样做。一旦分寺建立起来，它便生了根。在分寺中给要求建分寺的贵族一所官邸，是寺院给贵族的一项光荣；礼尚往来，得官邸的贵族，也必给寺院某种方便，好像他们的老百姓直接在分寺的统治之下。因为藏族重视前例，一旦成了固定的制度，就再也不能变了。从长远来看，寺院势必成为老百姓的统治者，而原来的贵族家庭便慢慢地衰落下去，成了有名无实的统治者。

在十三章还要描述拉卜楞的公开大会。在正月上半月举行祈祷大会时，整个参加祈祷大会的群众都能享用免费饮食，而且还能分到捐献的钱，这些捐款是拉卜楞治下的部落轮流捐献的。先说吃的，有三口大锅在伙食殿中，每一锅都上 3 头牛、40 斤米、80 斤葡萄干、70 斤酥油，每日一顿，15 日统计如下：

食物	一顿	15 日	费用（每一单位）	总值
牦牛	3 头	45 头	30 银元	1350 银元
大米	40 斤	600 斤	3 银元	1800 银元
酥油	70 斤	1050 斤	0.40 银元	420 银元
葡萄干	80 斤	1200 斤	1 银元	1200 银元

每一锅值 4770 银元，三锅计 14310 银元。除管吃的以外，参加祈祷会僧众，还分得酥油和钱，如下：

酥油量（每人）	人数	总数（斤）	单位值	钱总数
每年 5 斤	3600	18000	0.40 元	7200 银元
钱 7 元（每人平均）	3600		总钱数	25200 银元

三项加在一起，总钱数为 46710 银元。

考虑到藏族地区生产形式和水平，开支这一祈祷大会，实比现代的所得税更要重些。因为部落轮流负担，所以部落要储蓄几年，才能供给一次会。他们不遗余力地彼此竞争，看谁最充裕地供给祈祷大会。另外，教务长也许用某种方式动员群众用这种办法进行祈祷。理论上，他要找不到施主，他自己必得出钱供应祈祷的费用。他的威望必须很高，首先是在学术和修养上，其次则是在财富上。

第十章　寺院组织

前章已叙述拉卜楞的地方和外部关系，现在介绍寺院内部组织较为紧密的六个学院以及学院里的僧侣及僧官的分类。

（一）六学院

每一学院都叫作札仓（Grwa-tshaṅ），六个学院根据修习内容各有不同名称。每一札仓的详细内容，在以后三章中再详谈，这里只是略谈梗概，以作将来详述的纲要。

第一，显宗学院以闻思堂（Thos-bsam-gliṅ）见称。是嘉样一世于1710年建立的。那里有三千名僧侣学生，是六个学院中最大的一个。用大经堂作为开会地点，学五部经典，分十三级，给不同的学位，这只有在大寺院才可能进行。当全课程都已学毕以后，学员或继续深造，或转入其他学院，如密宗学院。自然，有些人读了数年以后，也可以停止，如果他们要到旁的学院，任何时候都行；假若继续读下去，最少也必须十五年，才能读完全部学程，但很少有人能够在此时间内读完。很多人终身停留在低级阶段。虽然拉卜楞的僧人，同旁处的一样，可至西藏进修，但此处标准与西藏最好的一样高，这要感谢嘉样历代转世和他们的同事。

这一学院的主要佛像与任何汉地佛像或旁处的非密宗寺院的佛像没有什么不同，只是大经堂的墙上有很多密宗佛像，因为此处也是全寺各学院的僧众聚会的地方。

第二，神学下院，即居没巴札仓（Rgyud-smad-pa-grwa-tshaṅ），为最早建立的密宗学院，1716年由嘉样一世建立。此学院中，有一百五十名僧人，分三级。最初名小解级（Ṭi-ka-chuṅ-ẖdzin-grwa），中级名大解级（Ṭi-ks-chen-ẖdzin-grwa），最高级名生起级（Bskyed-rim-ẖdzin-grwa）。僧徒均以不同程度授以解说，诵读仪式以及下述神佛的心理生起和静观圆满，即所修之佛的本尊（Yi-dam），如胜乐金刚（Bde-mchog或Śaṁvara）、密聚金刚（Gsaṅ-ẖdus或Guhyasamȧja）、怖畏金刚（Hjigs-byed或Bhairava），实际的修持，不是形式的知识，而是生徒的晋级标准。为这类佛本尊举行的仪式，胜乐金刚在三月，密聚金刚在九月，怖畏金刚在十月。

第三，时轮学院（Dus-ẖkhor-grwa-tshaṅ），是1763年嘉样二世为了传授藏历修建的。它有一百名僧徒，他们也分作三个等级，最低级叫作解释级（Ṭi-ka），要求僧徒学习梵文字母，学习读和记以及关于各种神佛的典籍。当他们考试及格以后，即可升人中级，心理生起的过程（Bskyed-rim）。在这一级，他们学习诵，学习勾画，观察太阳系统，作神秘图解，跳神祇舞蹈，演奏宗教音乐等，再经过进一步考试，即可升入最高级（Bkah-rams），每一级没有必要时间限制，全是根据个人收获才升级。虽然每个生徒必须从头开始，一旦到了这个学院，一般说来都不转入显教学院，这是常规。但先在显教学院学习，后来进入这个学院的最高级，则是有的；也有先在这个学院，由于哲学和文学特别好，后来转入显教学院的。

每一佛前均有七天的供仪；由九月十五起为时轮金刚，八月十八起为大日如来（Rnam-par-snaṅ-mdzad 或 Vairocana），九月十八起为遍知佛（Kun-rig）。

第四，医学院（Sman-pa-grwa-tshaṅ），于 1784 年为嘉样二世所建，有一百名僧徒，它分三个等级，最低级叫作经典分类级，中级叫作经典解释级，最高级叫作道路分程级。最低级由最高级教，二月十七起读字，念书。这些书有关于诊脉的书，分解小便的书，以及泻便、外科等书。关于解剖、病理、饮食、行为、药物、医学器材等，也都作详尽的指导。这样学下去，直到四月十八，教授和旁的职司，对僧徒测验一周，及格者发奖，不及格者受惩罚。

然后自五月十八开始，有七天的宗教仪式，仪式完了，教学仍旧继续到五月底。六月初一起，全院旅行，离开寺院一二日程，在山坡上搭起帐篷，早晨进修与寺内同，但在每天下午，要外出采药，包括植物的根、枝、花和果以及矿物、油料等。然后聚到一起，由年长的人给没有经验的人讲述采集药物的名称、形状、味道、作用、生长史等。并将采集到的药物晒干、包好，记好它们的味道、作用、用法、治什么病，每天如此。最后旅行集体于六月十四转回寺院。

由六月十五开始，有一个退休期间，将最好的药品呈献给大活佛，以后依次送教务长和不同学院的院长。

然后由八月十七开始有三天假期，因为八月是一切植物生长的最好时节。僧人学生在天然条件下，接受现场指导，将药物研成粉末配成丸子，制成膏药，合成油膏。同样，宗教音乐、神舞的步法，都在这时练习。最末一日，给徒众分发药物。

在冬季仪式的时候，低级毕业生，被提升至中级。中级的僧徒也是考试同一内容，不过水平较高而已。考试及格，便升至最高级。在最高级中，没有年限的规定，学多久都可以。

纯为宗教目的的仪式有：

八月二十三起为嘉样的福利举行四天仪式；

这以后三天的仪式，为马头明王（Rta-mgrin 或 Hayagriva）的息怒；到了最后一天，即二十九日，献上大麦面和酥油做的花供；

由三月十八起七天，祈祷五十一位药师佛；

由八月初九起七天祈祷九位马头明王。

与旁的学院共有的仪节有：

由正月初三起十五天，祈祷大会；

由二月初三起五天，综合供奉祭仪，纪念嘉样一世逝世；

由七月初一起十五天，纪念弥拉瑞巴（Mi-la-ras-pa）；

由十月二十五起七天，纪念宗喀巴圆寂。

本学院特有的主要神佛是马头明王、药师佛（Sman-lha）、不动佛（Mi-bskyod-pa 或 Mi-ḫkhrugs-pa 或 Akṣobhya），怖畏金刚、护法（Mgon-po 或 Mahākāla）、法王、藏龙（Żaṅ-blon）。

第五，喜金刚学院（Kye-rdor-grwa-tshaṅ），嘉样四世于 1881 年修建的，专为汉历，分三级：初级，收三十五名学生；中级，收二十五名；最高级，收六十名。初级学关于诸佛神的简论，即怖畏金刚、护法、四面观音（Avalokiteśvara）、解怨母（Dpal-ldan-lha-mo 或 Śrimati-devi）、北天王、欢喜金刚、权王等。中级学关于以上诸佛神的较长论述，兼学唪经艺术、绘制图解、梵文字母的各种写法，等等。最后，举行考试，僧徒升入最高级，试作心理生起和完成的认真企图。在三月、八月和九月有三个大典礼。他们所出的日历，与内地农历大致相同。

除了与其他学院共有的佛神外，这个学院特别崇拜喜金刚、大轮金刚和摇噶姆巴拉（Yogāmbara）。

第六，神学上院（Rgyud-stod-pa-grwa-tshaṅ），是嘉样五世于1939年建立的。它与神学下院同一内容，只有某些细节不同，我们不在这里赘述。这里，有一点必须搞清楚，即“上”与“下”两字并不表示内容有上下之分，好像在下院学过才可升入上院。两个字来源于西藏，是根据两院分别所处地方的方位来定的，不是所学内容有高低。如屡次指明的那样，佛教密宗，全靠师傅口传，经典是一样的，但解释的传统各有不同，所以在西藏有两个学院。拉卜楞有野心，西藏的格鲁巴有什么，拉卜楞也要有，所以在西藏的格鲁巴教诲中有的东西，拉卜楞这一教学中心，也非要有它的特点不可。当上院在此地初建时，原有的一些下院的学生，划归了上院。

（二）僧侣的分类

分类的根据不同，将僧侣们混在一起，常引起误解。以下是僧侣自己分类：

第一，与俗家文盲相比，任何在寺院学习的人，都被叫作“乍巴”（Grwa-pa），即“学生”的意思。乍巴可以是“转世的人”（Sprul-sku），普通叫作“活佛”；也可是普通的人，不知自己的前生。一个“转世的人”有自己的特长，据说不是由此生学来的，而是由前生带来的。人们相信这是超自然的，即超凡的，但这些特点并不给这位“转世的人”什么学术地位或行政义务。学术地位，是自己挣来的，除非他被认为是寺院的主人。寺院中的任何地位都是由较高的权威任命的，所以“转世的人”只有在自己的寺院，才能享有行政权力。如果不在自己的寺院内，他在学术上和行政上都与其他人一样，就是在自己的寺院，他也必须经过正规的学术训练。

第二，一切乍巴，不管是“转世的”，还是普通的，都是以下述标准进行分类：是否有公职，受戒程度如何，在闻思堂进修情况如何，得了什么学位，是否有名誉头衔。“转世者”只有在自己的寺院，才有行政权力，即公职，其他均作无公职论。

论到受戒，最初级叫作居士或“格念”（Dge-bsñen），即不许杀生、偷盗、强奸、说谎、醉酒等五戒必须遵守。实际只守五戒并不算出家，很多俗家人，不管是藏族社会，还是汉族社会，都在结婚生活中能够遵守，但藏族进入寺院甚早，常在六七岁，当然不能严格要求寺院只有一般纪律，所以他们需由这最简单的五戒开始。

其次是“饶迥”（Rab-byuṅ）。独身生活和某种程度的苦行生活就开始了，除了“格念”的五戒外，加上另外五种戒律：不睡悬高的床，不带刀，中午以后不进食，脸上不涂香料，不存私财。其次是“格促”（Dge-tshul），必须遵守十三法，那是可以分析为三十六条戒律的。“格促”亦称修士。受圆满戒的和尚，就作“格龙”（Dge-sloṅ），他有二百五十三条戒律。

谈到在闻思堂进修的情况，最低级叫作“木楚”（Mug-phrug），那是岁数太小，不能参加任何仪式的、但仍留在寺院里受些教育、念些书的孩子。“木楚”意思是“孩子”，也叫“钟格”（Croṅ-dge）．即“来自村庄的好孩子”。一旦在闻思堂参加祈祷，他就叫作“尕格”（Sgar-dge），意即“在寺院的好孩子”。与参加学院的正规生徒相比，一切在闻思堂的不加分类的生徒，都叫作“错尺巴”（Tshogs-ẖbrims-pa），即“聚会的人”。

根据所学的书，生徒称为“堆札巴”（Bsdus-grwa-pa），意为“专学简编者”，即为首四年学逻辑者；“达瑞巴”（Rtags-rigs-pa），意为“专门学辩论者”，或“学逻辑第五年”；“帕勤巴”（Phar-phyin-pa）意为专学般若者，即“读逻辑以后第四年”；“乌马巴”（Dbu-ma-pa）意为“专学中论者”，即“读智慧以后第二年”；“作巴”（Mdzod-pa），意为“学俱舍（Abhidharmakoṣa）者”或“中论以后第四年”；“噶饶巴”（Bkaḫ-rams-pa），即“专学戒律或任何学院的最后一级”。在密宗学院，噶饶巴等于作巴（中论或俱舍）当年或以后。寺院的典籍早已专门化，所有学术过程都有特殊名称，这里所举的六种是最重要的。

论及学位，首先是“饶将巴”（Rab-ḫbyams-pa），相当于学士，在每年六月通过口试后可以获得的头衔。待位生来自学习中论以上的年级。如果考试在正月进行，则同一学位名为“尕举”（Bkaḫ-bcu）。其次是“多仁巴”（Rdo-ram-pa），相当于硕士。待位生来自学习俱舍以上水平的任何年级。“多”（Rdo）的意思为“石”，即考试及格是在殿前的石砰上进行的。而“饶巴”（Rams-pa）是“饶将巴”的缩写，即“渊博之士”。拉萨这一名称的学位是较低的，在这里由于要经过二三十年的待位阶段，而且每年只取一名，其难得的程度不亚于拉萨每年正月大祈祷法会上考取的16名拉仁巴（Lha-ram-pa）学位。再次，“额仁巴”（Snags-ram-pa），即“熟习密宗者”，是显教学院毕业后继续学习密宗。在密宗任何学院获得此学位者，即等于哲学博士或神学博士。未进过显教学院，即由任何密宗学院得到此学位时，那只是神学学士的地位。

最常用的高贵头衔，是“克巴”（Mkhas-pa）和“格喜”（善知识 Dge-bçes），两者一般都作“好学问”解，但分开来说，前者是“有学问”，后者是“格威谢念”（Dge-baḫi-bçes-gñen 或 Kalyāna-mitra）的缩写，指“清静生活、好品质、好学问”。在拉萨，“多仁巴”、“灵西巴”（Gliṅ-bži-pa）、“错仁巴”（Tshogs-ram-pa）、“拉仁巴”，都被称为“格喜”，作为学位尊称，在拉卜楞，“格喜”则只是客气的尊称。没有学位的意思。

（三）职员

关于职务，可分为由中央政府得的头衔和由寺院本身分派的职务。

在清朝，所有喇嘛都按地域划分：居住北京者，居住西藏者，居住安多和西康者，均称“番”。居住内外蒙古者，均称“游牧民族”。

在北京有：掌印札萨克大喇嘛一个；副掌印札萨克大喇嘛一个；札萨克喇嘛四个；大喇嘛十七个；副大喇嘛四个；苏拉喇嘛（不管职）十九个；教学苏拉喇嘛六个；额外苏拉喇嘛四个；德木齐（Skyi-pa）三十一个和格归（Sde-bskos）五十个。这些僧官，或是“转世者”，或是普通僧人，作为一个等级，他们都叫“赛开”（Sek-ai），以区别于随从者。随从者较高地位的叫“格龙”（Dge-sloṅ），较低者叫“班得”（Bande 即 Btsun-pa）。

在西藏，喇嘛头衔在达赖与班禅以外，有十八名呼图克图，十二名夏卜龙（Ṣha-bu-long 或žabs-drun），这些都是“转世喇嘛”；噶伦（Bkah-blon）或部长；作笨（Mdzod-dpon）或司库；聂耳仓巴（Gñer-tshaṅ-pa）或司税；兰则厦（Lam-mdzad-gçags）或司路，等。

在安多有四十名“转世活佛”，在蒙古有七十名。可是，我们已经说过，拉卜楞一个寺院就有五百名活佛，还不说旁处寺院官方承认的与社会上承认的。两者之间，差距很大，因为转世喇嘛制度是有利可图的。同时也不要忘记，在拉卜楞，嘉样一世就曾受过清朝封给的呼图克图的头衔，他的十八位出名的徒弟之一的贡塘（Guṅ-thaṅ）活佛，在北京也是呼图克图。

我们可以从拉卜楞寺的僧官来分析一下清廷作为喇嘛分类的背景。僧官可分三个等级：一是作为管理学院的，二是作为大活佛的侍从包括管理俗家的僧官在内，三是作为一般活佛的侍从。

关于管理学院的僧官．第一，管理全寺，即将整个寺院作为大学来看，有少数僧官。我们已经提过嘉样活佛和香佐作为校长和副校长，受他们任命的有：

（1）教务长或大经堂法台（Tshogs-chen-khri-pa），是一切重要的学术聚会和宗教仪式的主席，任期由一年到三年。一般地说，他必须有钱，是个“转世活佛”，既有学问，也要受人尊敬。

（2）训导长或详峨（Żal-ṅo），对整个寺院纪律负责，由每年十月二十五日开始，任期一年。他身材魁梧，表情严肃，有长者风范。所穿服装特别讲究，需要花很多钱，那是一种宽肩膀的，好像日本古装战士似的服装。他行路缓慢，由自己或侍从拿着四边形的手杖，为每人所畏惧，俗称铁棒喇嘛。

（3）领经人（Dbu-mdzad），他的职务是在大经堂引领僧众唪经。任期三年，于二月十一日开始。

（4）司库（Spyi-ba），职责是将寺院财务放债取利，并在重要仪式中负责僧众的饭食。每个人的任期为一年半，一组的人共三年。由十一月初一开始任职。

以上（2）至（4）卸任后终身享有某些特殊待遇，并参加全寺的大会议。

(5)经堂司役(Dkon-gñer),专管打扫经堂,为佛像上供,并管理经堂内的一切事务。任期三年,由二月初开始,亦于三年后同期卸职。

(6)其次的等级是训导长助理(Ghab-ltag-ma),也穿着宽肩膀的制服。任期六个月,由四月二十五日至十月二十五日。

(7)两名纪律助理(Dge-gyog),在正月和二月的祈祷大会中,临时帮助训导长及其助理维持秩序。

(8)两名持水瓶者(Chab-ril),其一服侍训导长,任期同训导长;另一服侍训导长的助理,即恰达玛,任期亦相同。恰达玛(Chab-ltag-ma)的意思是"在持水瓶者之上"。

(9)第二名持水瓶者的助理(Chab-gyog),只在正月大会上任职。

至于不同学院的职员,显教学院有许多职员既为显教学院服务,也给多种学院交互服务。譬如学院院长,习惯上是由整个寺院的教务长兼任,可是也有职员纯为学院服务的,如:

二名监督(Dge-bskos):任期六个月,由十一月十七至次年五月十六;另一名由五月十七至十一月十六。

一名经头(Dbu-mdzad):任期三年,由三月半至三年后的三月半;

四名年长代表(Rgan-pa):任期一年半,没有固定就职或满期的日期;

两名学院司食(Spyi-ba);虽与大经堂司库同名,但在这里只能译为司食,因其职务是供给伙食,任期如上;

两名学院司库(Thog-gñer):职责是管理学院的财务,并负责在

“集中讲经期”(Chos-thog,四期三十天的、两期二十天的、三期十五天的)供给小麦粥。

在喜金刚学院(Kye-rdor-grwa-tshaṅ),与旁的密宗学院相同,学院院长或札仓尺巴(Grwa-tshaṅ-khri-pa).是从显教学院中有学问并受尊敬的喇嘛中选拔的。在学院院长以下。有如下职员:

一名持金刚者(Rdo-rje-ẖdsin-pa):即学院的总监,任期三年,没有固定就职或离职日期;

一名监督(Dge-bskyos):任期一年,由正月十七开始任职;

一名经头(Dbu-mdzad);

四名主要的和次要的司库(Spyi-ba);

四名年长代表(Rgan-pa);

一名厨师(Ja-ma);

一名持水瓶者(Ḉhab-ril);

上述职务,除前两种外,都是任职一年,由每年五月十七开始。

在密宗下院(除学院院长以外)有学院总监(Bla-ma-dbu-mdzad);学院唪经师(Byiṅ-hdren);两名学院司库(一名叫 Rab-gnas-spyi-ba,一名叫 Dṅul-gñer),前者负责饮食和供其他用途的大麦,在六月初二至初五为了供怖畏金刚、密聚金刚、胜乐金刚等举行的仪式而食用的,后者管理学院的财务。其他僧官,则与喜金刚学院的相同。

神学上院的职员与神学下院同。

时轮学院的职员,与喜金刚学院同。只是两名司库(Spyi-ba),一名叫乌拈(Dṅul-gñer),和神学下院一样;一名叫衮将吉瓦(Kun-byuṅ-spyi-ba),在为大日如来(Kun-rig-mams-snaṅ-mṅon-byaṅ)念经时,负责伙食。另外还有一名托拈(Thog-gñer),同显教学院一样。

在医学院，没有持金刚者（Rdo-rje-ḫdzin-pa），而且除了两名司库（Spyi-ba）外，医学院的职员与喜金刚学院的没有什么不同；一名司库，叫玛尼司库（Ma-ṇi-spyi-ba），专管八月的七天素食；一名叫衮满司库（Mgon-sman-spyi-ba），保管药物。

在整个学院作为大学和各学院的职务，还有下列特殊职务：

两名司库（Spyi-ba）：专管印经院（Par-khaṅ）；

两名司食（Dbyar-gnas-spyi-ba）：专管六月十五至七月末的伙食；

两名特殊司食（Spyi-ba）：专管神祇和圣徒的纪念日；

一名卡盘或卡载司食（Kha-phan 或 Kha-bzas-spyi-ba）；专管九个时期的集中演讲（Chos-thog）期间分配酥油。

另外，还有宗教节日的职司，如主要舞蹈者（Ḫcham-dpon），主要乐师（Rol-dpon）等。因为他们只是偶尔服务，所以不在这里赘述。

学院的各种职业和旁的活动，已如上述。至于侍候活佛的职司，可以简述如下：

（1）直接或间接侍候嘉样活佛的，据说约二百人以上。按其重要次序是：

高等：第一，在所有人之上的香佐（Phyag-mdzod）；第二，大司迥（Srid-skyoṅs-chen-mo），即嘉样佛的个人代表，原为阿莽仓（A-maih-tshaṅ）担任。而由嘉样佛之兄黄正本任香佐；第三，嘉样个人的司神（Sku-bcar-mkhan-po）；第四，大司食（Gsol-dpon-chen-mo）；第五。大司寝（Gzims-dpon-chen-mo）；第六，个人供佛总监（Mchod-dpon-chen-mo）；第七，大秘书（Druṅ-yig-chen-mo）；第八，大招待员（Mgron-gñer-chen-mo）；第九，副司食（Gsol-dpon-chen-ba）；第十，副司寝（Gzims-dpon-chuṅ-ba）；第十一，两名官邸代表

(Bla-braṅ-sku-tshab);第十二,私第管理(Pho-braṅ-sde-ba);第十三,私庙总管(Mchod-khaṅ-sde-ba);第十四,次招待员(Mgron-gñer-gżon-pa);第十五,总厨师(Ma-chen);第十六,四名招待员(Sde-ẖchaṅ-ba);第十七,帐篷管理员(Gur-dpon);第十八,两名秩序管理员(Gzims-ẖgag-pa),即管理敬拜嘉样的香客的秩序;第十九,两名管理群众的僧官(Cñer-ba)。

中等:第一,持伞者(Gdugs-ẖdzin-mkhan-po);第二,四名念经者(Bkaẖ-ram-pa),为了他的福利;第三,两名个人侍从(Sku-mdun-pa);第四,两名助理厨师(Gsol-thab-pa);第五。助理招待员(Phy-ag-sde);第六,秘书(Druṅ-yig);第七,两名乐师(Be-ri-cim);第八,医师(Bla-sman);第九,经常为他念经者(A-mchod);第十,两名助理僧官管理俗人群众(Rdzug-pa)。

低等:第一,一名持像者(Rñiṅ-ma-pa),嘉样出行时,在前列;第二,六名俗家持旗民,在这行列中;第三,两名僧人牵马带着帐篷;第四,四名抬轿的俗家;第五,管理上述服务者的僧人;第六,八十名普通僧人供派遣(Zabs-phyi);第七,八十名左右的代表到分寺或社区以管理群众,或称代表(Sku-ẖtshab),或称头人(H̱go-ba,Cñer-ba)等。

(2)在嘉样以外,还有旁的活佛,也须为他们服务,这类职员,就数量和等级说来,与活佛本身的重要程度有关。

在嘉样以下,最高的活佛官邸(Naṅ-chen),如贡塘(Guṅ-thaṅ)和色赤(Gser-khri),[①]各有十五名职司:第一,官邸的监护(Dbon-

① 意思是"金宝座",指的是甘丹(Dgaẖ-ldan)寺法台。任何此类法台再转世以后,都叫作色赤。在藏族文化区,有不少"色赤"活佛。

po)，常是那个转世者的亲属；第二，招待员；第三，司厨；第四，个人侍从(Sku-mdun-pa)；第五，厨师(Gsol-thab-pa)；第六，副招待员(Gñer-gyod)；第七，个人唪经者(A-mchod)；第八，个人经堂的看管(Don-gñer)；第九，监护人的听差(H̱on-gyod)；第十，俗家助理厨师(Gsol-thab-byi-lu)；第十一，厨师助理(Ja-ma)；第十二，两名小使(Naṅ-zan)。

二等活佛官邸，如加仓(Rgyal-tshaṅ)和堪布仓(Mkhan-po-tshaṅ)等，有约十名职员：监护、招待员、司厨、个人随从、助理招待员、厨师助理、个人唪经者、小使等。

小活佛官邸，如将江瑞仓(H̱gyanṅ-ri-tshaṅ)，错勤赤居仓(Tshogs-chen-khri-jur-tshaṅ)等，一个官邸只有五六名职员：监护、招待员、司厨、助理招待员等，也有转世者根本没有从属职员。

另外，整个寺院处理公共事务，有两种会议，处理个别职员不易处理的事务：一种是行政会议，一种是大会议。

参加行政会议(Tshogs-chen-tshogs-ẖdus)的人有：训导长、经头、两名司库(Spyi-so-sde-pa)、两名嘉样官邸的代表、河南亲王府一名代表、六名六学院的代表、主要秘书，持水瓶者。

大会议(Tshogs-chen-spyi-pa)参加者包括：教务长、六学院的院长、大经堂的管理人、二十名学院代表、五名嘉样官邸的招待员、两名管理群众的僧官、他们的两名助手、十八名转世活佛官邸的代表、训导长、旁的退休僧官，总数在八十以上。

第十一章　主要神佛

藏族佛教的神佛常被误解，理由很简单，一方面，藏族的佛教包括密宗，它处佛教只有显宗；另一方面，在藏族寺院中许多庙宇不允许一般人进去。不许一般人进去的庙宇，就是护法神的地方，那也是属于密宗的。我们在早期佛教各派中，已提到护法神，本章将要比较系统地叙述两种格鲁巴佛像，即在拉卜楞见到的佛像：本尊和护法。一般显宗佛像，则是内地寺庙时常见到的，这里不谈。在详述两种之前，不妨以鸟瞰方式略举佛像分类。

怎样分类？

显宗佛教的佛像，主要是善相的；密宗佛教佛像，主要是怪异的，怪异的佛像按成就来说，如下：

属于行续的（Bya-bahi-rgyud），是关于饮食、清洁的；

属于事续的（Spyod-paẖi-rgyud），是关于形式和静修的；

属于瑜伽续的（Rnal-ẖbyor-rgyud），是关于静修中与本尊合而为一的；

属于无上瑜伽的（Anuttara-yoga 或 Rnal-ẖbyor-bla-ma-mld-paẖi-rgyud），是关于超自觉的静修，即在其中智慧方法上合而为一的。

我们在本书第四章一开始即介绍了宁玛巴的九种教育，前三种，是属于显宗佛教的；中三种，是属于密宗佛教的；下三种，也属密宗佛教，即这里最末一种阐述。

属于行续和事续的，佛像又分三类（Rigs）：塔他噶塔（Tathāgata）、莲花和金刚。属于瑜伽续的分六类，属无上瑜伽续的分五类，我们不在不同分类上纠缠。我们知道神佛的等级是各类不同的，因塔他噶塔比较详细，我们且举例说明它的神佛等级：

部尊（Gtso-bo）：释迦牟尼（Śākyamuni）；

部主（Bdag-po）：文殊（H̱jam-pahi-dbyaṅs 或 Manñjughoṣa）；他的明妃（Yum）：光明母（H̱od-zer-can-ma）和五名其他的明妃；

部顶（Gtsug-tor）：最受崇敬的头首（Gtsug-tor-mam-rgyal），无垢者（Dri-med），白伞佛母（Gdugs-dkar）；

男女明王（Khro-bo-khro-mo）：最胜王（Rnam-rgyal-ba），激励母（Skull-byed-ma）；

男女使者（Pho-ña-mo）；多子者（Bu-maṅ-po-ston-pa），善门者（Sgo-bzaṅ-po），恶人降伏者（Mi-rgod-mam-ẖjoms-pa）；

菩萨（Bodhisattvas）：观音（Spyan-ras-gzigs 或 Avalokiteśvara）；

天神（Deva 或 Lha）：龙（Nāga 或 Klu），夜叉（Yakṣa 或 Gnod-sbyin），水神，土地等。

任何神佛自菩萨以上均可为本尊，看修的是什么，只是部尊，在任何级别中，都是个佛陀。但就佛教理论的性质，它是否认逻辑分类的，任何“实体”都是一样，所以神佛自不能分类无懈。譬如说，观音不是莲花类的头头，然在这里是个菩萨；智慧主文殊，一般是个菩萨，可是这里是个主上；慈氏（Maitreya 或 Byams-pa）一般也是菩萨，但此处是个另一时代的未来佛。

至于护法的地位，则自部顶以下均可，因为护法有特定职务，他比本尊等级低。但在另一关系上，他自己可以是本尊，最低级的护法如天神，则永远不能成为本尊。

（一）本尊类

尽管与旁的学院所共有，密宗下院的本尊主要有：胜乐金刚、密聚金刚、怖畏金刚，最后者留待保护神群中再去阐述，为首的两位本尊如下：

胜乐金刚（Bde-mchog 或Śaṁvara）是个佛，像背景是火，象征任何欲望的东西都能办到。他站在莲花座上，意思是高出于无常的世界，就像莲出污泥而不染。莲花之上有太阳，象征空，即心的光明境界。因为是空，所以能知一切。佛有四脸：白脸属息灾（Żi-ba）；黄脸属增益（Rgyas-pa）；红脸属爱敬（Dbaṅ）；蓝脸属降伏（Drag-po）。每一脸上有三只眼，照顾一切有情（Sems-can）。在头顶左上方，有半月白色，代表“人的幸福”。在每个脸的上方，有五头骨作冠，身着虎皮，两者都象征武勇（Dpaḫ-bo）。头顶上是双金刚（Rdo-rje），作为两法完成的象征。他的身体是蓝色，因为他是属于神佛的金刚类，不是塔他噶塔类和莲花类。他的身体用五十个人头和人骨念珠为装饰，两者都象征着不永久性，但前者也代表梵文字母，后者装饰也说明了经典的全部。

他有十二只手臂，代表十二真理（Bden-don-bcu-gñis），用以克服十二种缘起[①]的约束。第一双手臂拥抱他的明妃，右手持金刚，左手持铃。第二双手臂张开象皮，意思是无明已被消灭。第三双

① 十二缘起，即无明、行、识、名色、六人、触、受、爱、取、有、生、老死。在寺院或庙宇的主要经堂门外、靠门墙上常画有“法轮”，在阎王的掌中。轮内有六种生命，中心是蛇、猪、鸟，代表嗔、痴和贪。

手，右手持斧，左手持盛满血的人头骨。一切武器说明作恶和无明都被毁灭，而血则代表快乐。第四双手，右手持金刚柄月形刀，左手拿一端是钩一端是金刚的套索。第五双手，右手持三叉戟，左手持玛哈布拉玛（大梵天）（Mahābrahma 或Tshaṅs-pa-chen-po）的四个头。第六双手，右手持手鼓，左手持人骨棒，上端饰以一个金刚、一个头骨、两个人头（一黑一红）、一双闪电、一个花瓶和莲花。头骨和两个人骨象征三个主要动脉（Rtsa）以与人体[①] 1720 小动脉对比。花瓶意思是：任何耗费的东西都在于此。

他有两腿，右腿伸着，说明教义传布开了；左腿弯着，作为快乐献出已被接受了。同时两条腿代表方法与智慧。在右脚下是恐怖者（Ḫjigs-byed），是个玛哈得瓦（Mahādeva），趴伏着，两只手拿着棒，第三只手拿着手鼓，第四只手拿三叉戟。降伏了他，即降伏了愤怒（Że-sdaṅ）。在左脚下，是时间符号女（Ukāti 或 Dus-tshan-ma）。仰面躺着，两手拿着棒，第三只手拿一人头骨的碗，第四只手拿着人骨杖，把她用脚蹬下，就等于把色欲（Ḫdod-chags）控制了。

明妃（Yum 或Śakti）是金刚亥母（Rdo-rje-phag-mo 或 Vārāhi），就是我们叙述噶举巴的时候已经提到的。她是红脸，有三只眼。她的右手拿着月形刀，以便杀死一切恶者，并钩住一切善者；左手拿着人头骨的碗，充满了血，以献给她丈夫，作为幸福。她以五十个人头作装饰，象征着经典的要义，因为梵文五十个字母都在这里了。她也以人骨念珠作装饰，象征六种方法获得解放（Phar-phyin-drug-dag-pa）：布施、持戒、忍辱、精进，禅定和智慧。她的转世或表现之一，可在距拉卜楞约五十里的白岩寺（Brag-dkar）内见到。因

① 藏族诊脉，是用右手诊男病人的左腕的脉，用左手诊女病人的右腕的脉。

为她的丈夫的侍者，不管是男的，还是女的，相信住二十四处(Gnas-chen-ñer-bžiẖi-dpaẖ-bo-dpaẖ-mo)，所以白岩寺不过是其中之一。在临夏和兰州之间有孤立巨石竖起，或说是她丈夫阳物的象征。

密聚金刚(Gsaṅ-ẖdus或Guhyasamāja)也是佛。蓝色，属金刚类，有明镜似的智慧的特点。他有三脸：居中的是蓝脸、右边是白脸，左边是红脸。头上旁的特点，如三只眼、双金刚等，与胜乐金刚同，但五瓣冠，则象征五类佛和菩萨，即密宗佛教的四瑜伽类。下表可见五类的象征：

类别	颜色	智慧种类	德行	方向
金刚	蓝	大圆镜智	可怕	东
塔他噶塔	白	平等性智	静	中
莲花	红	妙观察智	武勇	西
拉特那(Ratna)	黄	成所作智	有益	南
噶玛(Karma)	灰	法界体性智	综合	北

密聚金刚有六臂，表示：男女都有三种性别符号；有三对方法和智慧；有三种死亡的象征，另有三种象征在重生之前。即在临死前将停止呼吸的时候，心与脸都变白了，然后变红了，最后变绿了。当白色由头向下在心处遇到由脐部来的红色时，那就是符号，即光和暗都不能区别了。那时候，若还能感觉到任何东西，便成佛了。

在手中拿六种物品代表上述六类。居中右手，有个金刚；左手，有个铃，象征方法与智慧双成，属金刚类。居上右手，拿着法轮，象征佛教教义，属塔他噶塔类。居上左手，拿着宝，象征所求成就，属拉特那类。居下左手，拿着匕首，象征割断无明，即噶玛类的象征。居下右手，拿着莲花，代表莲花类。

他有两条腿，作静坐姿势，座底下有莲花，其上有太阳。他被僧服掩盖着,被明妃拥抱着,那就是可触金刚母(Reg-bya-rdo-rje-ma),她在一切细微处与密聚金刚同。

在时轮学院特殊的佛像,即时轮金刚。另外的佛像,有遍知佛,是普通的样子,而大日如来佛有四面,两手拿着法轮,无其他特殊。

时轮金刚(Dus-ḫkhor 或 Kālacakra)是最复杂的佛像。他的身子呈蓝色,放射五光线,都是纯光。有三头项,居中的是蓝色,居右的是红色,居左的是白色。有四头,在前面的是蓝色,愤怒的牙齿伸出嘴外;在右面的是红色,脸带欲望;在后面的是黄色,是静修的模样;在左面的是白色,是肃静的模样。每一脸上有三只眼,每一头上戴着人头骨的帽子。居中的头发上有多种装饰,由下而上是各种颜色的金刚、半月、小型的金刚萨埵(Vajrasattva),右手拿铃,左手拿金刚。身上装饰着宝石、耳环、手镯、腕圈、腰带、踝环、领巾、珠子,都是金刚石的。虎皮裙子挂在腰间。

一边三个肩背,每边出下到上,是蓝、红,白色的。每个肩有两只胳臂,一共十二只胳臂。头两对是蓝色,外边是红色,上两对是白色。每一胳臂上有两只手,共有二十四只手。第一个四双蓝色,中间四双红色,上方四双白色。每只手的手指,由拇指到小指,依次是黄、白、红、蓝和绿;每一个指的节,由尖到掌,依次是蓝、红、白。每一手指戴有指环,都放光芒。手上的各种器具是:

第一四只手,蓝色。

右	左
金刚	金刚柄的铃
刀	盾
三叉戟	降魔杵(Kha-ṭam-ga)

月形刀	充满血的人头骨

第二四只手，红色。

右	左
火箭	弓
金刚钩	带金刚的套马索
有声的鼓	宝石
锤	白莲

第三四只手，白色。

右	左
轮	白色螺壳
枪	镜子
杵	金刚的链子
斧	玛哈布拉玛的头

站在莲花上，悬于空中，有日、月、罗睺（Rāhu 或 Sgra-gcan）星和罗睺尼劫火（Dus-me）。时轮佛伸右腿，做游戏状，腿呈红色，在脚下有红色欲望神（H̱dod-lha）。欲望神有一头、四手，拿着五花箭、弓、套索和钩。佛的左腿呈白色，作弯曲状，脚下是白色可怖妖魔。这妖魔有一个头三只眼四只手，拿着三叉戟、人头骨碗和天杖（kha-ṭam-ga）。欲望神和可怖妖魔的明妃恭敬地捧着佛的脚掌，俯首下视。

佛的明妃用各种不同的姿势抱着佛。她是黄色的，有四个头，八只手。前面的、后面的、右面的、左面的头，各呈黄、白、蓝、红等颜色，每一面头有三只眼。右边的四只手拿着刀、钩、响鼓和珠子；左边的四只手拿着人头骨、套索、百瓣莲花和宝石。在她的头上中央，有小型金刚萨埵（Vajrasattva）。她伸开右腿，屈着左腿，以与佛的姿势一致。

颜色的象征，有如密聚金刚项下所述。

医学院的主要神佛，已于上一章叙述过了，药师佛和不动佛是善静的。除祥龙(Żaṅ-blon)外,均待讲护法神时再讲。祥龙则是这个学院的特殊护法,不能与一般护法并论,他也不是本尊。所以,尽管有矛盾的嫌忌,也还应在这里叙述一下。

祥龙(Chen-po-rdo-rje-bdud-ḫdul)是个夜叉(Gnod-sbyin),身体呈深蓝色,一个头,两只手。右手拿宝石,左手拿一瓶神酒。有三只眼,红色,作愤怒状。有十分可怖的牙齿。头上戴有各种宝石。他有宽大衣,黑色扎带,一个女神(Devi 或 Lha-mo)在他旁边,作乞求状。右边有明妃,名一切成就女(kun-grub-ma),深绿色,一头,两手。右手拿着病菌的带子,左手有献给她主子的食物。她身上的带子是白色的。男女都被侍者所环绕,侍者便是小夜叉们。

除与旁的学院共有的神佛以外,欢喜金刚院的特殊神佛,即欢喜金刚、大轮金刚和摇噶姆巴拉(Yogāmbara)。

欢喜金刚(Kye-rdo-rje 或 Hevajra)也是佛。他的身子是白色的,八个脸,十六只手,四条腿。三面在前,居中者白,居左者红,居右者蓝;两边各有两面黑,均在后面。在上的,灰色。每一个脸面,有三只眼,四只牙从张着的嘴伸出,头戴五个人骨冠,发呈黄色,向上束,饰以交叉双金刚,项带五十人头项链,人头还滴着血,而且给人感觉各处的眼睛都在动。手拿的颅骨中有如下物件:

右方	左方
第一,白象	黄土神
第二,绿马	白土神
第三,白驴	绿风神
第四,红狐	红火神
第五,灰蛇	白月神
第六,红人	红太阳神
第七,绿色羚羊神	绿死神

第八，猫神(Byi-lha)　　　　黄夜叉(Yakṣa)

后面的两腿坐着，前面的两腿站着，右腿伸，左腿屈。

他的明妃是金刚无我母(Rdo-rje-bdag-med-ma)，蓝色，一头，三眼，黄发向上束，饰以五个人头骨。右手拿月形刀，左手拿盛满血的人头骨。她被佛拥抱着，项挂五十人头的项链，与佛同穿着虎皮裙，左腿伸，右腿屈，盘在佛的身上。

大轮金刚(H̱khor-chen-rdo-rje 或 Mahācakravajra)，有三头，六臂，两腿。右上手拿着金刚，左手作压服手印，中间双手作欢迎状，下面双手拿着一条蛇，在脚下是婆罗门(Brahma)和因陀罗(Indra)。

摇噶姆巴拉(Yogāmbara)也有三头，六臂，两腿。上面两手拿着金刚和铃；中间两手，一手拿着明妃的奶头，一手拿着箭；下面两手拿着人头骨和弓。

所有三个主要神佛都有许多侍从，这里不赘述。

(二)护法类

护法神(Chos-skyon 或 Dharmapāla)，在拉卜楞如下：

1. 在衮康(Mgon-khaṅ)即为内部事务的，其中在时轮院和欢喜金刚院的：怖畏金刚(H̱jigs-byed 或 Bhairava)、护法(Mgon-po 或 Mahākāla)、调解母(Dpal-ldan-lha-mo 或 Śrimatidevi)、法王(Chos-rgyal 或 Dharmarāja)、四面观音(Żal-bżi-ba 或 Avalokita)、北天王(Rnam-thos-sras 或 Vaiśravaṇa)。

在上下密宗学院和显教学院与医学院的：怖畏金刚、护法、法王。

2. 在赞康（Btsan-khan）即为外部事务的，其中在神学上下院的：马头王（Rta-mgrin 或 Hayagrriva）。

在快乐金刚院的：载末尔（Tsiẖu-dmar）。

在乃穷（Gnas-chuṅ即“小房子”），即为整个寺院对外的：事业王（Gnas-chun-ẖphrin-las-rgyal-po）。

（1）怖畏金刚是智慧主的表现。他表现为阎王的样子，以降伏阎王的残暴。在萨迦日常崇拜中已讲到他。论及他的形状，有九头，每头有三眼，三十四只胳臂，十六条腿，身体蓝色，拥抱明妃。明妃除了三只眼外，一般的形象都与常人无异（详后）。两者都赤身，站在莲花座上，在莲花上面有红太阳，背景是火焰。

他的九头代表九种经典，以降伏阎王。每头三只眼，作为空或千里眼的象征。中间前面的头呈蓝色，有水牛头的角，以模仿阎王、降伏阎王，并且代表两真理，即空的真理和实体的真理。右方的三头，中间的蓝色，右边的红色，左边的黄色，代表愤怒、权势、安静；左边的三头，按中、右、左分别是白色、灰色和黑色，以灰色代表死亡。中间居上的头红色，模仿吃人怪（Srin-po 或 Rākṣasa），其余八头各戴五头骨冠。最上的头为黄色，是智慧的原形，慈祥而安静，发上束，用意是感动一切达到成佛的境界。

三十四只臂膀和心、身、语一起，代表 37 菩提分路，即由菩萨到成佛的过程。三十七包括八正道，四念住，四种神足，四种正断，五根，五力威和七觉支。左边十七只手，拇指、中指、四指屈，食指和小指伸，手掌向下，作向妖天（Devas）和龙神（Nāgas）挑战的意思。右边十七只手有同样手印，而手掌向上，给佛与菩萨献饮食。

第一双手拿着张开的象皮，表示无明已被摧毁；第二双手，右边的拿着月形刀，左边的拿着人头骨碗，两臂拥抱明妃，第三至十七双手分别拿着下述的物件：

	右　手	左　手
第三双手：	白色花瓶装着三凤羽	婆罗门的头
第四双手：	一个杵	一个盾
第五双手：	弯刀	由人身上砍下的左腿
第六双手：	短矛	套索一端是金刚，另一端是钩
第七双手：	月形斧	弓
第八双手：	刀	人肠子
第九双手：	弓	铃
第十双手：	勾刀	砍下的左臂
第十一双手：	棒	墓衣
第十二双手：	人骨棒，上端是金刚，下端是人骨头等	三叉戟，刺在男人身上
第十三双手：	法轮	放风的炉
第十四双手：	金刚	充满血的人头骨
第十五双手：	锤	砍断的左臂
第十六双手：	矛	三层房，一面胜利的旗上端有风吹动
第十七双手：	手鼓	一块黑布，扇动着风

十六条腿压在阎王十六边城上，而且表明十六空，即内空、外空、内外空，空即空等。右腿屈，压服八天（Devas）；而左腿伸，压服八天女。踏在底下的，两边都代表下等境地，在左边的象征武勇，在右边的象征鬼怪。

在八天底下，由前方到后方，有：伏着的男形、立着的水牛、耕牛、鹿、骆驼、狗、羊和狐。在八天女底下，有鹫、猫头鹰、乌鸦、鹦鹉、鹰、鸭，公鸡、雁。两边还有第三层。四天在右边象征四成就，那就是安静、发展、权威、愤怒。他们的名称是婆罗门、三十三天的帝释(Dbaṅ-po)、毗瑟纽天或快乐主(Khdab-ḫjug 或 Vishṇu)、愤怒者(Drag-po 或Ḫjigs-byed 或 Bhairava)。四天在左边象征四幸福:红色的六头者、白色的象头者(Log-ḫdren)、白色的月王、红色的太阳王。因为白色象征男性快乐,红色象征女性快乐,在左边的四天王两种颜色,代表积极和消极的品德两全。

怖畏金刚在身上佩有五十人头,三十四是代表梵文辅音字母的,十六是代表元音字母的。由于字母全了,一切经典用字母写的也全了。另外,他在身上佩有人头作的项链,也说明经典全了,因为死人的东西暗示生命无常,也说明佩戴者已控制了生命。

他的明妃弱浪妈(Ro-laṅs-ma),即"死尸复起"的意思,她也是蓝色的,与乃夫配。头戴五人头骨冠。她是武的,可是她的发长,下垂,说明女人的顺从。她的右手拿着月形刀,割断有情关系;左手拿着充满血的人头骨碗,献给乃夫:"你欣赏这个快乐吗?"她伸开右腿,压伏女妖;左腿抬起,表明保存幸福。她身上也佩有人骨的念珠。

两种佛像都赤身,因为他们都超过俗世。下面的莲花,表明他们已在轮回之外,就像莲花那样,出污泥而不染。莲花上的太阳,象征他们的心无所不知,就像太阳普照一切那样,背后的火焰,象征他们的德性普照大地,同时也说明驱逐一切妖怪。

根据经典,他是佛本身,因阎王在南方非常残暴,释迦牟尼才变化成这种样子。阎王吓坏了,决心做佛教的护法。佛说的密宗经典藏在他的手中,他成了金刚手(Phyag-rdor 或 Vajrapāṇi)。在西方的邬仗那①(Urgyan 或 Oḍḍiyāna),一个印度隐士要把这些经典

① 邬仗那:藏文中有几种不同的拼写法,在印度西方,据说是空行母住处。

取到手,他就用巫术能力飞至该处。但是他用了不正确的方法,在腿上涂了红土,所有那里的人,都熟悉密宗,一个妇女见着他,动怒了,因为红土本来要涂在神母头上的,他竟然涂在腿上,所以她就使他变成头向下、腿向上。幸好,他遇着怖畏金刚的明妃,她使他还原,并不许他声张。他进城以后,他的愿望,未被城里的王许可,只让他在西山上读经典。那就是,凡他能够记住的,即可传至印度人间。最后他记住了四卷。他常改变他的形象,去做力所能及的事。由西藏来的译师中,有两派:攘路(Roṅ-lugs)和租路(Zur-lugs)。拉卜楞属前一派。此佛有三种主要形象:红色、黑色和我们所叙述的样子。但后者有三种不同的模型:一个是武装的,是我们叙述的样子,每天在大经堂受到供养的;一个是有十二明妃的,那是神学院特有,在大经堂内受到一个月六天的供养;另有一个四十八名侍者的,不在拉卜楞受供养。

这里可以简述攘路谱系的故事,说明人们静修此神并欲在心中形成此神的意思,而不是专为护法而供奉此神。它也可反映,即在密宗佛教徒中也有可能误解此中奥秘的。

据称攘路派的创始人,常是与一个女人和两个孩子出现,于是谣言四起,认为这个和尚很坏,他不守清规,乱搞男女关系,于是藏王派兵去抓他。他被士兵围在屋子里,这时奇迹出现了。他竟然同女人和孩子出现在空中,然后女人渐渐没于他的身体,孩子变成一个铃和一只金刚,自己又成了怖畏金刚可怕的形象。藏王最后相信所有的形象不过是心理创作物,才不去管他了。

(2)护法也可作为不同的分类:作为佛,作为菩萨,作为天神。这里我们把他作为观世音(Spyan-ras-gzigs 或Avalokiteśvara),即作为一个菩萨的表现加以叙述。即使这样,他也有各种样子:双臂的、四臂的、六臂和四臂四头的。我们把他作为一个有六臂的护法加以叙述。

这位神有四位侍从者，二前，二后，每一位都有三只眼，一个五头骨冠，发向上，穿虎皮衣。右前方的一位吉特拉巴拉（Kṣetrapāla）骑在黄褐色的熊上，他的身体呈蓝色，右手拿月形刀，左手拿着充满血的人头骨。左前方一位金那米特拉（Jinamitra）是站着的，身体呈红色。他的两只手，一个拿手鼓，一个拿人头骨。右后方一位达卡热加（Ḍākarāja），蓝身，站着，手中的东西是长鼓、人头骨。左后方的一位扎介纳布（Tra-bçad-nag-po）是黑色，骑在黑马上，一手拿矛，一手拿人头骨。这四位大侍从者的周围，又有七十五名侍从，侍从的周围又有许多士兵。

六臂护法自己身蓝色，着虎皮，作为愤怒的象征；赤足，作为超越污浊的象征。他也装饰有五十人头和人骨念珠，一条黑长蛇由他肩上垂下来，表明他降服龙王和其他妖魔。他的脖子、四只手腕，两个踝骨分别缠着白色和黄色的带子和白色的蛇，还用白蛇作带子，围绕于腰间，在腰与蛇当中有一块绿布。蛇被这样安排，是表明对龙王的降伏。腕环、臂环和踝环，都是用人骨做的。前二者每一项都是六个，象征着六静或六种解脱方法。他有三眼，一个五人头骨冠，红发向上指；后者红发红眼，模仿吃人的小鬼，与怖畏金刚头上的相同。这种模仿，也是降伏的意思。红发是用黑蛇束起的，有进一步强调降伏龙王的意思。

六臂中为首的一双在胸前，右手执月形刀，左手拿装满血的人头骨碗，其余四臂是分开的。第二右手抓着人骨念珠，以数坏人对着好人，左手拿着三叉戟，以戳穿天上、地面、地下有情的关系；用这些手将象的皮张开，以驱逐无明。第三右手拿着手鼓以勾召女妖，将她降伏；左手拿着黑结或一端是金刚、一端是钩子的套索，以束缚一切“纠缠”。

他的右腿屈，以足放在象头天神（Gaṇaṣa 或 Tshogs-bdag）的胸上；左腿伸，以足放在天神的腿上。天神自己呈白色，是北方的财神。他仰卧着，头向后，好像向护法王说道：“你要什么，尽管说吧。”天神原来很残酷，但被护法降伏后，他即用这种方式伺候他。天神的腿是伸着的，右手中拿着人头骨碗，左手拿着萝卜和一袋糕饼，糕饼的主要内容也是萝卜。萝卜被认为是一种药，据说是由两只老鼠给他取来的，老鼠是当天神做护法时，即与他结下了友情。

天神下面是太阳，太阳底下是莲花，意义与怖畏金刚像前相同。

护法王的明妃是调解母，站在他的左面，有时也做性交拥抱的表现，但在这里，她是站在一旁的。

（3）调解母在作为护法王明妃以外，她也是一位女护法。据说她本性很残忍，但被护法王降伏以后，她就归顺了佛教。她也被看作是世界欲愿之主。

她骑在骡子身上，骡子屁股上另有两只眼睛，她骑着骡子走得飞快，飞行于三界：即天上、地上和地下。骡子上有鞍子，鞍子被妖怪（Srin-po 或 Rākṣasa）皮所覆盖。鞍桥前面是妖怪的前额做的，鞍桥后面是用妖怪的下牙床做的。前额下面有两个骰子，红色骰子出来，预兆她要开杀戒；白色骰子出来，则是宽恕的象征。在下牙床下有两线球，碰着它就会害病。装着病和疫的袋子挂在鞍桥上。骡子的缰绳是用长蛇做的，骡子自己行于血海之中，背景是火与风。

调解母是蓝色的，赤足。她下身有她自己儿子的皮，上身有虎皮。她也以人骨念珠为饰。一串是干骨的,一串是湿骨的。

她头戴五头骨,橘色发向上指。发以上是半月,指明她的方法是无上的。在月之上,有孔雀羽的伞,是女人美观的装饰,但在她的口中是还活着的药叉(Rākṣasa)的身体,却非女人的样子。她右边耳环是狮子,是听佛道的象征;左边耳环上的蛇,是愤怒的记号。脐上有太阳,象征着智慧。在左腰间有个格纹令牌(Khram-çin),记着谁该扒皮。右手拿着短棒(be-con),两端饰以金刚,以与阿修罗(Asuras)战。左手拿着血的人头骨,象征幸福。右手拇指与四手指彼此按着,作为愤怒的记号。

她的神龛在西藏,在玛帕姆尤错(Ma-pham-gyu-mtsho)湖上,距拉萨约三百里,是著名的胜地,历辈达赖一生中总要去一次。根据《拉追开堂义》(*Lha-ḫdre-bkaḫi-thaṅ-yig*)①第17页的记载,她是四个女妖之一,作铁狮子形状。当班马撒姆巴瓦(Padmasambhava)于赤松德赞(Khri-sroṅ-lde-btsan)执政期间第一次到达西藏时,西藏还是黑暗时期,到处是男妖和女妖。听说班马撒姆巴瓦要到西藏了,妖怪们便开会商议如何反对他。在与他交战时,大师不断前进,当他到达尼泊尔时,四面的铁狮子前去同他战斗。他深入静功,即用专心致志的功夫,使铁狮子变成女形,那是她们的本性。她们恳求宽恕,大师便问她们:“你们由哪里来?现在打算怎么样?”“由血海中来,老爷。”她们答道,“在北天边,那就是太阳出来的地方。”“我们是散布疾病和传染病的人。”她们接着说,“这里的一切有情曾是归我们管的,我们现在归你管了,我们乐意贡献我们所有的一切,只要求你饶恕和解放我们就行。”

① 莲华生五部遗教之一《鬼神篇》。

大师被她们的可怜相所感动。施以一百零八直接成就法的戒。在降伏了这些佛教的头号敌人以后，各种非人类生物也到大师前来献礼，同时仙乐满空，整个宇宙都充满了香味，而且各种样式的旗、伞在空间悬挂。大师施法三个月后，上述神龛即为调解母建立了。

（4）法王，像怖畏金刚，也是智慧神的表现，作为阎王的形象，他降伏了阎王。他的头像水牛头，是模仿阎王的，有五头骨冠，三只眼，发上束，蓝色，饰人骨珠和人头念珠。他几乎像怖畏金刚，但怖畏金刚既作为本尊，也作为护法，法王则只作为护法来服务。他合手持人骨架棒，那是“作恶者”（Gnod-byed）骨架本身。左手持一端是钩，一端是金刚的套索。他赤足，屈右腿，踏在水牛头上，以限制他的骄傲（即阎王的骄傲）；左腿伸，踏在他的臀上，以降伏他的残暴。在水牛或阎王下面，是作恶者，是个男性，仰卧着。

法王的明妃，名字叫撒门底（Cāmuṇḍi或Tsa-muṇ-tri），“怒者”，她被阎王捉住做他的妻子。法王，作为智慧神的体现，他模仿阎王，法王的明妃是以阎王的女人代表出来的。她未穿衣服，只在背上盖着鹿皮。她张着大嘴，要吞没整个俗世；发向下，表示驯服。一个五人头骨冠，表示武勇。右手拿三叉戟，而用左手拿着盛血的人头骨碗，将幸福献给法王。

法王与其明妃都用蛇做手镯、肘环、踝骨圈以降伏龙王。背景是火。下面有莲花，莲花上有太阳。

（5）四面观音（Avalokita）是个慈悲神的可怕形象，在前面居中的头是蓝色，在右面的是白色，在左面的是红色，第四头居上是淡黑色。每一个头都戴五人头骨的冠，有三眼，头发是黑的，向上。

有四臂，第一对双手在前面交接，右手执月形刀，左手执人头骨。左臂上有水瓶，装着生命水；第二对手，右手执匕首，左手执长枪。身子是蓝色的，用五十人头作装饰，一个绳子穿着死人骨，另一个穿着鲜人骨，还有一张虎皮。右腿屈，左腿伸，两足都踏在恶人身上，恶人是男性，仰面躺着。

背景是火，三角板的案，叫作“教义之原”（Chos-hbyun）。案上是太阳。

他没有妃，但有四位助手，一个使者，名“能见婆罗门”（Bram-gzigs）。

（6）北方多闻天王叫作外什拉瓦那（Vaiśravaṇa），但作为财神，则叫作库贝拉（Kubera），他有时是菩萨。他是黄色，以与东方持国天王（Yul-ḫkhor-sruṅ或 Dhṛtarāṣṭra），南方增长天王（Hphags-skyes-po 或 Virūḍka），西方的广目天王（Spyan-mi-bzaṅ或 Virūpūkṣa）对比，他们依次序是白色，蓝色和红色。

北方多闻天王服装是大将样子，有耳环。虽然他也是超世间的，但依然留在人间。右手执伞，伞一转动，即产生珠宝；左手执猫鼬，它口吐财物。猫鼬能制服蛇，蛇被人相信是保护埋藏财物的。作为护法，此王骑在绿鬃狮子上，但作为守卫王，他是坐着的。他必须永远闭着嘴，一张开，即由嘴喷出疾病的气来，使人致死。他有八位同事，每一位左手都拿着猫鼬。

在财神的功能上，此神有一段插曲，是关于攘路派（Roṅ-lugs）的创始人的，即是我们叙述怖畏金刚时提到的。有个藏族学者，虽然精于怖畏金刚的仪式，可是很穷。他白念二十一天招致财富的经典，于是他作了焚供的仪式。结果，财神不得不入于煎油盘中。然后作仪式的巫术师即对他的俘虏说道：“我已念过二十一天的经，白念了，既浪费了时间，也浪费了劳力和饮食，结果什么财富也没有得到，甚至我的酥油也没添一块，我的糌粑也没添一勺，你做了什么呢？现在我把你捉住了，你能做什么？”

“请等一下”，在烹锅里的神答复道，“不要对于你的力量那样自信，你虽是怖畏金刚仪式的专家，我也不是一个初入门的人，我远在释迦牟尼佛的时候就得道了。其实，远比他早，那就是在枯那卡姆尼（Kunaka-muni 或 Zser-thub）佛和迦释雅巴（Kāsyapa 或 Ḫod-sruṅ）佛的时代，就得道了。你不能加害于我。假如你要知道你为什么这样穷，你应该知道，那是由于你的劫数，你不得不好几辈子都靠乞讨为生，就是作为一匹马，你也不能不是一匹瘦马。财富我是赠送给你的，请看，在你洞内外，那是什么？”

苦修的人转过头来，他看见很多的石头，那是不曾在那里的，“你明白了吗？”财神继续说，“因为你的缘分，财富已经变成石头了。”

“七代以前”，他继续说，“你路过一个地方，它就是现在东印度的擦木桥（Tsamcho）村，你过那里时，你摔倒了，把你乞求的糌粑撒了一地，一群发黄的蚂蚁靠着它过活。后来它们重生为人，即成为该村的人。假如你要得到食物，而不必乞求，你可以到印度去得果实，那就是你已撒下的种子。”

这样解释以后，双方太平分手了，藏族学者最后到了那个地方，被当地村子的人尊敬为可贵的喇嘛，并给了他衣食，使他满足。

这个故事，有两点是很有趣的。一点是指明人们相信缘分的心理，另一点是制造神话的人把自己和听神话的人所处的社会环境，甚至糌粑和酥油的特点都带到了印度。

（7）马头明王有多种形象，大体上说有三种：八头的，六头的和有翅膀的。格鲁巴只崇拜前两者，把有翅膀的明王留给较早的派别，特别是宁玛巴。拉卜楞只供奉六头的，但他被分类成佛、菩萨和护法。作为护法来说，他是神佛中莲花类愤怒者。拉卜楞最初没有供奉他，可是由于疾病的困扰，这种病虽不致命但很不容易治，直到把患者的全部家当都花光，他的供奉才被僧俗双方所接受。这种疾病，在拉卜楞今天依然存在，可是穷人从来不得，富人则被认为需要供奉此神。患这疾病据说有两个原因：一是说原来有个王子，后来变为妖魔，疾病是妖魔在作祟；另一种原因是说人用了不正当的方法取得财富，就会害这种病，直到财产用光了，病也好了。

但不管怎样，我们应注意这个六头的马头明王的特点。他有三人头，同样有三马头。人头在底下，每头三眼，发都向上，居中的头向前，象征着无限的幸福；在左边的是白色，是获得安静的记号；右边的是蓝色，代表愤怒，三颜色也代表人死以后三个阶段，如在密聚金刚那里已经说过的那样。每头有三张嘴，代表九神态：前面的表现愤怒和安静，背景是幸福；后边表现愤怒和欲望，背景是安静；左边的表现安静和欲望，背景是愤怒。所以他也叫作九态将军。

三马头在另一层，绿色代表一切东西的完成；数目本身象征天上、地上、地下的妖魔都被降伏；每一头都有两眼，居中有一线白鬃，那是栗色马的特点。每一头都在嘶叫，以向天上、地上、地下的妖魔挑战，好像在说："来吧！你将被征服！"

明王是红色的，身体饰以五十人头、人骨的念珠，虎皮在腰间，象的皮在肩上。

在六只手中，上右手拿着金刚，代表集中注意力；上左手有恐吓的手印，拇指在中指和四指上，食指和小指半屈着；中间右手拿着三叉头的人骨棒，指着七十七菩提路；中间左手有短枪，象征着将军的英武；下面右手执匕首，象征着智慧的锐利；左手有套索，是人肠做的，表示善恶的区别都没有了。

他有八条腿，右边的四条屈着，象征方法的多样化；左边四条伸着，象征智慧的自由，每足站在蛇上；一切肘环、腕环和手镯，都有降伏龙王的意思。

他没有妃子。他踏的桌子是莲花作底，莲花上是太阳，整个背景是火。

（8）载末尔（Tsiẖu-dmar），不同于以上一切神祇，因为以上诸神祇都来源于印度，唯独他是西藏土生土长的。他既是土地，也是护法。据传说，一个藏族妇女生了七个蛋，孵出七个弟兄，载末尔居长。他被敌人杀害，变成可怕的妖魔，随时寻找报复的机会，好在莲花生降服了他，他誓做佛教的护法，不然，据说，他可以杀掉所有的藏族。

传说有这样一段话：当西藏被蒙古征服以后，在西藏的蒙古喇嘛常被藏族喇嘛压迫、嫌忌，一个年轻的蒙古喇嘛逃回，将此事告诉了杜格耶桑（Dugeryesang）将军，将军即领军入藏，杀了许多行为不好的藏人。在这次动乱时，载末尔在桑耶（Bsam-yas）寺被煮在锅里，而在拉萨，他的手被钉在墙上。这样，载末尔的像现在还被表现为咬着嘴唇，表示痛苦或愤怒；在西藏的蒙古喇嘛则永远避免见他。但拉卜楞与实际报复发生地点相距甚远，蒙古人在这里不特别害怕他的像。

西藏政府的代表罗桑采旺（Blo-bzaṅ-tshe-dbaṅ），曾为了欢迎十四世达赖，到了拉卜楞。他说，有一个巫师，所谓“神人”（Lha-ba），一生中总有一次被护法附了身。那时他不进饮食，只能受焚烧松枝，并掺上糌粑面的普通焚烧供。他瘦得简直成了骨架子，但依然会做奇迹。当他死的时候，喇嘛就念经，他又附体到别的完好的死尸上，所以他的作用，永不终止。

我们回到载末尔的像，他是红的，如名字所示，他有三只眼，咬着下唇，骑在红马上，在血海中行走。所有这些都表示愤怒。他的穿着像个将军，他的靴子表明他依然在俗世，即污浊的世界。他双手拿着长枪，左手挂着一个套索，套索另一端挂着一个恶人，恶人也被长枪穿透，还流着血。神的右手是箭袋，左手是弓，背景是风，周围是火焰。

（9）事业王是白色，象征清洁。他赤着身体，后背有虎皮镶边的白布覆盖着。他戴着黄的宽边的喇嘛帽，帽上有立方扣。有三个头，居中白色，右面的蓝色，左面的红色，每一头上有三只眼，六臂。第一双敞开着，右手拿金刚头的钩，左手拿弯刀；第二双作射击状，右手拿箭，左手拿弓；第三双，右手持匕首，左手执棒，里面有他的生命。

他骑着一头绿鬃白狮，象征降服了骄傲。脚下站台是莲花和太阳，背景是火，如名所示，他是事业的成就者。他的四位同事，是以下成就者：

身王（Sku-gi-rgyal-po），骑在黄马上；口王（Gsuṅ-gi-rsyal-po），骑在鳄鱼上；意王（Thugs-kyi-rgyal-po），骑在黄狮子上；福王（Yon-tan-rgyal-po），骑在黄鹿上。

其他侍者是五曜（Gzah 或 Rāhula）化身和一个很有权势的密教护卫母（Sṅags-bsruṅ-ma 或 Ral-pā-gcig-ma，或 Ekajaṭa）。

事业王也被称作遍白天，也是莲花生的护法。他的转世常是结婚的、世代作为占卜的职司。五世达赖使他作为格鲁巴特有的保护神,以为官家占卜师,于是他再也不能结婚。他居住在有一百零一位喇嘛的寺院中,死后,必有一人被附体。这一西藏寺庙,充满了野兽和飞禽的尸体,所以旁的庙宇只要有这种神祇被供奉,都充满这种色彩,那是很难看的景色。这一寺庙被称作乃穷(Gnas-chuṅ),意为"小房子"。

政府管占卜的人,在清朝享有公爵职务,以预言重要喇嘛转世,但为防止滥用职权的流弊,建立金瓶掣签制,1794 年上谕:

> 西藏在达赖和班禅喇嘛统制之下,所有蒙古族和藏族都去朝拜的地方,"转世者"必须正确地认可,以便恰当地传播佛教并满足信徒的要求……但政府占卜常为个人爱好所影响,以致过去四分之一世纪中大喇嘛的转世,常是出现在一家之中,使一切关心佛教的福利者大为失望。所以占卜必须谨慎,而且真实,点名确定少数正确"候补者",再用金瓶抽签,加以证实。

第十二章　训练和课程

拉卜楞寺院在教育方面是个大学。喇嘛大学和现在大学的唯一区别,乃是喇嘛大学从幼儿教育开始。

学院之间的关系,说明注重自由教育是显教学院,其他密宗学院只讲技术。所以由显教学院转入密宗学院比较容易,反过来则几乎不可能,因为从密宗学院进入显宗学院是受限制的,一般的情况是:

或者先入显教学院,然后进入密宗学院;

或者到任何密宗学院,而放弃进入显教学院的可能;

或者径入显教学院。

我们已在第十章中谈到所有学院的院长,是由显教学院的学者中选入的,显教学院也是最大的,所有密宗学院只有三级,而显教学院则有十三级。

因为一个寺院的教育性质常被其宗教活动所掩盖,至少在外界看来是如此,所以本章中探讨拉卜楞的训练及课程,就要较为细致一些。将喇嘛制度作为教育制度来看待,是十分必要的。

(一)训练

说到训练,我们可以讨论如下的机制:

入学;学术活动;考试与学位;纪律;教师进一步研究的机会。

入学。学生入学有三种条件。第一,个人申请,他必须不是未经父母同意,由家中逃出来的;他必须不是加入了寺院后又还了俗的;他必须不是被另一寺院中开除的人;他必须不是犯过强奸、偷盗、饮醉、说谎等罪的人;他必须不是异教徒;在正确方面,假定有个师傅的话,他的师傅必须在道德上完好无缺,他自己必须勤奋好学,对于佛教有敬意,他必须满八岁,而且必须决心留在寺院。

第二,他必须具备下列各种物件:

披单;背心;裙子(因为不穿裤子);用鹅黄色布做的道袍(Ṅur-smrig 或 Kāsāya);毯子;帽子,这些必须是一般的,既不太坏,以免有损于僧道,也不太好,以防夸耀虚伪之嫌;水瓶;笔盒;不太奢华的自然颜色的念珠;白色或红色的桦木碗,不是那种富人或贵人常用的镶以珠宝的碗;装糌粑的皮口袋;寺院常用的靴子,靴底上不要有钉子;不能穿汉人、牧民和农民那样的靴子,也不许携带任何武器。①

第三,入学必须具备的手续。首先必须找一个师傅,他既有学问,又有道德。在显教佛学院中,最低程度的师傅也要在十一级以上,在各种密宗学院,相当于第三级,即最高级。这位老师将带着

① 僧人常用大型钥匙,作为彼此斗殴的武器。

他去见教务长，求得入学证，然后向训导长和学院总监(Dge-kos)作报告。不管在任何条件之下，必须首先学会藏文字母的各种形式(印刷体和书写体)。在显教佛学院中，旁的寺院的合格学生可入相等的班级，最低的条件是必须经过经堂(Chos-grwa)考试及格，再加上献茶给大经堂的僧众，或放一次布施。在考试时，除了例外，学员由初级到十三级都要通过辩论的形式进行考试，及格后才可进入相应的班级。

校内活动。寺院以内有两种活动。

第一种是个人教导。这不仅给学生以特殊的关心，指导他进步，而且与班级制度联在一起，达到标准化，使学生得到全面训练，在师生关系上达到其他教育制度达不到的结果。这一特点就是，学生既不缴学费，教师也不拿工资。在这种意义上，不管是老师还是学生，都是同一学校的同学，两者的供给，一部分来自布施，一部分来自家庭。来自家庭的供给，跟现代常规学校家庭与学生的关系一样，可是藏族的喇嘛不同于一般的和尚，出了家的汉族和尚是与家庭断了关系的，藏族的喇嘛则与家庭保持着关系。献与寺院的布施，既给师傅，也给徒弟。布施都是在宗教典礼中由群众捐献的。我们在第九章曾谈到各部落轮流捐献布施的情况，下面我们还要谈到布施是如何分配的。[1] 另一方面，年长的受人尊敬的喇嘛，可直接由俗家得到收入，这是他们给俗家举行宗教仪式的馈赠，他们不在学生中索取任何东西，老师与学生双方都站在同一地位上，再加上学生的成绩并不是由老师给分数，那么老师与学生就纯粹是精神上的关系了。考试是由学院或寺院公开用口头方式举

① 参见本书第十三章第一节。

行的，而不由教师个人举行，事实上，假定学生成绩太差，不能及格，教师是会受到处分的。

第二是集体的，或属于宗教的，或属于纯理智的。除了正规的节日，如正月初一到初三，二月、三月、五月的二十五、二十六两日，六月的初十和十一、二十五和二十六，十二月三十等日外，所有宗教和理智的集体活动，都有一定之规。

每日宗教活动，在大经堂进行三次。第一次是早礼拜会（Çog-tshogs），第二次是午礼拜会（Dgoṅ-tshigs-tshogs），第三次是晚礼拜会（Dgoṅ-ja-tshogs）。

三次会都以锣声为号令。僧人们不管是在宿舍，还是在旁处，只要听到锣响，必须戴上僧帽，穿上斗篷，迈着稳健的步子，走向大经堂。到了经堂的正门后，先坐在门外边的台阶上，年长的靠近门，年幼的离门远一点。僧众到齐了以后，便成行地进入经堂。在中间行列中，经头（Bkaḫ-grwa-pa）在靠近供桌的地方；在旁的行列中，年长的在里边，年轻的在靠门处，这样有次序地坐下，而且要保持安静。当唪经开始时，由经头带头，僧众必须直坐，不准左顾右盼，前俯后仰。有鼻涕的时候，拿毛手帕蒙上脸。当三四年级的僧人给大家献茶时，不许任何人出声音。很长的开会时间，不准困乏瞌睡，也不准玩弄手指或无故捂上嘴，聚会或散会时，更不允许不必要的谈话，或开玩笑，或者侮辱人，或者跳来跳去，或者作怪样子引人发笑。

茶、钱或酥油等布施品有两种来源，一种是寺院的固定资金，一种是直接来自个别施主，而与寺院当局商议这样做的。准备这些东西一般是由教务长的代表和学院分管监护的人负责。至于茶有剩余，与其给了旁人，毋宁倒在地板上，以免养成盗用或偏袒某人的习惯。除施主、熬茶人和散茶人外，任何旁人不准进入厨房。严格遵守规矩，是学院的监护人的职责。熬茶的师傅只对茶负责，不管是预备得好，还是不好。

当布施的钱财在大经堂散发的时候。分配比例如下；嘉样佛七份；教务长七份；教务长的侍从共三份；训导长和监督每人二份；经头一份；学院监督每人一份；训导长的助理一份；会计和管世俗事务的僧官，每人三份；大经堂的守护者、持水瓶者、大厨师，每人一份；厨师和厨师助理共八份。

以上的人不管在大经堂与否，都得应得的份数，但一般的僧众则必须出席，才能得到应得的份数。因病或因静修引退（即在黑洞或另一室闭门退休时），必须事先请示教务长并得到许可证，才可不出席而保留他应得的份数。至于给旁人念经的人，或者照顾朋友的人，则需向监督请假，才能在分散布施以后即离开，而不必等着散会以后。

纯理智的集体活动，是叫作曲札（Cbos-grwa）的集会，那是在进行演讲、辩论或考试的三个露天院落之一进行。

曲札在一年九个时期的集中演讲时（叫曲托），一日举行三次。九个时期是：在二月、五月、八月、十一月四个三十天；三月和九月两个二十天；四月、七月、十月三个十五天。

在此时期，教务长每天出席一次会议。这样的集会，不但使各班标准化，而且使各班相互促进，班与班，以及不同班级的学生，都有比较。按照常规，许多群众都来参观，最高的学术权威和各种僧众都以学生资格在广场上参加学术活动，教师这时没有教学任务，在本节“教师的进修机会”段中还要阐述。

在拉卜楞每天三次的曲札是这样的：第一，早曲札叫作乔曲札

(Çog-chos-grwa),在早宗教仪式之后举行。第二,午间宗教仪式之后举行的叫作公剌曲札(Dgoṅ-tshigs-chos-grwa)。第三,晚间宗教仪式后的叫作卡札(Bkaẖ-grawa)。一切学院,都有曲札,而下面的例子,来自显教学院,因为它是最全的,我们的用意是在说明制度的作用,而不管一个曲札有多少班,它的题目是什么。

在早曲札,学院监督站在大经堂门口,外边广场就是聚会的地方,僧徒们对着门口以半月形坐着,而经头坐在当中,四周是十三级和十二级徒众。在他们后面,依次坐着十一级、十级、九级、八级、七级(依此类推)徒众,由经头带头,齐声诵读课文。念完以后,两人一对,一个人提问,另一个人回答。假定有一个人没有对手,则须向监督报告。

午间曲札时,座位变了样子,年轻的班级坐在中心,先由一人尖声喊一声"吉——伊——",群众接着一齐喊"吉——伊——"。然后每人在高级班中找对手,以求指导。例如,由一班到四班的人可找十三班的人。求指导的人则将袈裟放在高年级的人面前,后者拍手表示欢迎时,前者便穿上袈裟,蹲在面前,等候提问。在这一过程中,年长的给年幼的以"智慧",年幼的则借以"增长智慧",名为打姆夹(Dam-bcaẖ),也就是佛教徒的辩论实战。当进行"给智慧"和"增长智慧"时,监督则在注视着教务长是否应该出现了。

到了时候,即派人前去找他,于是群众都以半月形面向大经堂门口落座,那是适才进行智慧辅导的地方。这时一面等着教务长,一面朗诵"智慧(Pāramitā)本质"。他到达以后,高级班向前坐,听他的演讲,然后一切班都有机会听他的演讲。演讲的内容,因为季节不同,而有固定的安排。对一个班的演讲完毕以后,他们就回到原来的座位,围着班长(Skyor-dpon)坐下,背诵教务长演讲过的经典。高年级这样进行,有学院监督在各班巡回走动。低年级仍然倾听教务长的演讲,一班一班地向前移动,在前进和后退的时候,各班都向教务长鞠躬,以表示敬意和感谢。

背诵完毕以后,一个班一个班的学生重新安排,两人一排的辩论(Rtsod-pa)。他们热烈欢呼、鼓掌,群情振奋,以致参加人自己和观众都为互相促进的气氛所感动。这个传统,也是由印度学来的。各种活动如听讲、背诵、彼此辩论,都在一个地方同时进行,形成统一中的不同类型,颇似现代小学中,一个课室内有不同的班级,同一教师进行复式教学的情况。但在寺院中,不同的活动和自由,范围更要大些。

当每一个班级都听完教务长的演讲以后,教务长离开现场,此时监督脱帽,用手持帽由左至右一挥,第十三级即可离开,再用手一挥,第十二级、第十一级则可退席。最后,他执袈裟衣边抖动,则一切班级由第十级以下,都可离开,凡是进入会场、退出会场,都要戴帽成行。不准扰乱次序。

在晚间卡札(Bkaḫ-rrwa)初步辩论与午后公剌曲札(Dgoṅ-tshigs-chos-grwa)同。当僧众坐下俸经时,经典不同于午后。集体俸经以后,尖声叫"吉——伊——",便开始认真的辩论。辩论者是不同的两班的两个人,当场由监督决定。至于辩论多长,则要看前边的活动占用了多少时间,当日还剩下多少时间。但正式辩论以后。常有个人愿意继续在广场上辩论,以至通夜。这个继续活动,叫作"最后的剪裁"(Rje-gcod-pa)。最后离开现场的,也喊"吉——伊——"。

每日三个曲札,任何缺席者,必须向训导长报告;如须缺席三日者,必须向监督请假;缺席在三日以上者,必须向教务长请假。

教务长和监督都作有关道德方面的演讲，每三十天期间各作两次，其他期间各作两次。当一个新的监督到任时，他要于到任后三天对僧众既在大经堂、也在曲札演讲。这些演讲的内容是寺院的规矩，叫作错达姆（Tshogs-gtam）或夹伊（Bcaḫ-yig）。

教师们经常劝导学生注意曲札演讲的内容，尽管学生因为各自禀赋不同，进步程度也不同，可是演讲的基本观念，是提倡言行合格和尊师爱道。至于旁的活动，不直接与曲札的要求相关的，如纯文学的学习、占卜和医药以至转经筒绕寺院等都是被劝阻的，甚至一般受到高度重视，作为个人进步的，被叫作擦姆（Mtahams）的宗教生活，即将个人关在静室内隐居，也得经过考查合格，才准假不参加曲札。时间的价值是受到最高重视的。就灵性方面，必须努力乞求众生的福利，时常祈祷，积累优点，以便发展善根，获得最后解脱。所以谄媚、讽刺、忌妒、结党营私等都不被允许，借巫术以求天是卑鄙的，这些都不是灵性和理智实践背后的动机。

一般来说，教务长只给午后公剌曲札作演讲。在特殊情况下，他不能出席，则学习正确发言艺术和辩论练习交互进行。偶尔教务长要给乔曲札，即早曲札作演讲，即在僧众朗诵白伞女佛（Gdugs-dkar 或 Sitātapatrā）经时，把他请来。在八月和九月时，他可来到噶让（Bkah-rams），对十二级和十二级，讲两次；对十一级和十级，讲另外两次，给八级和五级，讲三次。学生都要背诵经他讲述的经典，背诵时为三月和七月曲札，在他面前进行。

在举行各种曲札时，各种活动，可略述如下：

二月，教务长听取十二级以下少数学生的辩论。参加者一定不要认为那是一种苦事。自然他们必须十分认真，预备好题目，以便充分阐述论点和流利无误地进行辩论。

二月和七月，教务长讲述《菩提道次序》。

三月，由八班至五班的学生互相竞赛演说能力。

四月，九班至六班的学生进行六天的辩论。第一天，第八班的学生坐着被第九班问。第二天，次序倒转来。第三天，第八班被第七班提问。第四天，次序倒转来。第五天，第七班坐着被第六班提问。第六天，倒转来。每次都由一人阐述命题，旁人则寻求对方的错误，辩论双方都在经典中寻找论据，也在日常经验中寻找论据。往往闹得很凶，群情振奋，甚至旁观的目不识丁的群众，也被卷了进来，发表赞成或反对的意见，就像电影爱好者品评电影明星那样。

在其他月份，凡是有曲札的，都是一样。参加的人可以是不同班级来的，辩论的题材可以是不同的经典，可是辩论的类型是一样的。例如，二月份重视意义，夏季注意造句的形式。但在任何场合中，优点都被表扬，缺点都被处分，如被谴责，罚叩头、挨打或在颈上悬挂水筒，以示侮辱。

考试和学位。升入任何高级班次之前，都须经过考试，一切学院都是如此。这里，我们只关心有关考试的另一种情况，即排除、降级、学位授予。

排除的考试，在显教学院，是第五级于十月初举行的。假定此时考试不能及格，不能对《中观论》（*Dbu-ma* 或 *Mādkyamika*）和《现观庄严论》（*Mṅon-par-rtogs-paḫi-rgyan* 或 *Abhisamayālaṁkāra*）的典籍背诵无误，则受自然排除，再不能停留于寺院。虽然两种典籍不过百张即二百页稍多一点，可是原文结构甚难，能够背诵及格，证明学生具有较高水平。

下面所说的降级例子，也来自显教学院。第一，当学生在四年级时，证明他不能理解典籍的意义，但他念出的声调满好，则可留在大经堂当经头，再不能升入高的年级。第二，当学生已在第五级，白伞佛母和逻辑三身著作（法称，Dharmakirti，见下面学程）必须掌握，才能升入第六级。否则作为大经堂的看守三年，才有参加第二次考试的机会。同样，第六级至第八级各班，考试中不及格者，也被留在大经堂做看守三年。第三，对于不关心学术进步的人，则给予不同任务，以符合个人旨趣，如日历制作艺术便是其中之一种。对于聪明而富有的人，可被委任为寺院的会计，或做僧官管理百姓，贫穷的可以鼓励他们做印刷者，雕刻印板。

另外，作为学术生活的通常特点是，许多考试及格的人，还要留下来重复学过的学程。为了深入学习，甚至可以重复数次，但这是自动留级的，与正式分班没有关系。

我们已经谈过学位与学程，这里则详细说明学士或饶将巴（Rab-ḫbyams-pa）待位生。他们要考逻辑和中论。一般来说这些考试一年举行两次，第一次由正月初三至十五，第二次由七月初一至十五。每一次待位生都被寺院所有的学者问难，由早晨九时口试至十一时，与普通曲札辩论相同。当待位生不能正确回答问题时，整个会场上的人都大声嘲笑。除了考试本身所要的条件外，待位生还须预备一百银元，以备给同班献茶。待位生的朋友们则给待位生以哈达（Kha-btags），即白丝巾，以表示祝贺。作为优待，成功的待位生，不再做大经堂每日宗教仪式中向与会者分送茶水那样的差事。

硕士或多仁巴（Rdo-ram-pa）待位生是八级毕业的。八级即学习《俱舍论》（*Abhidharma-koṣa*）的，但硕士学位只一次给两个人。所以八级毕业生宁愿候上十来年，然后才提出参加考试。由于同时毕业的人数众多，而且考试题材包括整个五种典籍，即逻辑（因明）、中论、俱舍论和寺院法规，所以考试也是一年两次，第一次由正月十七至二十一；第二次由七月初九至三十。此时每一天都是晚上由六时至十时。提问在露天会场中，与上面同。待位生须有数百元银元，以便向高僧每日献茶，向全体与会者在大经堂分茶一次，成功的待位生可以不参加大经堂的任何聚会，除非他们乐于自动参加。

神学博士或哲学博士在密宗学院叫作额仁巴（sṅags-ram-pa）待位生，是俱舍论毕业，再在神学院或喜金刚学院学过两三年的。他们是否得过硕士学位，都没有关系。这等考试，是由二月十七至二十一，在上午十点至十二点举行的，一年只授一个人的学位。同样学位，不能由医学院和时轮院两个学院获得。如果一个人直接入密宗学院，没有经过显教学院，同样学位只相当于神学学士，由任何密宗学院来的待位生，考试及格，都可得到。

纪律。除上述各种规章之外，还应将纪律规章总述一下。首先，教务长必须严格和不知疲倦地执行规章，因为任何秩序和标准都在他手中，他必须出席一切需要他照管的集会——除了例外，他须在另一个地方。

第二，一切是非曲直的形式，都在寺院的法律规章中有其基础。一切僧侣受戒进入各种程度的规定，必须不得违犯任何法律，注意保护法律，就像保护个人的眼睛一样。

第三，遇到长者，或是在道德上和学问上受到尊重的人，等等，必须脱帽，重新整理袈裟，以便敬礼鞠躬。对长者说话，不能提名道姓。

第四，在曲札以外的时期，即进入“曲仓”（Chos-mtshams）或

“教义间歇期”，必须专心在自己屋中进修，不能与同辈聊天；除非必要，不要进入市场。假定向当权者请假，必须说出真正的理由，是否准假，由当权者决定。

第五，不管在曲札的地方，还是在寺院的巷道中，假定拾着他人丢失的物品，必须交与监督，否则被人发现以后，即作为赃物的证据。

第六，任何时候，发现掷骰子、玩纸牌，唱污秽歌曲，或做不适于僧人的其他游戏，必将犯过失的人带入大经堂，当着聚会僧众，念忏悔经，还要叩头百遍。

第七，任何犯了下列罪状的人，应该使全体僧众知道，办法是敲锣鸣警，使之在公众面前受审，然后开除僧众圣籍：奸淫、杀人、偷盗、撒谎、醉酒、械斗；对教师、监督、经头等人进行人身侵犯；打群架、仗势不听命令、渎职以致伤害寺院利益，这样的案子，该由集体力量来处理，不能以个人关系进行干预。

第八，教师和负责的职员，应该公正，不许谄媚有权势的人，不能以权谋私，挟嫌报复，对于任何违反这条规矩的人，都得适当处罚。

最后，根据佛教的教导，因果律是绝对的。“假定你学习，你就知道因果律”，佛经上曾说过，“假定你学习，你就可以远离罪孽”。此外，“当你学习时，就重视学习，借着学习，你就可以找到脱离生死的道路。菩萨五路和十境的完成，是逐渐而有次序的。当你完全解决问题的时候，你即成佛了。遵守这种教义，你就达到你所希望的目的，而且你要违反它，你就遇到死神的宣判。小心在你思想和行为上，要遵守正路，你得到的报偿则大如海洋。”

教师进修的机会。因为绝大多数的教师已无须参加大经堂例行聚会，他的日间时间，大部分用于准备课程和将它们教给学生。他越勤奋，越有学问，引来的学生越多，自己越没有时间。没有注册和收学费的限制。他就是在自己的屋中授课。听讲的人挤满了屋，甚至到了屋外，一群人听完了，又来一群人。除非例行假日，他的日程都是排满了的，就和现代学业机关的负责人一样。然而这里的气氛是充满精神的，他不抱怨谁，事实上他既爱学生，学生也爱他，只要他的屋子或院子能够容得下，他就不便拒绝来求指导的人。

只有在曲札时，教务长领导僧众在一起，他才解脱教人的义务，他可以关在屋里做静功，那是任何人都尊敬的，不管是俗人，还是出家人。地点可以是他自己的屋，也可以是旁的较僻静的地方，他可以集中精力静修，或读书，或写作。

他如果想进一步深造，求某位能够指导他的人，在拉卜楞那样的大寺院，总是可以找得到人的。这人可以是他自己以前的老师，目前不再教正规的学生了，也可以是他从未接触过的人，而又是他一向崇敬的高僧。譬如喇嘛拉戈，是嘉样的正式老师，但拉戈不是任何时候都教课的，因为从他的年纪和其他考虑，所以嘉样不常找他。拉戈已是圣人了，当班禅大师过拉卜楞的时候，据说曾向拉戈叩头，虽然拉戈是经常受旁人叩拜的，这是出自对于拉戈的崇敬，崇敬他的灵性和学问修养。喇嘛拉戈随时可以宣布，他在某日要讲某经，那些自认有资格的人，可以去听讲。或者跟他很熟的人可以请他讲一讲某种典籍，就是旁的及格的人都可以听的公开演讲。

我们在拉卜楞认识少数退休教授，他们使我们学到了很多的东西。他们很自由，没有事务缠身。他们的学生则是忙于教学生，而没有时间接触外界的人。这个退休教授制度，使忙于教书的老师，在学生参加公共集会场合下，能够使自己取得进修的好处。自愿和灵性的气氛，在教师与学生之间，在不同程度上，使每一个人都是终身的学生，是拉卜楞这类无所不包的寺院之独特之处，如果再加上集体演讲，就与现代教育的情形形成鲜明的对比。现代教育中，一旦当了教授，就再没有机会得到比较，难道不是有一些来自不可靠的闲话，流传于学生与同事之间吗？或者在很少的情况下，有研究教授和教授例假的安排，除此不是再也没有机会为自己进修吗？在现代教育中既有大规模的生产，又缺乏产品的标准化；在藏族寺院中，这两方面的缺点都可避免。

（二）课程

至于正规课程方面，可以推出各学院的典籍，首先是显教学院。

逻辑（因明 Tshad-maḫi-rigs-pa）由五个班级学习，最少五年。首先，学习辩论规程，其次是认识论的原则。前四级（bsdus）学前者，第五级（Rtags-rigs）学后者，主要著作是：

第一，陈那（Dignāga 或 Phyogs-glaṅ）的《集量颂》（《集量论》*Tshad-ma-kun-las-btus-pa* 或*Prāmaṇa-samuccaya*），《观所缘颂》（*Dmigs-pa-brtag-pa* 或 *Ālambana-parikṣā*），《因明入正理论》（*Tshad-maḫi-bstan-bcos-rige-pa-la-ḫjug-pa* 或 *Nyāmya-praveśata-rakaśāstra*）等。

第二，法称或达玛吉提（Dharmakirti 或 Chos-kyi-grags-pa）的“三身著作”（*Tshad-ma-mam-ḫgrel-gyi-tshig-leḫur-bya-pa* 或 *Praṁāṇa-*

vārttika-kārikȧ, *Tshad-ma-mam-pa-ṅcs-pa*《量决定论》或 *Pramāṇa-viniścaya*,《因明正理滴论》*Rigs-paẖi-tshigs-pa* 或 *Nyāya-bindu*),“四肢著作”(*Gtan-tshigs-kyi-thiga-pa*《因论一谛》或 *Hetu-bindu*,《辩诤正理论》*Rtsod-paẖi-rig-pa* 或 *Vāda-nyāya*, *H̱brol-pa-brtag-pa*《观相属论》或 *Sambandha-parikṣā*, *Rgyud-gž an-grub-pa*《成他相续论》或 *Saṁ-tānāntara-siddhi*)。

第三,关于逻辑的著作,堪德拉果敏或大德月论师(Candragomin 或 Zla-ba)、律天(Vinitadeva 或H̱dul-ba-lha)、法胜(Dharmattara 或 Chos-mchog)等人著作。

这一类印度大师的著作在丹珠尔经中集中成十七箧或十七包(每包四五百叶,每叶约 1200 个字母左右)。也有藏族高僧的著作,如宗喀巴、嘉错杰(Rgyal-tshab-rje)、克主曲杰(Mkhas-grub-chos-rje)、嘉样等,其数量更大得多。每一个寺院自然在选择大量的著作中有所侧重,一般都给本寺院著名作家以较大的注意。

“智慧”(Phar-phyin 或般若波罗蜜多 Prajñā-paramitā)为四年级学习,最少需要四年。所谓“智慧”,就是能够“知道一切,并能解决困难,而且实现真理”。在佛教的两派中,即“深见”(Zab-moẖi-lta-ba)派和“广行”(Rgya-chen-spyod-pa)派,这类著作属于后者。理论上,学者都企望精通六解脱法(布施、戒律、忍耐、精进、禅定、智慧)和旁的教义。如此获得的智慧能力加上由广行获得的福利,给学者以必需的灵性觉悟。广行派起源于纪元后四世纪阿桑卡(无著 Asainga 或 Thogs-med)和瓦苏班杜(世亲 Vasubandhu 或 Dbyig-gñen)两兄弟,更由他们的徒弟所发展,如斯梯尔玛梯(安慧 Sthiramati 或 Blo-gros-brtan-pa)、陈那(Dignāga 或 Phyogs-glaṅ)、顾那普拉巴或功德光(Guṇaprabha 或 Yon-tan-ḫod),和未姆他参那或那胜军(Vimuktasena 或 Rnam-sde)。安慧有两名学生,普尔那瓦尔达那(Pūrṇaverdhana 或 Gaṅ-ba-spel 满增)和吾什瓦米突(Visvāmitra 或 Khyad-par-bçes-gñen 胜友),后者到了西藏,宣传这一派的教义。陈那则传给达玛巴拉(Dharmapāla 或法护 Chos-skyoṅ)和达玛吉提(Dharmakirti 或 Chos-skyi-grags-pa 法称)。著名的唐朝玄奘则传达玛巴拉教义。这种佛教典义最重要的著作是弥勒(Maitreya 或 Byams-pa)著《现观庄严论》(*Mṅon-par-rtogs-paḫi-rgyan* 或 *Abhisamayālaṁkāra*)。它只有50上下叶,可是它将600卷的同一题材的著作很好地总结起来。它教导三智慧境地、四实践、一普遍身的成果。下面就是它的八句:

超凡的智慧(Prajña-pāramitā)
教导八件事;
一切现象的智慧,道路的智慧
和普遍的智慧;(三境界)
直接了解一切,
直到最高的,在道次中,
同突然了悟;(四实践)
和法律体成果,遂成八(成果)。

其他重要著作有:宗喀巴著《现观庄严光明释》(*Mṅon-par-rtogs-paḫi-rgyan-gyi-snan-ba* 或 *Abhisamayālaṁkārāloka*)、《现观庄严特殊意义》(*Gon-phrag-ñi-çu-lna-pa* 或 *Pañca-viṁśati-sāhasrikā*)、

《现观庄严普说金鬘》(*Legs-bçad-gser-phreṅ-ba*);嘉错杰(Rgyal-tshab-rje)著《现观庄严辞义全释》(*Rgyan-gyi-mam-bçad*);嘉样著《现观庄严》;

"中道(Dbu-ma)教义",二学程,必须两年,意思是超越"空和实"理论的极端,根据四句命题:

诸法因缘生
不生亦不灭
不常亦不断
不一亦不异①

在上述两派中,这一教义属"深见"派,因为这种见解,不易为常人所了解,所以称为"深见",那是龙树(Nāgārjuna 或 Klu-sgrub)于公元二世纪发展的,他传给阿瑞牙德瓦或提婆即圣天(Āryadeva),后者又传给罗睺或拉呼拉(Rāhula 或 Sgra-gcan-ẖdzin)和那卡米辍即龙友(Nāgāmitra 或 Kluẖi-bçes-gñen),拉呼拉传给尼拉内辍(Nilanetra),那卡米辍传给佛护(Buddhapalita 或 Saṅs-rgyas-bskyoṅs)和巴瓦味吾卡(Bhāvaviveka 或清辨 Legs-ldan-ẖbyed),月称(Candrakirti 或 Zla-ba-grags-pa)是佛护的徒弟的徒弟。这类重要典籍有:

龙树著《中观根本智慧颂》(*Dbu-ma-rtsag-baẖi-tshig-leẖur-byas-pa-çes-rab-ces-bya-ba* 或 *Prajñā-nāma-nūla-madhyamaka-kārikā*),70

① 这是 Prātitya-samutpāda 诗句,为了正确的翻译,参考了《宗教与伦理百科全书》(*Encyclopaedia of Religion and Ethics*, Ordese volume)。

叶；

无畏释著《中观根本论释》（*Dbu-ma-rtsa-baẖi-ẖgrel-pa* 或 *Mūla-madhya-maka-vṛtti*），七卷；

月称著《中观根本明句释》（*Dbu-ma-rtsa-baẖi-ẖgrel-pa-tshig-gsal-ba* 或 *Mūla-madhyamaka-vṛtti-prasannapadā*），七卷；《入中论》；

清辨著《中观根本般若灯论释》及其注释（*Dbu-maẖi-rtsa-baẖiẖ grel-pa-çes-rab-sgron-ma* 或 *Prajñā-pradipa-mula-madbya-maka-vṛtti*）；《中观宝灯论》（*Dbu-ma-rin-po-chchẖi-sgron-ma* 或 *Madhya-makaratna-pradipa*），七卷；

圣天（Āryadeva）著《瑜伽行四百论颂》（*Bstan-bcos-b ẖ i-brgy-pa-bži-brgya-pa* 或 *Catuḥ-śataka-śāstrakārikā*）；

月称著《菩萨瑜伽行四百论广释》（*Byaṅ-chub-sems-dpaẖi-rnal-ẖbyor-spyod-pa-bži-brgya-paẖi-rgya-cher-ẖgrel-pa* 或 *Bodhisattva-yogacaryā-śataka-tikā*）；

其中以《入中论》为基本教材，必须背熟。

宗喀巴著《入中论广释》，289 叶；《简论》，60 叶；

嘉错杰著《中论广义精华》，60 叶；

克主曲杰著《中论入门广见的简明提纲》，281 叶。

嘉样著《中论广评》。

《阿毗达磨》或《俱舍论》（*Abhidharma-koṣa* 或 *Mdzod*）是在一级中学习，最少学四年，主要著作包括瓦苏班杜（Vasubandhu）的《俱舍论本颂》（*Chos-m ṅ on-paẖi-mdzod-kyi-tshig-leẖur-byas-pa* 或 *Abhidharma-koṣa-kārikā*）和他自己的解释（*Chos -mṅon-paẖi-mdzod-kyi-bçad-pa* 或 *Abhidharma-koṣa-bhāsya*）。书由诗句组成，有八章：领域、根、世界、羯磨、幻觉、圣人、智慧和静修。评论有九章，八章

关于上述题目,第九章排除自我。学生第一年专心学习前四章,第二年则学习其他四章,后两年则复习和消化整个篇章。前两章是纯洁与不纯洁共有的,主要作为绪论,其余六章分期研究纯洁与不纯洁。羯磨(Karma)和幻觉作为不纯洁的原因,成立三领域(感觉、对象,无对象)和普通世界,有生物和无生物,作为不纯洁类,然后由智慧和静修作为纯洁的原因,圣哲作为纯洁的结果,则超凡世界可以成立,这就是纯洁类。

虽然它是小乘的经典,可是这本书是最重要的,述说不纯洁是痛苦的来源,并指明解脱之路。同类的重要著作,如嘉样著的对俱舍(Koṣa)的详细评论很多,拉卜楞在这类评论方面是著名的,据说数量上比拉萨还多,水平也高。可是在汉文翻译中,还有一些重要著作,而在藏文中是见不到的,将来把它们译成藏文,也许是有用的。

"寺院的法规戒律"(H̱dul-ba)一级的学程. 无一定年限。许多学生,在这一级中停留到老,因为上述经典是属于教和学的理论范围,此类典籍则属于实践范围。没有人可以实在地说,他已经完全掌握了寺院的法规或纪律。

一般来说,有三种寺院法规:"对个人解脱"(So-sor-thar-ḅa 或 Pratimokṣa),"对有情利益"和"包括一切善行"。前一种与小乘同,后两种是属大乘的。

寺院法规"对个人解脱"的目的是驯服人的兽性,是根据个人地位解放个人的。所以有七等这类法律:对于受全戒的僧侣(Dge-sloṅ),他须遵守二百五十三条戒律;对受全戒的尼姑(Dge-sloṅ-ma),她须遵守三百四十一条戒律;对受十三条戒律而且必须遵守的沙弥(Dge-tshul);对受十条戒律而且必须遵守的出家僧侣(Rahbyuṅ)；对受二十二条戒律而且必须遵守的沙弥尼(Dge-tshul-ma)；对受五条戒律，而且必须遵守的最低级女居士(Dge-bsñen-ma)。后两者是可以结婚的。

寺院法规"对有情利益"是个方便，使遵守者可以做任何对于其他有生命的人或物有福利的事。例如，说谎是违反最初五戒的，但为了旁人某些客观利益，有时需要向他隐瞒真实情况，因为他还没有准备接受那个真理。如慈悲神与女妖结婚，即藏族起源神话中所述，是另一个例子，说明一个菩萨可以为了保护人的生命，显然违犯了不发生男女关系的戒律。寺院中那样多的愤怒像，应该说是与佛教静善相矛盾的，但是可以理解为这是达到目的的一种手段。

"包括一切善行"的寺院法规，是指菩萨的行为，包括一切听、思和实践的全部表现，在瑜伽法规的书中，菩萨八类曾被举出。

《丹珠尔》(*Bstan-h̲gyur*)经关于小乘寺院法规的十八箧，最重要的是：

姑那普拉巴或功德光(Guṇaprabha 或 Yon-tan-h̲od)著《毗奈耶经》或《律经》(*Vinaya-sūtra* 或*H̲dul-bah̲i-mdo*)和他的《埃叩塔拉》(*Ekottara-karma-śataka* 或 *Lus-brgya-rtsa-gcig-pa*《百一羯磨》)；达玛米抓或法友(Dhar-mamitra 或 Chos-kyi-bçes-gñen)的《律经大疏》(*H̲dul-bah̲i-mddoh̲irgya-cher-h̲grel-pa* 或 *Vinaya-sūtra-ṭikā*)和他的《别解脱经释》(*So-sor-thar-pah̲i-mdoh̲i-h̲grel-pa* 或*Pratimokṣa-sūtra-vṛtti*)；那卡普那或龙树(Nāgarjuna)的关于"给促勒"(Dge-tshul)的诗句(*H̲phags-pa-gzí-thams-cad-yod-par-smra-bah̲i-dge-tshul-gyi-tshig-leh̲ur-bya-pa* 或 *Ārgamula-sarvāstivadi-śrā-maṇerakārikā*)。

宗喀巴和他的两名杰出的徒弟嘉错杰(Rgyal-tshab-rje)和克主

曲杰(Mkhas-grub-chos-rje)的多卷著作中,大师的评论菩萨戒品释和比丘戒品释各五卷,是最受欢迎的。其他关于菩萨誓言和密教誓言,不胜枚举。

我们结束显教学院学程讨论之前,必须提一提进行教程的地点和课程预备的特殊办法。

大经堂如已述过的,是作为纯粹宗教性质的经典举行崇拜仪式的地点,正式课程则在三个广场上进行。每当有曲札的时候,第一个地方顿曲(Ston-chos),意思是“讲教义”,那是演讲最多的地方,也是单独的有阶梯的院子,与大经堂有些距离。第二个地方住将(Grub-çaṅ),是一很愉快的有墙的园林,作为夏日演讲和辩论的场所。第三个地方多夏尔(Rdo-gçel 或 Rdo-gžal),在大经堂外边空场上,只在冬季晚上或夏季雨天,在这里举行演讲,全寺的一切跳神盛会也都在这里举行。个别学院的其他舞会则在个别学院的院落进行。

每月有五六次晚上在学生院落的房顶上预备功课,一般由天黑直到半夜。功课预备的情况,自然因人而异,可是冬春两季的晚间,房顶上寒风凛冽。训导长(Żal-ṅo)和他的助手(Chab-ltag-ma)必须环视巷间,看是否每人各就各位。事实上,学生们没有可能逃席,除非他们升到“中道”最末级,才可免于在房顶上备课。

(三)密宗学院

神学院的学程,包括下述典籍:怖畏金刚、愤怒神、阎王、心理升起、最快乐者、神秘主、授权法、神秘图案、龙王、焚供、发音艺术、手印、灌顶、五祈祷术、八十种宗教行为等。

医学院的学程除了纯粹为某些神祇的经典如前章所述外，有基本的医书名“四经”，它们是“基础”、“解释”、“药方”和“最末几章”（Uttara-tantra），这是由印度文直译成藏文的。根据藏文历史，汉文医书也有翻译，可是我们尚不知道是什么书。

对于藏历（Leh̠u-tho，显然是汉文“历头”的直译），是时轮院的专业。下述可以表示一般意思：“智慧神的真名”、“智慧神的空姓名”、“十三怖畏金刚的静修法”、“灌顶法”、“焚供法”、“彩图表法祈雨”、“菩萨道进程”，各种心理升起。第十章所述特别神祇的经典，不必重复。

欢喜金刚院（夏历学院）的学程大体上与时轮院相同，只是对于各自的神佛有所侧重。夏历特别法，未被学院代表所述，因为它属密宗的特点之一。

第十三章　公开聚会

这里所说的“公开聚会”，是在寺院对群众公开举行的神圣舞蹈和其他的宗教活动。由寺院的观点看，它们都是一种宗教仪式，在实际上也是以仪式和艺术的动作进行群众教育的手段；但由群众观点看，则是宗教、艺术、社会和经济利益的综合，通过聚会都能得到满足。因为在高原地带，生产是简单的，个人的生活充其量也是简单的、孤立的。寺院的宏伟建筑是有充分吸引力的，对于生活在帐篷和土房子里的人来说，正是这样。当然，“宽大房屋”是不容易轻易放过的，再加上额外壮观的事物，甚至住在寺院里的人在平时也不容易见到。这些观众来自远方，他们将剩余的畜牧产品与农产品、工业品交换，都是实惠，不是空洞的理论。

拉卜楞一年有七次这样的聚会，特别是四月和九月的聚会，很多远方的部落都要赶来。他们来的时候，都是全家在拉卜楞以西45里三阔塘空地上搭上各自的帐篷，然后自己轻装到寺院，除了参观寺院和神圣舞蹈外，还有一步一叩头地围绕寺院转数周，甚至有人一步一叩头地由家乡到此地。下面即概述七次聚会的情况。

(一)正月祈祷

在这个节期,有两种活动在寺院内进行。第一种活动是在大经堂里聚会,第二种活动根据俗家的观点才是真正的公开聚会。

在大经堂里每日举行七次聚会,由初三到十七,第一次聚会是照例每日举行的早晨祈祷会(Çog-tshogs),由启明至日出,所有寺院僧众都参加这次会。这一次的特点是每一僧分到125枚铜元的布施。

第二次聚会是在大经堂外面广场上举行的,那个地方叫作多夏尔(Rdo-gżal),聚会本身叫作松曲札(Gsuṅ-chos-grwa),等于在曲托(Chos-thog)季节的早曲札(Çog-chos-grwa)。教务长主持这次会,首先学士待位生参加考试,然后就释迦佛的生平,次第论和弥勒五著等进行讲解。

第三次聚会是正式午后会(Dgoṅ-tshigs-tshogs),不同处在于每一个僧人得到一餐饭和有三份酥油的茶。会场中年轻的分成三组,其余的人分成三群。每一组到厨房去三次,回来再三次到大经堂,每一次都给不同的群众分酥油茶。将大块酥油放入热茶筒内,每一筒分给三个人,假定在筒中有剩余的茶,即注入一个大木箱中,监督站在箱旁。假定有过多的酥油剩在筒中,即强令分送茶水者再重新分给僧众,有时分茶者会遇到这样困难的处境,即一群僧人无人接受再来的茶。分完茶水后,再分稀饭。我们在第十章已提到稀饭的成分,那是在头一天用大锅煮好的内容丰富的稀饭,每人不可能取得太多,但是,看看3600名喇嘛,在半个钟头以内把稀饭分光、吃完，的确是个奇迹。

第四次聚会是祈祷大会本身，在大经堂举行，时间相当于午后的公剌曲札（Dgoṅ-tshigs-chos-grwa），即相当于集中演讲和辩论的时间。教务长主管这个大会，念诵为了佛教的传布、众生的幸福、世界的太平的经典。藏族代表于 1939 年由重庆回来的时候，会是在嘉样佛公馆的院落里开的。僧众和俗家都参加，在为了举世太平而举行的诵经之外，还用藏、汉、蒙古各种语言作了演讲。

按一日程序第五次会，是“分茶”时间（Grwa-ja-tshogs），那不是必要的程序。什么时候有人献茶，即在大经堂开会。虽然叫作“分茶”，每个僧人还可分到 50—75 枚铜元。铜元与奶茶都来自捐献。

第六次聚会是在大经堂例行的，那就是晚礼拜（Dgoṅ-ja-tshogs），时间是 40 分钟。

第七次聚会是晚间辩论（Dgoṅ-jaḫi-dam-bcaḫ），在大经堂前面举行，相当于晚曲札（Bkaḫ-rams-chos-grwa），硕士待位生此时受到考试，因为这个地点叫多夏尔（Rdo-gçal，或 Rdo-gžal），所以学位称作多仁巴（Rdo-ram-pa），如第十章所述。

在大经堂的活动说到这里，关于群众观点中公开聚会，有五点可述。

第一，正月初八的“放生”（Tshe-thar），即将牲畜献给财神即北天王。典礼在嘉样佛的院内举行。在院子西边悬挂神像，神像前摆上两只茶壶，一壶装奶，一壶装奶茶；去了皮的冻的牦牛，头、角、尾、蹄都是原样；右边放着一只羊，也一样；与牦牛平行放着桌子，桌上放着 12 个盘子，装着壳果和水果，与供桌成直角。在台阶下面有放生的牲畜和其他动物，如马、牦牛、狗等，还有一个猴、一个熊，都永远不得杀害。除了这些动物之外，还有装饰得很好的马匹，是作为财神的驮马，俗众挤到马尾后，以便借接触它而得到某种好处或幸福。

在院子的东半边，有六个和尚，他们坐在台阶上，吹着喇叭，敲着九面锣架等，同时有九名化装童子跳舞，以取悦于神和观众，并回忆拉卜楞过去都是由小和尚拾柴贡献给师傅的情景（今日拉卜楞靠拾牲畜粪作燃料）。

当跳舞完毕以后，上述的奶和茶即被取来注于牲畜的头上，给它们降福，并用彩绸带系在它们的头上，以便于区别未被献于神者的牲畜。焚供于一个像灶似的装置中，然后牵马沿顺时针方向绕此焚供转圈。

在预备这种仪式时，香佐（Phyag-mdzod）和他的侍从（Żabs-phy）在另一地方念经，为正月间整个活动选派出七名骑马的卫士，由一名僧人为首，其余是他瓦和撒哈村的俗众，因为他们的祖先首先在拉卜楞定居。他们是唯一有权可在寺院骑马的人。在这个季节，除了他们以外，均不得佩带武器（旁的日子，藏族男人经常带着武器）。

第二，是十三日“亮佛”（Thaṅ-mo-che）。每年将巨大的刺绣或装饰花纹的释迦佛或阿弥陀佛或宗喀巴的绣像（Gos-sku）在夏河对岸的山坡上展出。教务长在另一地方做必要的法，而活佛的代表则于河对岸的扎喜罗丹（Bkra-çis-rab-btan）寺在佛像前读经，四位“土地”或“斑驳的身体”（Thi-gu-khya-res）巧妙地在代表前跳舞致敬。这时威严的教务长前来维持秩序，并有少数僧众帮助。他们手执鞭子或树枝，向群众挥舞，以免他们挤得离像太近。另外有两名穿着刺绣服装的人，模仿老虎，跳来跳去，有时他们向观众开玩笑，把他们的帽子抢去，但主要目的是使观众不要挤得太厉害，也是表示连凶猛的兽都因佛教的影响而得到驯服。同时，有的观众仍向前挤，挤至像前，偷着以他们的头颅接触像边，宁可冒挨鞭子抽的危险。很多人则是向佛像叩头，以表崇敬。

第三，十四日的大跳神（Ḥcham-chen）。在大经堂外面空地上举行。作为预备，念十日经咒，求怖畏金刚和法王允许和降福，同时有焚供（Sbyin-sreg 或 Hōma）。在跳舞方面，跳舞者和作乐者各二十人上下。念阎王铁城经。大经堂门左边，展出法王大型像，以降伏阎王和免除任何坏事，他们相信，如果不如此，跳神的人是会吐血的。跳神的人被假扮为：法王、他的明妃、他们的侍从、阎王的侦察童子（Keṅ-rus）和宁玛巴的黑帽子。在广场的中心是一方布，画着人形，代表“作恶者”（Liṅ-ga）。那是典礼的目的要毁灭的。在旁边摆着三棱锥，是大麦粉和酥油做的（Gtor-ma），作为恶怪的供。跳神者次序如下：

四个侦察童子在前，打扮得像人骨架。据说，在拉卜楞举行天葬的山沟人，能发现这样的骨架，这是因为死人太多的缘故，于是很多人为死者另找地方举行天葬以使其肉身让老鹰吃光。

其次，侍者两名两名地出现，有五队，叫作英雄和女英雄（Dpaḫ-bo-dpaḫ-mo）。他们戴着面具，穿着长袍，头上没有角。可是另外有两个有角的，一个是鹿，一个是牦牛。

再次，明妃和法王先后出场。他们的服装和其他特点，将在九月典礼中叙述。法王的侍者也再次出现，他们成环形一齐跳舞。

黑帽子的领袖（Ḫcham-dpon）在第四幕中第一次出现，跟着的是他的伴侣，约有二十位，他们也成环形跳舞。作为这样的领袖，必须有十五年以上跳这类舞蹈的经验。

当法王跳舞时，舞蹈的副首领（A-rgan-pa）两次注模仿的血，作为献礼。当黑帽子跳舞时，首领用一切模拟武器作杀、刺和制服“作恶者”的像，最后三棱锥供同在布上画的“作恶者”一并焚毁。这就是舞会的终结，即已经杀了该杀者，已经降伏了该降服者。

三棱锥供，据说在舞会前是轻的，但在焚它时，就变得很重了，因为加上了巫术的力量。另外甚至说，它有时重到移它不动的程度。

整个仪式的进行，都在一位被称为“年长的监护者”（Do-dam-pa）的喇嘛官员的监护之下。跳舞者须事先练习一年，然后才能实际参加，一旦参加到跳舞的行列中，便要一直进行三年，等到旁人加入了，他们还必须给予帮助。有十二年以上经验的四人，叫拉津巴（Las-ẖdzin-pa），帮助领袖处理有关跳舞的事务。帮助十二名音乐家，即在仪式上同时念经的，是一名叫作央本（Dbyaṅs-dpon）的领袖，他要有十五年以上的经验。

这种舞蹈来自扎什伦布，因为四世班禅（1567—1662 年）相信是奇迹般地（Rdzu-ẖphrul-gyis）到过象巴拉（Çambhala）或理想国，因为他在那里看到跳舞，所以回到扎什伦布寺便创造了那个舞会。因为各代班禅都是时轮金刚制度的专家，所以拉卜楞的时轮学院也在理论上对这个舞会负责，即这样的舞是直接由扎什伦布学来，间接由象巴拉学来的。

根据寺院的信仰，凡是参加这种舞会的，不管是舞蹈，是念经，还是作乐，都在象巴拉王降临时被任用，任何旁观者，不管是听的、看的，都会得到一种福利，即于死后避免恐惧。

有各种误解，说“作恶者”和黑帽子是本波（Bon-po）。知道黑帽子是宁玛巴巫术师的人，常常容易作这样的历史回忆，即朗达玛（Glaṅ-dar-ma）是被一名喇嘛刺死的。但事实上，仪式的用意，乃在根除不利于佛教觉悟的心理境界,即贪、嗔,痴。自然可以在理论上,把抽象的恶加以具体化,不管是在历史上,还是在现实社会中。可是喇嘛喜欢抽象的、甚至作生物的解释,而不喜欢作历史的附会,至于他们为什么把宁玛巴黑帽子作为扮演角色,是因为他们相信黑帽子有法力。

第四,酥油花作为供(Me-tog-mchod-pa)用于正月十五的晚间。原料是用酥油和大麦粉和成的,用以塑成释迦牟尼、智慧神、遍知佛(Kun-tu-bzaṅ-po 或 Samantabhadra)、未来佛、无量寿佛和各种各样的慈悲佛母(Sgral-ma 或 Tārā)。将每一位都放在木架上,装上花和柏树枝,大约有三十位摆在大经堂的周围。显教学院内十三个班级,每一级都预备这种供,密宗学院的各班级,也有他们的贡献。在每一个供前,都有酥油灯和火把,以使展览显得辉煌闪耀,群众绕着楼走,每人都用头接触架边,以表示敬意。妇女则取下拖在背后的沉重头饰,以避免损坏花供和可能的失窃。在群众拥挤时,骑在马上的僧人和俗家助理显得特别忙碌,他们甚至使许多人受鞭打,以使围观的群众多少有些秩序,避免损伤。

第五,为纪念未来佛,于正月十六早晨进行游行。穿着盛装的游行队伍抬着一尊特别大的佛像和两个较小的佛像,还有戴面具的童子,由大经堂走出,围着寺院按顺时针方向转,他们背后跟着观看的群众。当他们到了大经堂外面广场的时候,游行队伍便告解散,当日的活动终了。

根据佛教的记载,有不同劫数(Bskal-pa),说明世界的存在和毁灭。在贤劫(Bskal-bzaṅ-pa)一世有四佛统治世界:生死佛(H̱khor-ba-ẖjig 或 Krakuchanda)时,生命八万年;金永生佛(Gserthub 或 Kanakamuni）时，生命四万年；保光佛（Ḫod-sruṅ或 Kāśyapa）时，生命二万年；释迦佛时，生命一万年*。可是释迦统治时代，只有五千年；到了贤劫二世，未来佛出现时，生命又是八万年。游行是一个表示，欢迎未来佛的来临。当游行绕寺院时，有学问的喇嘛，也绕未来佛的庙。未来佛的庙是金顶的，为嘉样二世所建。

我们把正月大祈祷季节里的一切事作一总结，其意义在于纪念释迦佛用神妙能力征服外道。传统中都相信，正月初一到初八，释迦故意在外道面前辩论输了，但在正月初九到十五，则用了真正力量，把外道一个一个地辩输了，有的外道被焚，或被淹死，有的堕入悬崖。外道终了以后，佛教便有顺当时间，在全世界得到传布。

（二）二月祭

二月初五是嘉样一世去世的纪念日。祭礼由初四到初八，在前三天，开会时间如正月。但在初五日晚间，每个班级自俱舍（Abhidharma-koṣa）以下，选择一个地方，集中念经，纪念大师涅槃（Nirvāna）吉日。也是各自集款，以便上供和供给自己饮食。念完赞扬死者的诗以后，还要赞扬宗喀巴，大声朗诵，闻至广远。

在初七、初八两天，还有公共典礼，第一是赎牲（Glud-rdzoṅs），第二是亮宝（Ser-phroṅ）。

初七日赎牲，为纪念寺院的领袖（指嘉样，也指一般的领袖），他曾有灾难，需要赎回，救他的命。在拉萨这个典礼每年举行，但

---

* 应是一万年，原文作百，误。——校订者注

在塔尔寺(Sku-ḫbum)则是每三年举行一次,拉卜楞是照着拉萨办事的。

初五、初六、初七每日有二十名僧人读经(Glo-bur-las-bcol)于夏薄丝丹拉康(Żabs-brtan-lha-khaṅ)寺,请求佛常在,而且预备三棱供(Gtor-ma)。初七早晨,一个化装赎牲的人(Glud-rdzoṅs),戴着帽子,帽子上饰有鸡毛,穿着翻毛羊皮大衣,两手执马尾。浑身,包括帽子、脸、大衣、马尾,都有两种相反的颜色,右边是白的,左边是黑的。他到市场(Tshoṅ-ra)向任何人敛钱。当他到和尚宿舍时,一家一家地拜访。没有人拒绝给他东西,可是最大数量来自活佛公馆,有六百银元之多。收集了这些以后,他由寺里拿着三棱供,再到活佛公馆。由四名和尚抬着轿子,轿子里是赎活佛的化装身,轿子跟着他直到夏河的岸上。在轿子后面跟着两名戴面具的人,右手掌着刀,意思是驱走恶神。在这些形象后面群众叫喊着:“打倒作恶者!”

这时高级喇嘛由夏薄丝丹拉康到这里,与半白半黑的角色讨价还价,掷骰子以示幸运。假定化装的人不满赎价便摇黑尾,满意则摇白尾,但此时的讨价还价只是形式,因为假定不满意,则该角色便不会到这里来,他永远是满意的。

双方都满意了,于是化装的假人和三棱供便被焚,一面群众高喊“打倒作恶者!打倒作恶者!”一面赎牲(Glud-rdzoṅs)跑过桥,到河对面的山上隐藏七日。如果七日以内他露了面,他就有可能被虐待致死,他被认为是个不好的人,不体面的人,他肯于为了钱而受到普遍的诅咒。巨量的钱显然是被诅咒的代价,可是正常的人也不会向所有的人要钱。

与此章有关,尚有一种误解应该澄清。常听见说,这个作恶者是清朝的大将军年羹尧,他 1723 年在青海平乱,杀了好多喇嘛,塔尔寺的八个塔即是证明,据说那是被杀死的喇嘛的坟,里面埋有喇嘛的尸体,甚至年羹尧与喇嘛被杀前的谈话还记载在并非小说的汉文书里。实际上,年羹尧从未到过拉萨,而这里的仪式是来自拉萨的,拉卜楞的喇嘛也不知道年羹尧;塔尔寺的八塔和许多寺院的八塔相同,都是由印度传入的,是为了纪念释迦佛一生事迹的,与年羹尧没有关系。

初八亮宝(Ger-phren)乃是三百左右和尚的游行,即六个学院的身穿盛装的和尚,拿着公家或私人的珍品绕着寺院转。譬如,有二十五名僧人拿着旗,二十五名僧人拿着伞,二十五名僧人拿着三角旗,还有许多拿着乐器和八宝的:宝伞、金鱼、莲花、有顺时针方向花纹的法螺、胜利结宝幢、宝瓶和法轮,此外尚有"祝愿树的果实"(Dpag-bsam-çiṅ-ẖbras-bu)、康熙(1662—1722 年)御赐的杖、百两金锭、龙蛋(H̱brug-gi-sgoṅ)等。过去曾有一颗很大的金刚石,但遭抢劫遗失了。

这个过程被认为是给神的献礼,意为"合适的献礼"(Phan-ẖdogs)。在亮宝后,举行"经典的舞蹈"(Gar-broẖi-hcham)。

(三) 三月舞蹈

初六日,时轮金刚学院开始准备一个"干绘画",用不同颜色,代表佛的宫殿,即神秘图案或曼陀罗(Maṇḍala 或 Dkyil-ẖkhor),不同颜色的矿石粉,由尖嘴管注到矮桌上,一种颜色在一种管内。各种颜色的设计代表宫殿——由上向下看的宫殿。设计搞完需要七天，到了十五，还要举行玩耍的舞蹈。

十六名和尚化装成姑娘，头戴五佛冠，身穿女人服，跳十分雅致的舞，以取悦于佛。这虽然不是大规模的舞蹈，但十分特殊，因为在一切喇嘛舞蹈中，这是唯一取悦于人而不是引人畏惧的。舞蹈在该学院院内举行，但一般观众可以进去参观，相信每个跳舞的人，死后都重生在时轮金刚城内。

（四）四月里的活动

四月里有两件事吸引群众注意，第一件事是四月二十日至二十三日在午曲札时举行的辩论。辩论是在学“智慧”的班级中举行，在上一章中已经提过。

第二件事，在十五日举行的斋戒（Snyuṅ-gnas 或 bsñen-gnas），纪念释迦佛在母腹中投胎，后来又取得解脱和涅槃。俗家少女此日禁食和歌唱，已在第一章有所叙述。可是寺院的每一佛殿都为群众开放，而所有的僧众此时都素食，因为僧俗都敬神，在供桌上献酥油，还有在寺院的周围沿顺时针方向转圈的动作，这真是一个群众性活动的场合，不似其他季节，俗家只是旁观者。

（五）七月举行的戏剧表演

七月初一到十五，每天活动与正月祈祷大会时相同。早祈祷时，每个僧人分得 75 枚到 100 枚铜元，教务长在第二次聚会（Gsuṅ-chos-grwa)时演讲。在午礼拜时,向僧众分酥油,两名喇嘛辩论,在一个会上,每人得到献花。在午后茶(Grwa-ja)时,参加者可以分到更多的布施。晚祈祷会后,晚辩论是专为考试硕士待位生的,这是一年中的第二次机会。这些日子僧众分得的布施相当于正月份,这两个月的所得是每名僧徒在一年中得到的主要供给。

戏剧表演本身,是六学院联合举办的,在大经堂的外边举行。或在初八,或在初九,要看上月是三十天,还是二十九天,这要取决于农历在该年的情况。

就像在此处举行的一切会一样,观众都坐在周围。在大经堂门外,摆上两把椅子,靠东边乐师坐一单行,有一个大鼓,一个锣,两个钹和一个喇叭。作为第一出戏,代表山神的人,以印度婆罗门(A-tsa-ra 或 Āchārya)形象出现。他的面具是丑恶的脸,头上是螺壳线条,表示曲发,胡须是用带颜色的木做的,右臂绕着红带,用手拿着棒跳舞。

第二出,另一名婆罗门同两狮跳舞,以五彩球和绸丝装饰,好像野兽都欢迎佛教,用跳舞来崇拜佛。两个狮子代表着保护释迦佛宝座的八个狮子。狮子的服装是四川松潘地方头人的太太献给嘉样二世的。据说,演狮子的人,一定要性格纯洁,否则祸事将降临到他们身上。据说,如果我们观看狮子的人们,相信自己是在释迦面前,而不只于看跳狮子,则会得到更大的福利。

第三出,加上更大的锣、鼓和两名化装细致的土地神(Thi-gu-phya-res)出场,他们的脸上都包着一块黄皮子,而且头发和胡须都是白的。用打结的绳子来束腰,打结象征蛇或龙,二神之一背着一束经典,二神都挥舞旗帜。同时扬撒大麦,表示对于本地神祇的献祭。做出的某些姿势,像是为某些要人将要来临而做好的准备。

二神都念经解释弥拉瑞巴(Mi-la-ras-pa)的生平和意义。关于弥拉瑞巴,我们在第六章"噶举巴"中已经讲过了。

最后一出戏,土地神领着两名喇嘛出来,每个喇嘛都在背上背着一个装有经典的包袱,右手拿着禅杖。两人都有僧帽,脸被帽边垂下的黑绳覆盖着。两人都坐在椅子上,将禅杖放在面前。其实一个喇嘛足以代表弥拉瑞巴了,但是为了让观众听起来方便,就设计了对话,假定弥拉瑞巴有了兄弟。然后两只鹿一个接一个出来。在跳跃和舞蹈后,可能它们已被弥拉瑞巴说服,不再惧怕。最后两只鹿卧于喇嘛两旁。紧接着两名黄面童子用鞭子抽打着两条狗前后跑出追逐两鹿,据信两童子是猎人的儿子。两童子与狗跳跃时,弥拉瑞巴说服了狗,放弃了它们的追逐,卧下来。紧接着大型的猎人出现了,他自言自语,紧跟着另外两名童子,一面挥着鞭子,一面跑。在他后面,又有一名猎人跟来。

一名猎人名贡伯多吉(Mgon-po-rdo-rje),另一名是他的弟兄,以便进行谈话。他们每人各有两个儿子,作为外加的角色。鹿与狗都是红脸白胡须,翻穿着狐皮袍,肩上有念珠,腰间配刀。猎人儿子,幼者穿黄衣,带着包裹、水瓶、弓箭;长者穿红衣,带着吃的和水瓶。他们一面擦脸上的汗,一面寻找丢掉的猎物,用假嗓子谈地方和人的情况,最后谈他们自己的生活。谈话与面貌都表明他们是奇怪的丑角,是为官方服务的滑稽角色,讥讽那些不准在神圣场合讥讽的事。例如,他们可以取笑寺院的僧人说:"你认为给所有和尚放布施合适吗? 不,不合适。弟兄,只有服务于好的和尚,也就是严格遵守寺院的纪律和勤奋于他们的学习以及在灵性方面做努力的和尚才合适。倘若我们服务于下列各样的和尚:他们常说'在这个经堂的茶预备的好吗?'或者说'我们能够在分布施的时候分得较多的份吗?’或者当人家给他们倒茶的时候,他说:‘请再来一碗!’我们服务于这样的和尚有什么好处呢?”

最后在喇嘛旁边找到了狗和鹿,猎人大怒,想射杀喇嘛,认为喇嘛不该干涉他们打猎,但是箭向天飞,落在地上,而没有射向喇嘛。他们向喇嘛问明真相,弥拉瑞巴遂说服他们放弃杀生的职业,皈依佛法。公伯多吉因而得救,而在阐述佛教为一切生灵造福方面大有贡献。

(六)九月神舞

在神舞前又有一个斋戒时期,即在九月二十二,纪念释迦佛返回人间,在给母亲讲法以后,为人类“转法轮”。寺院开放,与四月间相同。

神舞在二十九这天举行,在大喇嘛的院子里,由拉萨布达拉宫囊佳札仓(Rtse-rnam-rgyal-grwa-tshaṅ)学来的制度,由喜金刚学院主持。这一天所有楼上的走廊和院子两面,都被观众占据。西边走廊有八大三角叉,象征愤怒;北面的中门,是舞蹈的人出入的通道。在东走廊上,由北向南有下列物件:首先是三角叉供,由酥油和大麦面做成,三角象征愤怒;在三角边上有风轮,代表耳朵,可自远方听到声音;在三角下面,一个人形倒悬着,表示被降伏。大麦面代表土,而三角的空隙代表空气,上面的线,象征水和火。这样,地、水、火、风都全了。在轮上有三个环,表示愤怒三脉,上面的金刚也表示愤怒。第二,较小的三角的多少,依据经典的种类,但其意义与大三角同。第三,一把椅子和一张桌子,是让学院的导师用的，他的称号是金刚持（Rdo-rje-ḫdzin-pa）。第四，两名僧人都吹人腿骨喇叭。第五，六名僧人有大鼓，大鼓皮上绘有兽形，鼓棰是长的，有弯头。第六，五名僧人有锣，在中间的那位坐在高座上，是经头（Dbu-mdzad）。第七，六名另外的鼓手，与第五同。第八，八名吹长圆筒喇叭的；喇叭有十尺以上长。所有这些人都穿着全新的袈裟，很像天主教神甫。吹圆筒喇叭的人，臂上都缠着沉重的珊瑚绳。

跳舞出场的次序，第一场是这样的：六童子拿着火钵；两个吹普通喇叭的；学院会计（Spyi-ba），戴着四方软帽，手执香柱；有些群众作为侍从；一童子手执水瓶；戴了面具的土地（Tsiḫu-dmar），头戴五人头骨冠，身穿串满人骨的绳子的服装，全副武装是：右手执旗，左手执枪，胸前悬镜，中心是具有符咒意义的符号。其次一个阿杂拉（A-tsa-ra）出场，他是绿脸，亮头上有花纹；穿着绿长袍，左手拿着人腿骨。然后是跟着阿杂拉的侍者们，一个黄脸，两个红脸，一个深黄脸，一个绿脸，两个是另有一种深度的红脸。每个侍者都是右手执刀，左手执套索，有三只眼，戴五人头骨冠。最后是另一名阿杂拉。当前一群从土地神前面退下来之后，另一群则由头戴面具的人们形成大圆圈跳舞。跳舞完毕时，前一群再次进场，带着戴面具者回到大门里的屋子，于是两名阿杂拉将在布上绘的人形放在地上，向着圆形列队的南端，两腿朝着北面，而把黑色的袄放在腿旁。

在第二场中，第一群与前同，但被十七名戴面具的人跟随着。法王呈绿水牛头状，有五人头骨的冠，右手执人骨架棒，左手执套索。他的明妃头上是一样的，但没有角，一手执三叉戟，一手执人头骨。武士是：一个是黄头水牛的，跟着伴侣，另一对红头的，还有一对是绿头的，更有一对是黄服的，一对是红服的，还有另外一对黄服的。这一切武士都有五人头骨帽，顶上有扣，但他们的伴侣帽顶上没有扣，男女都有一把刀。最末角色是鹿头者，是法王的亲随。他没有冠。当形成圆圈时，法王居中就与随从舞起来。于是第一群就返回，去做服务员。

第三场，有阿杂拉抬着大圆筒喇叭，由两个人在后面吹，另外两个人吹人腿骨喇叭。于是第一群领着九名戴面具者出场：北方保护王和三名随从，都是红脸，右手执伞，左手执猫鼬；一个绿脸战士拿着匕首，一个战士拿枪和旗；一个战士是黄脸，有一个雏形库房；最后一个是淡黄色的脸，一手拿盾，一手执刀，跳舞和被领回的情形都与前同。

这一场和下场两出戏之间，有个间隙，乐师离开本位，以便进行茶饮。

第四场即最末场，是最长的，等于前三场一共占用的时间。开场与第三场同，带领人的成员有不同，如下：四个拿火钵的，两个拿水瓶的，两个端盘子的，两个吹喇叭的，一个拿香具的，由一名和尚随从，一名戴方边帽的首领，被一名俗人伴随。在他们后面，是十五名黑帽舞者，每人右手拿着金刚杵，左手拿着人头骨。在黑帽的边上有六角，每一角画有人头，顶是有色的丝线做的，中心有黑绒球。在绒球顶上，按上升次序有一个头骨，一个金刚以及金云。在云的边，有六轮，接触帽的边缘。云代表火，象征三角供，而轮则象征愤怒。跳舞者本人以黑布蒙口，黑线画脸，都代表愤怒。他们都穿着绣袍，很像汉人舞台上的角色。袍外有人骨念珠串，代表经典齐全。首领在袍外有五人头骨画在兽形图上。

当跳舞者形成圆圈时，两名持水瓶者，面对面在当中。他们把

“金酒”(Gser-skyems)倒于杯中,然后加一些大麦粒。跳舞者拿着杯子跳,然后把金酒和麦粒抛掉,再一次注入金酒和麦粒,再一次将它们抛掉,这样重复四次。前两次抛向后面给喇嘛和护法,后两次抛向前,给护法的侍从和土地神。喇嘛认为这是佛根,从此可以发展成本尊(Yi-dam),那就是保护信仰的神。“金酒”是铁、金、银、铜、青铜(Seg-brdor)合金棒锉成粉末,再将粉末注入酒中而成的。拿“金酒”供养神明,以求于愤怒之日保护佛法。

奠酒三次以后,侍从僧人在跳舞圈中心放一矮桌,再用黑布把它蒙上。四次奠酒以后,由侍僧收拾酒杯然后退出,跳舞者再次跳舞,首领在中心。旁的跳舞者依他打在布上的人形,也进行同一动作,于是做手势、跳舞、念咒,再做手势,然后将桌上的黑布揭开,现出一盘各种小型武器,于是又跳舞、做手势、念咒,再举行两次,然后才由侍僧把他的金刚杵和人头骨取走,放在桌子上,并由桌子上取下一把勺子和一根棍子给他。他用这些东西跳舞,直到这些东西换成套索,一端连在金刚杵上,一端连在钩子上,然后把套索掷于盘子内,掷于人形上,覆以黑布。这时,由盘子中取出一条链子,拿着它跳舞,然后又掷于盘子内,掷在人形上,覆以黑布;再由盘子中取出一条链子,拿着它跳舞,然后又掷入盘子,掷在人形上,覆以黑布;于第三次又由盘子中取出一条链子,拿着它跳舞以后,将它放在桌子上,然后将下面的武器一个接一个地拿来跳舞,又还回桌子上。这些武器是:一个斧子、一个月形刀、一个三股叉、一个金刚杵、一个短剑。侍僧每次将武器由跳舞首领取回,每次给他换一回武器,都做手势。

然后首领拿起他原来的人头骨杯和金刚杵向人形念咒,并做打击状。他将右手的武器换成一个人头骨勺,将左手的武器换成浅勺。每当换一回东西，他都跳舞，都将勺内假想的东西投向人形。

下一步骤是再次拿着人头骨杯和金刚杵舞蹈，并口念咒语，再把它们换成斧子和钉子，将人形钉死。然后．再一次拿起原来的人头骨杯和金刚杵跳舞，又把它们放回桌子上。在两手合掌、口念真言后．拾起短剑在黑布上砍入假设的肉体。最后，将短剑换成人头骨杯和金刚杵，回至随从行列。侍僧将肉体分给每一跳舞者的人头骨碗中，跳舞者即合在一起跳舞。取走桌子以后，舞蹈者用右手拾起人头骨碗，再次跳舞。停留一段后，他们用金刚杵打击，并跳舞。直到最后，他们被原来迎他们出来的人群送回原处，离开场地。

每一次演出完毕时，喇嘛官员都给首领们献丝制哈达（Kha-btags）。四场完了以后，重要的参加者成行由北门出来。首先戴宽镶边帽的长者，由第一次出现的武装俗人跟着。其次，三角供被送走，北天王、法王及其妃、载末尔（Tsiḫu-dmar 即土地）、一切黑帽人，连同乐师，成双行出来。伴随神祇的武士和侍从已经卸装，此时不再出现。行列到了保安司令部和河南亲王官邸之间的空地上，即将三角供焚化，群众用自己的枪支向天鸣放，表示一切恶鬼都被清除。

我们对九月舞会叙述得比较详细，因为这个舞会多样化的程度超过其他典礼。这里所述的一些象征性的东西，在其他典礼中，也同样适用。

（七）十月纪念日

十月二十五，是宗喀巴和他的门徒佳样曲接巴（Hjam-dbyaṅs-chos-rje-dpal）——哲蚌寺（Hbras-spuṅs）的创始人、嘉勤曲吉（Byams-chen-chos-rje）——色拉寺（Sa-ra）的创始人，三位大师去世纪念日。嘉样二世是十月二十七去世的，所以拉卜楞寺由二十五至二十七开放三天，寺庙的供桌有新特点，即雪花作为时令祭品。为了做焚祭，俗人还带来大麦面、柏树枝和酥油，并且为酥油灯添油。

二十五晚间，寺院的所有房间和佛殿都点上灯，僧众都念经，并读宗喀巴传记，寺院附近的村庄，也到处燃灯。走在夏河对岸的山上向下看寺院和树庄的晚景，好像到了大城市。那景色，在人烟稀少的藏族居住地区来说，是十分美观的。

（八）冬至和夏至

在七个群众聚会之后，我们还要提到一年内另外不同于上述聚会性质的两件事，那就是冬至和夏至。

在冬至之前，时轮金刚学院的僧人念三天经，念保护神即玛哈卡拉（Mahākāla）的经。到冬至那天，由每一学院，包括活佛的公馆等，将三角供送至河边，然后焚化，消除恶神，武装的俗人向空中鸣枪。当三角供从嘉样的公馆和时轮金刚学院的院子里抬出的时候，武装的俗人也跟着，意思是：当太阳开始改变运程时，恶神就会跟着，所以需要仪式，将他们降伏。

同时，寺东、南两方，信仰保护神寺庙的前方、作曲札的空场、河南亲王门口等地方旗杆上，都换上新的经旗（大经堂门口的旗是在正月初三换的）。俗家用子弹帮助驱恶神的，会得到当权者的赞赏。

在夏至时，同样的仪式在喜金刚学院领导之下进行，可是不换旗子。

第十四章　拉卜楞人民

我们已经看见拉卜楞作为一个寺院，作为一个社区，作为一个县（第九章）的不同功能。它作为寺院功能的特点已被详细论述。为了给寺院一个具体的社会基础，我们现在就本地社区和县治的整个人口，加以研究。虽然拉卜楞的人口并不严格地与夏河县相一致，但寺院的影响多少在县治全境都能达到。

作者曾在夏河县全境旅行三次，只有一次对于全县人口作了调查。虽然有些例子经过详细调查，但这里的数字只能举出大概，至于游牧区域与农牧区域的人口比例，以至于其他特点，将在本章末尾举出大概。

1.“十三庄”。离拉卜楞寺院最近，约集中于四群之中：唐那河（Thangnag）、撒哈尔（Sahar）、他瓦（Thawa，上下）和德穷（Dechiuṅ）。

唐那河坐落在夏河南岸，面对北岸的他瓦和寺院。包括在这一丛中的小村有嗯拉闻巧（Nlawenchog）32 户；上下唐那河 86 户；雷支河在北岸 47 户；三音诺是撒伊和兰谢尔的集合名，55 户。唐那河的总人口是 220 户。根据我们调查农村人口统计每户 3.7 人，则唐那河的总人口是 740 人。

撒哈尔在北岸，他瓦的东边，撒哈尔 45 户，家悟 15 户，福梯在福梯谷 42 户，共 102 户，377 人。

他瓦是夏河县官署所在地，包括下他瓦，有 556 户，1709 人，

44%汉族,35%藏族,21%回族;上他瓦,有504户,1676人,40%汉族,40%回族,20%藏族。两处小村庄包括在他瓦:满克33户,撒索玛18户,共188人。他瓦人口总数为1111户,4110人。

德穷包括小村吉克札、门那、卡德、龙克塘、伊穷塘和罗杰哥,共60户,222人。

显然"十三庄"并不是正好十三个,只是传统上这样称呼。"十三庄"定居与寺院成立同时,是为了服务于寺院的,后来人口逐渐扩大,甚至包括了汉族和回族商人与其他职业者。汉族县长统治着他们,就和统治着其他民族一样,但寺院僧官对于"十三庄"更接近,更有传统关系。这僧官的专名是尼尔巴(Gñer-ba).即"管理者"的意思。

除了给山神献箭(Lab-tse)以外,我们在第一章提到的娘勤(Ni-angchen)山神,向他献箭,也是拉卜楞区域内绝大多数人民的事。可是对于"十三庄"来说,他们还有一个更为密切的山神,他们向他献箭,是在四月十一日。这些村庄所有健康之人,都在这一天朝山旅行,包括"十八活佛公馆"的代表,嘉样活佛公馆的代表,寺院本身和六学院的代表和特别僧官,如寺院和河南亲王的会计、教务长、训导长、经头、执行委员会的主席。

2. 三阔塘(Sankhogthang)。在寺院的西边,约45里,有260帐篷的藏族。根据游牧民族的估计,平均每一帐篷有四人,所以整个人口约有1000人。人民直接归僧官管,僧官叫作过巴(H̲go-ba,意为头人),每三年一换,由嘉样佛80名侍从中选派。在过巴下面,有四名爵奔(Bcu-dpon,意为什长),作为帮着治理的人。

3. 由三阔塘往南,四日牦牛程,约计每程45里,即至阔材(Kho-tshal),有200帐篷,人口800。他们由一名过巴治理,帮助过巴的是六名过贡窝(Kogonwo)。那里有一个寺院,叫克克儿(Kek-er),有100名喇嘛,由拉卜楞派一名法台(Khri-pa)管理。

4. 再向东南一程至他赞(Tatshan),有藏化的蒙古族1200人,住在300个帐篷里,他们是河南亲王的百姓,直接被一名土官和十名卡根(Khagen)管理。

5. 同一方向,再一程至为酥(Weissu),有600蒙古族,住150个帐篷,在四名卡根管理之下。

6. 托古(Thogku)在为酥西南,是在蒙古王治下的另一个地方。400蒙古族,100帐篷,一名土官,四名卡根[①]帮着管理。

7. 在为酥和托古南方,是左尔克尼玛(Tsuorkenima),有200帐篷,住800藏族,分成5个部落:左尔克(要与四川境内同名的部落分开)、擦姆将(由四川的阿坝来)、祖华卡、莫拉(来自撒姆擦)和祖回。边界东至青海,南至黄河,五哈斯在其西,龙为江在其北,被过巴统治着,下面有一个尼尔巴,十个过贡窝。这里有两个小寺院:齐哈位乡有僧人45名,由拉卜楞任命法台;作灰,有僧人九名,直接归岗塘管理。岗塘就是拉卜楞最重要的“十八活佛”之一。

8. 由左尔克尼玛的五哈斯两牦牛站,即可用木舟渡黄河,木舟是简单的木箱,使人联想到基督教《圣经》里诺亚方舟的故事。人和东西放在舟内,把马尾拴在舟上。当马浮水,舟即被带着过河。木舟只有十尺长,所以旅行队里所有的人并不都乘木舟,恐怕渡河用的时间过长。牛和马也不是顺顺当当地渡河。人都脱掉大衣,每人都将自己的衣服装入羊皮袋内,再把它束在胸前,以作救生

① 这里的材料,与第九章所述蒙古亲王的百姓不符,那里是亲王的秘书供给的材料,这里是黄正清司令手下的官吏、作为作者的向导供给的材料。两者共存,待证。

圈,再将自己附着于自己的马项上,马浮水,人便跟着渡过。牦牛则要人驱赶它们下水自浮,可是它们常是回头跑,渡河很花费时间,而且十分危险。对于一个学习民族文化的人来说,对这些游牧的人特别有兴趣,他们对草地和牲畜十分熟悉,而且会因地制宜地运用这些技术渡河。他们对于涉渡河流是没有技巧的,也不习惯于乘车或造船。

地处黄河拐弯处的诺拉(Ngora),是个牧区,住着2000藏民,居住在500帐篷里。分成三个部落:大族、熊宁和索卓(Sogro)。它们的边界东去一马站(约90里)至桥科;南去三马站至阿坝或鄂瓦(Apa或Ngawa);西去两马站至果洛(Go-lok);北去两马站至索乎。他们被僧官过巴(H̲go-ba)所统治,那是拉卜楞所属最大的僧官。他被一名涅儿巴(Gñe-ba),一名坛果(Tan-go),二名得木奇(Demchi),二名得木居(Demchū),四名街混(Chiehun),12名侍从所协助。侍从是由游牧民轮流派遣的。有一个小喇嘛寺,叫克强(Khechang),住着80名僧众,归拉卜楞寺管辖。

这一居民区原为七家人,归嘉样二世管辖,是由汉塔(Han-tha)活佛赠送嘉样二世的,嘉样二世命令七家向七个方向发展。起先,他们发展成两个部落,然后又发展成三个部落,直至今日,他们夏季定居于囊他塘(Naṅtathaṅ);秋、冬、春三季住鄂错(Ngotsho)、谢口(Hsiehkho)和鄂阿利儿(Ngoalier)。在藏拉得玛(Tsangladma)有个名叫藏(Tsang)的喇嘛寺,住有40名喇嘛,曾与拉卜楞不和。

在西边的果洛(Go-lok)则是以掠夺和勇敢见称的,因为他们居住在议论纷纷的阿尼马卿山(Ammyi Machen)周围。事实上,诺拉(Ngora)比果洛还勇敢。根据藏族自己的标准,十人由拉卜楞(即由“十三庄”)来,敌不过一个果洛,十个果洛敌不过一个诺拉。

9. 由此向东南，有三桥阔（Chiaokho）和六阿坝或鄂瓦（Apa 或 Ngawa）部落。他们在政治上属四川，但在宗教上属甘肃的拉卜楞。在三桥阔，有藏族 5000 人，住 1400 帐篷和以下喇嘛寺：蚕治克（Tshanchihg）有 200 僧人，夏暑（Hsiahsu）有 150 名僧人，齐哈马（Chihama）有 45 名僧人。阿坝六部落有 1000 户，归拉卜楞所派代表管理，这里有一个相当大的寺院鄂孟可（Ngomengko），僧人 500 名。下面较小的寺院各有 15 名僧人：鄂须（Ngohsu）、司瓦（Swa）、瓦熟（Wahsu）和陶乞儿（Taochir）。桥阔和阿坝以外，梅固儿（Megur）也归拉卜楞统辖，有 300 户。

10. 由诺拉向东北回转，即至左尔克尼玛（Tsuorkenima），再向同一方向走，涉撒姆擦（Samtsha）、西仓（Hsitshang）、左尔克尼玛边界，再涉洮河，两马程即至西仓新寺。寺院中有 500 名僧众，由拉卜楞任命的代表管理。旧寺在新寺以西五里，有 100 名僧人，由拉卜楞任命的法台管辖。再向西边，可见一古代废城址。

在新寺的定居区，有十几户藏族。另外有由四川松潘迁来的 30 户藏族，并有十名回族商人。整个西仓地区，有 12 部落，共 1000 户，但只有两个部落，归拉卜楞统治，其余归临潭县。

关于整个这个区域，西仓的边界是：东行一马程至拉加提卡（La-jatikha），与撒姆擦（Samtsha）定居区接壤；向南两马程至三错您（Samst-shonin），与撒姆擦的草地接壤；向西一程半至切那奇卡（Chiehnachikha），与阔材（Khotshai）接壤；向北半日程至梯挤塘（Tichithang）与阿姆桥（Amchog）接壤。临潭十游牧部落是：拉谨阔（Lajenko）、西仓、卡熟（Kahsu）、西梯（Siti）、马瑞（Majui）、宰杂（Tsetsa）、玛内（Mane）和切苦（Chiehkhu）等游牧区，以及拉地卡酥木（Ladikhasum）和马马瑞酥木（Mamarisum）等农业区。属于拉卜楞的两部落是：接克尔（Chiehker），在新寺东边，有32户游牧和半农半牧居民；花克儿（Huaker），在新寺西边，有30户游牧居民。其边界是：阿拉拉恰（Alalachia）在东面，塞听彭铺那（Setingpongpuna）在南面，札西龙克儿（Jahsilongker）在西面，在北面越过洮水至东面的霍儿卡固儿（Horkagur）和西面的玛尼（Mane）。当给山神莫昆（Mokun）在五月十五献箭时，十二部落都参加这典礼。

11. 由西仓向东一马程是祈仓（Chitshang），那里有100名僧人，并有赴拉卜楞香客的宿处，但不属于拉卜楞代表管辖。居民是由两名独立的过巴（Hgo-ba）委派的八名长者治理，他们属夏河县，而不属拉卜楞寺。有150户定居人口，有六面帐篷圈，一个帐篷圈相当于一个地方社区。帐篷西向中心成圈，以保护牲畜在夜间不致遗失。他们的界限是：胡他梯朋（Hutatipong）在东方与麦佳（meja）为邻，西镇岐卡（Hsichenjika）与撒木擦（Samtsha）在南方为邻，兰甸宁过（Lantianningo）在西南与西仓为邻，池卡（Chiakha）在北方与阿姆桥（Amchog）为邻。

12. 东北15里是麦秀（Mehsiu），那里有370人，100户。有个叫麦加（Meja）的寺院，住着四五十僧人，被数名塞木西（Semshi）管辖，他们是拉卜楞派遣来的。

13. 麦秀的东南是洛秀（Lohsiu）有925人，250户，他们被拉卜楞派去的一位代表和一位吉巴（Spyi-ba）管理。这两个人再轮派40名塞木西（Semshi）协助他们。在此面积内有四个寺院：札西克（Chashiker）有200僧人，拉卜楞寺的代表和吉巴与他们居住在一起；莫图克（Motuker）有100名僧人；鄂阿苦克（Ngoakuk）有七八十名僧人；曼姑过阿弟（Mangugoati）有三四十名僧人。

14. 由祈仓北行，过阔勤山（Kochen），南面是麦秀，北面是阿姆桥（Amchog）。阿姆桥寺院有230名僧人，由拉卜楞的代表领导。拉卜楞还任命一个吉巴，由四个侍者（或Tawas）和80名塞木西（Semshi）辅助。寺院分成三个学院：一个显教学院，一个神学院，一个时轮学院。教务长兼任吉仓（Chitsang）寺的教务长，有印经设备，出版的一些藏文书籍，是旁处没有的。寺前小溪后面的山上，有个隐居茅棚，住有大约20名僧人。

在阿姆桥区域，有500户，分成300户的村民（其中有少数回族和汉族商人）和200户帐篷居住者，两者人口共有1900人。其边界如下：桥鲁拖卡若（Chioltokaro）在东方，与波拉（Pora）接壤；在南方与吉仓接壤，当中没有分界线；金诺卡得（Chinokhad）在西方与西仓（Hsitshang）接壤；咸特莫瑞（Hsientmori）在北方，与三阔塘（Sankhogthang）接壤。五月十五是给山神桥克阿姆尼浑坡（Chiaoke Amnyi Hunpo）献箭典礼，阿姆桥所有居民都参加。

15. 由阿姆桥东行20余里至波拉（Pora），居民都为村居户，有1100人，分成300户，四部落：错尔哥（Tshorg）、琼仓果那（Chungtshangona）、窝杂（Wotsa）和卡嘉苦他（Khajakuta）。分界线东至俄作瓦（Ngotshowa），南至夏帕沟（Hsiapakou）的采域（Tseyud），西至阿姆桥（Am-chog），北至多卡尔（Dokhar）。有一个寺院，住有250名僧人，由拉卜楞寺派一名法台。有两次为山神献箭，一次是六月十五给伦坡弹过戈勤（Lunpo Tangogchen）献箭，一次是四月十七给英杰（Yingje）献箭。

16. 东北25里至多卡尔（Dokhar），有两个部落，佳奇塘巴（Chia-chithangpa）和诺瓦尼卡（Ngowanika）。分成九个小村子，总人口是370人，100户，周界是：东至直拖盘石（Chihtopantshih）与黑错(Hetsho)接壤,南至阿达三那(Adasanna)与波拉(Pora)接壤,西至阔吗起卡(Komachikha)与黑错接壤,北至浪塘梯卡(Langtang-tikha)与黑错接壤。有一个寺院,是时轮金刚院,有60—70名僧人,为拉卜楞选定的法台管理。当地人民每年有两次给山神献箭,一次是五月初四,献给诺瑞英杰(Noriyingje),另一次是七月十三,献给寺前的莫浑(Mohun)。

17. 东北二十多里至黑错(Hetsho),在2989米的高原上,是夏河县境内拉卜楞以外唯一的市场,人口与麦务(Mewu)和卡佳(Khaja)一起,共326户,1206人,回、汉族商人居显著地位,但数字只包括村民,这是1939年调查的。此外,黑错有四帐篷部落,总人口为700人。这四部落的名称是昨斯(Tsos)、乍末尔(Chamor)、那瓦(Nawa)和吉尼(Jini)。其边界是:东至佳赤卡(Chiachihkha)与麦务(Mewu)接壤;南至喇祖亭卡(Latsutingkha)与多卡(Dokha)接壤;西至回末卡(Huimokha)与杂宇(Tsayu)接壤;北至义末(Yimo)与卡佳(Khaja)接壤。

黑错的寺院有350名僧人,学习显教佛学,是一座九层建筑,在这一地区很有名气。当政的大喇嘛,是赛尔赤(Gser-khri)四世,是西藏甘丹(Dgaḫ-ldan)寺法台的化身。据说他因与许多女人发生自由关系,破坏寺院纪律,而恶名远扬。藏族信徒曾用武器胁迫他承认只与少数妇女结婚。他的权力独立于拉卜楞,而影响到甘肃和四川交界的拉谋(Lhamo)寺。可是另外有一名活佛,名锁仓(Sotshang),等级比赛尔赤低,但声望远比他高。

18. 由黑错东行二十余里至麦务。除了某些回、汉族商人外,麦务有五部落,总计是1000户,3820人。这一区域40%村居,60%居帐篷。部落是麦务、日拖马(Ritoma)、支克(Chihke)、农瓦

(Nungwa)和那托(Nator)。东边在塞桑七(Sesangchi)与卓尼(Choni)接壤,南边在冬那卡(Thungnakha)的冬七秦(Tungchich)与朵卡(Dokhar)接壤,西方在加赤卡(Chiachihkha)与黑错接壤,北边乍拉齐(Chalachi)与卡佳(Khaja)接壤。

五部落原以"麦务八旗"见称,它们先属青海的循化,在19世纪晚期划归甘肃洮州(现为临潭)。自夏河县建立以来,纳入夏河县管区。它们直接被五位部落领袖统治,而与拉卜楞没有关系。近来五部落的领袖与拉卜楞的黄正清司令之女结婚,双方的关系比以往要好。

当地有三寺院:老寺住着二百多名僧人,新寺住着一百多名僧人,日托玛(Jihtoma)有75名僧人。

19. 北行20多里至卡佳(Khaja),海拔2195米。除了汉族商人已包括在黑错和龙瓦(Lungwa)的人口统计数外,有藏族660人,150户,部分游牧,部分定居。地理上,东方在尧子漆卡(Yozch'ikha)被麦务包围,南方在三沟克(Sangouk)被黑错包围,西方在慢龙托(Manlungto)被龙瓦包围,北方在拉吉西末撒的(Lachishi Mosadi)被霍儿藏(Hortsang)包围。这里的寺院被称为老寺,以与上卡佳的新寺相区别,新寺是不属于这区域的。除了领袖将江瑞仓(H̱gyan-ri-tshaṅ)属于拉卜楞外,其他在老寺的活佛既属于上述在四川交界的拉谋(Lhamo)寺,也属于拉卜楞。僧众有100人。

每年六月十五,居民给山神沙哥(Shag)献箭。骆屯托(Lotun-to)村,在卡佳以西不到三里路,人民严重地患麻疹病。

20. 西北行60里至龙瓦(Lungwa),除回、汉两族的商人外,有藏族村民1480人,300户。四界:东与卡佳在佳龙阿翁(Chialung Ngowung)接壤,南与杂宇(Tsayu)在破龙尼卡(Polungniga)接壤,西与大麦塘(Tamethang)在大麦(Tame)山接壤,北与沙口(Shak-ou)在破龙(Pholung)接壤。龙瓦土官在黄苦拉卡(Huangkulakha)住,他的儿子过着寺院生活,住在他的公馆,叫作龙瓦欢仓(Lung-wahuantsang)。龙瓦寺住了40—50名僧人,与沙口有联系。另一寺院名札西禾(Chashig),有100名僧人,归拉卜楞管辖,一个虎头山神,每年四月十五为他献箭。

21. 杂宇(Tsayu)。在龙瓦南,黑错西,拉卜楞东南,阿姆桥(Amchog)东北,有600藏族,180户,旧名叫阿尔卡(Arkha)的长者统治。有一个有40—50名僧人的寺院,由拉卜楞代表负责管理。

22. 在龙瓦西面过大麦山,云海是可观的。山东27里是大麦塘(Tamethang)。除汉、回两族人口已被纳入王尕塘(Wangarthang)外,有藏族村民740人,150户。四界是:东至沙口(Shakou),南至杂宇,西至"十三庄",北至甘家(Kanja)的瓦塔(Wata)。此地号称上那木拉(Namla),一个小寺名拉治(Lachih),有30名僧人。

23. 大麦塘东行九里至山塘(Shanthang),再走21里至沙沟或撒索马(Sasoma),再九里至王尕塘(Wangarthang)或那木拉(Nam-la)。再东行沿着夏河就是红墙,杂杂(Tsatsa)寺(南岸有亚述谷,北岸有观音谷)和古堆(Kutui)寺,总名霍儿藏(Hortsang)。在王尕塘内,管理下那木拉(Namla)的头人是赵云海,1940年因他在自己地方镇压抢劫而被他自己的属民杀害。那里有一个小寺院,名艾由(Aiyu)。中那木拉归沙沟寺管理(上那木拉归前述大麦塘)。霍尔藏四部落,有三部落包括在这区域:阔尼(Koni)在观音谷,那里有藏化了的汉族,他们已没有什么汉族特点,只留有一些记忆。他们是临夏(原称河州)南川邱处机的亲属,相信是元代道教领袖邱祖的后代。昆切加西(Kunchiehchiashi),在古堆寺统治之下,真治

(Chenchih)在亚述谷,与阔尼一起,归杂杂寺管。这里人口是2122人,男939人,女1183人,有少数汉族和回族,包括在统计数字中。所有人民,包括藏族和非藏族,都是定居的。

24. 再向东走50多里,经桥沟、清水和晒经塘至土门关,就是夏河县和临夏县交界处,到了玛尼(Mani)区域,它是霍尔藏第四部落,有一小寺在晒经塘。这一区域藏族村民人口,包括少数汉族和回族,是1232人,男621人,女611人。

25. 拉卜楞北方33里是甘家(Kanja)六部落地方:上甘家、中甘家、卡家(Khaja)、石鼓儿(Shigur)、塞瑞禾(Serig)、仁勤(Rinchen),共游牧藏族1200人,300户。白石岩寺有女活佛,在谈噶举巴和胜乐金刚时,已提到过她。上一辈女活佛,是五辈转世,1935年圆寂;六辈转世,是1942年坐床的、即现在的女活佛。寺院旁边的一个洞,有很多动人的传说。但此寺原是汉人佛庙,那里至今仍有明朝成化十九年(1483)铸造的铜钟,其他地方也有类似情况,即原是汉人佛庙,后来改成藏人密宗寺院。此一区域唯一的本教寺院,在白岩寺南面,名叫作尔归克儿(Tsorkuiker),有70—80名本教徒。可是他们不在寺院里居住,而是各自有家,只在寺院举行典礼时才到寺院来。再向南走,有个废城故址,名八角城,在城内有藏族150名,还有五户汉族,从事农。

26. 再向西南,有个小寺,名甘坪(Kanping)。原属青海省同仁仁安游牧部落,但甘肃省政府在不远的地方设立了畜牧实验站。

现将夏河县人口作一总结。与拉卜楞寺的影响圈大致差不多,有村民13249人,26427户帐篷住户和7640名僧人,共47316人。在帐篷居住的或游牧人中23227人是藏族,3200人是藏化蒙古族。村民或房居的人,是从事农耕的,他们的人数是游牧人的半数。从事小农生产的只占生产人口的三分之一。全县的面积，估计有27500平方里，因为土地没有丈量过，只能是个估计数。

因为夏河县在安多（Amdo）藏族地区中比较接近汉族文化，所以县里设有普通教育的学校，是最近由汉人和藏人共同创立的。首先，那里有一所小学，为藏族文化协会所建立，收学生100名。其次另有一所小学，由县政府建立。第三，是专为藏族女孩子设立的，在任何藏族地区，这也是第一所，那是作为私立学校建立起来的，以便达到示范作用。于式玉鼓动了黄正清夫人做了校长，她自己担任了义务辅导员。黄夫人是本地的藏族，热心于小学的建立，收了80名学生，这是个很大的成功。在初小教育中除一切正常课程之外，学生还要参加生产劳动，譬如建校舍修围墙，土坯就是学生自己打的，使她们感觉到学校的建设有自己的一份力量。校园中第一次种植蔬菜，女孩子们都很热心，把劳动的成果分到各自家庭以后，在藏族传统的食谱中第一次有了新的内容。教藏文用新的教学法，也受到寺院学者的称赞。义务辅导员于1942年离开拉卜楞后，女子小学被夏河县政府接管。

当时的中央政府教育部直接创办了中级职业学校，有50名学生，读公共卫生和养畜方面的课程。国民党教育部还派了巡回施教队，用电影和演讲进行宣传，可惜巡回施教队没能进行多长时间。甘肃科学教育馆办的通俗教育馆，也因缺乏设备，有同样遭遇。

这一切都是拉卜楞的，在黑错、麦务、卡加. 清水、桥沟，还有五个短训班，每班有25名上下学生，绝大部分是汉族，教员是夏河县政府任命的。

直接的文化接触最有意义。在已故嘉样五世领导之下，将这种直接文化接触推广到拉卜楞寺。年轻的寺院僧侣，在一位大学毕业的汉人僧侣成立的汉文中学学习汉文，即嘉样活佛自己也学汉文。这位大学毕业生，就是黄明信。假定藏族教育要现代化，必须有来自传统权威中心的力量。汉族地区要使教育富于生命力，知识分子必须积极参加广大文盲群众的实际生活。藏族人民同样需要学者的帮助。藏族与汉族都面临着同样的挑战，两者都有同样的机会，倘若他们不把自己隔离在象牙之塔里，他们完全可以使自己在学术上、灵性上丰富起来。

第十五章　结束语

在藏族宗教方面，我们首先研究了它的历史以及各派并存的局面，我们并且用拉卜楞作例子，分析了它的功能和作用，现在应该有个结束语，以便把分散在不同地方的内容，清楚地归结在一起。

就教育作用来说，有下列优点：

与现代教育不同，没有只传授表面知识的毛病。而是道德与理智并重的。

关于纪律方面，既要求学生，也同样要求先生，纪律是两者共同的信条，不似现代学校那样，只管学生的纪律，对于教师则准则不同。

不管学生，还是老师，两方面都是由于对知识和灵性的共同要求而自动结合在一起的，这样，就不会受分数制度和商业空气，如学费、薪资、自然升级等方面的限制。

守则，不管在学术上，还是其他方面都是严格的，绝无个人照顾的余地。

不管是学生，还是老师，都享受个人调整的自由，排除了群众制造的形式主义的限制。

公开辩论、群众考试、公开演讲，使参加的人，都能得到标准化的锻炼。这个过程不仅影响学生，而且影响教师。假定一个人能证明自己的论题，甚至是一个新的论题，这论题就变成了公共财富，因为那是在公共场合下证明了的。这里没有妄想理论的余地，或只为个人满足，而被视为某种“自由思想”的货色。

注意力集中在某一问题上需要多少时间都可以。这里没有填鸭式的教育，没有让你太忙的感觉，也不需要多么积极。

在政治上，这里的一些机构是很稳定的，和我们已接触过的政治制度相比较，似乎都不如它稳定。我们已提到过，藏族人民组织了半自主的社区，或在土司管理之下，或在寺院之下，或在两者兼管之下，都是如此。不仅达赖喇嘛从未进行过统治的西康（Khams）和安多（Amdo）是如此，就是在西藏本身，也是如此。在西藏，达赖喇嘛的统治下有不少自治的实体，只是被他任命的官吏所监视罢了。任何时候寺院与土官发生冲突，都是寺院占上风，不管教派归谁，包括本教在内。

在考察寺院对于人民的影响时，需要回答这个问题：“为什么寺院在与其他势力竞争的时候，能够变得越来越强，而不像旁的政治实体逐渐变坏？”在一种意义下，政治优势的确对于占优势的团体有很大的坏处，历史上藏族宗教各派的消长，确实如此，但我们在这里所说的，乃是寺院与非寺院的统治。为了正确估量前者的力量，以下因素，必须考虑。

一方面，它有某些民主特点，是贵族统治所没有的；另一方面，它的威望较贵族统治高得多。

第一，寺院的领袖，是自由选择的结果，即采取活佛转世的办法，转世活佛不限于哪一家，在生成的素质方面，自然要选择最好的。一旦选出以后，他就在寺院的严格训练之下，与任何僧人一样，而不会如贵族那样，由于家庭影响而骄奢成性。活佛不管成年或未成年，甚至在他积极进行统治时，都有议会和参赞，进行例行的行政会，如果活佛在进行个人幻想而不顾公共利益的时候，就可以对他加以纠正。在这种意义上，寺院与立宪的专制，是没有多少区别的。

第二，一个活佛胜过贵族的地方是他的继续性、威望和能力。一旦被认定为活佛，他的威望是特别大的。转世，根据定义，就是同一圣人或神佛。那位原来受人崇敬的前世在世时享受到的人世间无可比拟的神圣和光荣，新转世的活佛也完全继承了下来，因为他与前世是合而为一的；而且他能读到前世的传记。这种灵性的同一，代代相传，这就是最好的继承，所以希望的人格和期待的群体，都容易发展。一个行政者有这样根深蒂固的自信心，享有人民的全副信仰；在另一方面又有负责的议会和参赞，实在不能不十分有效。如果不是如此，那就是不正常的了。

在教育和政治方面而外，发展宗教在心理方面的作用，也不能忽视。一方面，在藏族生活各方面都深受宗教要求的影响。藏族人民知道他们的生活水平是低的，但同时他们会告诉你，“人不完全靠吃饭生活”。他们对于人类生活的价值衡量是这样的高，以致不能容忍死刑，“杀一个人已够坏了”，他们将说，“为什么要以处罚形式杀另一个人呢?”所以藏族的办法是“赔命价”，以解决对于受害一方的损失。实际上，杀人的人或强盗，杀了人就被认为种下罪根，要在来生得到报偿，谁能逃避劫数呢? 自做的，必要自赎。这就是他们的理论。另一方面，对于灵性发展以外不必要的东西，是不会享受的。他们吃饮食是为治饿，等于药品治病一样。他们不能设想会享受饮食，这好像奇怪，但这是事实，甚至不花钱，他们也不干。表面上，吃糌粑没有多少丰富的营养价值，可是藏族人很健康,比汉族人健康多了。汉族人不是很讲究烹调术吗?自然除饮食以外,还有其他因素。可是事实是,他们远较汉族人健康,虽然只有简单的食品,但他们欣赏他们的简单生活。我们已经提到过他们的性格好,喜欢音乐,敢于冒险等。他们的特点是,他们满足于享受生活。假定他们的宗教能给他们这个,就是内在的价值,不管这宗教是什么。

这就使我们遇到两种在藏族宗教上的误解:一种是宗喀巴使“喇嘛教”清除了巫术作用,一种是说“喇嘛教”是佛教的低级形式,是受了本教的影响的。我们说,密宗佛教本来包括巫术,格鲁巴的创始人绝对没有避免巫术。密宗对于他的重要性并不亚于哲学显宗的佛教,不过与早期佛教相比,哲学的讨论是被改良派或后来变为正统派的人们注重得多了。这种影响作为刺激和反应,或作用和反作用的一般过程的结果,甚至传到旧派本身,然而作为自觉的努力,改良派在寺院纪律和秩序方面,更为注意。

我们已经提到过,本教乃是受佛教影响的。倘若藏族宗教在任何意义上的退化,则是释迦牟尼以后的早期佛教,与被藏族承袭的晚期印度佛教,两者之间的退化。至于藏族喇嘛,他们有一切心理反应,由生命主义通过虚无主义,全无人格的比较,由于群众的无知,他们作口头宣教,任何事都是真的,都行得通,因为有人信它;但同时,没有什么是真的,因为任何事不过是心理的创造,唯一的真理,就是离开好像真和好像不真的自由。这种超智慧,即是现代字眼所说的在认识论上和社会文化上的相对论。事实上,有的喇嘛,他们自己是活佛,他们可能宣布自己不再来到世间,他们完全知道转世的说法是空虚的,但同时他们又不愿意做损害同僚们的既得利益的行动。

然而这一点也不说明最好的喇嘛是以自我为中心的。当然，密宗佛教是为完成受戒选定的喇嘛保留的，然而被选择的喇嘛，是宣誓以关心他人的福利为唯一宗旨的。在这个意义上，如第四章末尾提到的，密宗是较显宗高一等的。任何存在的东西，都是必要的东西，作为工作的对象，不是将它放弃或者把它分开，这样才能达到完满成就的境界。在个人主义和自以为是的世界，分离主义和“纯粹研究”，都是对于真正民主的障碍，因为属于人民，为了人民，就是人民的民主。而只有喇嘛才历来认识到理论自觉在人民一起的必要。他们也不是“纯理论主义者”，他们在自己身上实验，作为人类的一部分，不，作为有生之物或宇宙的一部分，他们与那些代表学术和在心理、物理、文化领域进行实验研究的人是一致的。近代对文化和人格方面的研究通过民族学和心理分析的共同努力，可以即刻得到充实和丰富，问题在于只要我们能够认识到。如此多的藏族圣哲和活佛的传记的丰富材料，他们的实验心理学的发现是现代学术不得长久忽视的贵重东西。在研究价值以外，这些人的活生生的实例，还有引人入胜的作用。对于一般群众的影响，我们寄希望于社会文化科学的更加进步。这就是为什么尽管有许多缺点，藏族文化，自与佛教接触以来，一直是完整的和富于生命的。

到此为止，我们对于藏族宗教的优点作了一些论述，为了完整地阐述藏族的宗教问题和藏族文化将来的利益，我们必须将藏族宗教作为一种制度，提出它的缺点。

第一，在寺院教育的内容方面，限制太多，不能使学生得到与社会进行交往的必要知识，每个人都受限制，每个人都被学藏文书写体的具体困难所限制，一方面每个人都是演说家；不管是识字的,还是文盲;另一方面,甚至学者,都怕写信或写短文,以便达到一般的思想交流。最严重的问题,是知识和学者都集中在寺院里,使一般群众完全没有受教育的机会,就连寺院也在一般文化面前处于危险境地。藏族人民也知道,佛教在印度和在中国的新疆,都被伊斯兰教代替了,他们也知道,伊斯兰教商人的优势,远远胜过他们的经济。他们更关心西方的传教工作在西藏的边缘上,他们自己则不能在其他国家和地区进行交互影响。这一切都说明他们自己应该更有效地提高生产水平和文化水平,以便他们的宗教可以兴盛。

第二,不管藏族宗教有什么优点,就一般群众来说,就许多喇嘛来说,不能不承认,他们都被巫术所淹没,不再能够利用科学对于自然界进行有效的适应。

好了,我们对于藏族宗教的讨论,到此为止。

校订后记

我是怀着对李安宅、于式玉二位先生的崇敬心情，来完成《藏族宗教史之实地研究》一书的整理、校订工作的。李、于二位先生是民族学界、藏学界的前辈，一生当中，他们做了大量开拓性的工作，享有很高的声誉。但是，他们留给我的深刻印象，却是他们共同具有的、执着的献身精神，我一直受到这种精神的感染和鼓舞。

1938年，抗日战争爆发后不久，李、于二位先生从沦陷了的北平，辗转到了大西北。随后，他们历尽艰难险阻，深入甘南藏族地区，对藏传佛教格鲁派(黄教)六大寺之一的拉卜楞寺，做了长达三年的实地调查。这在当时，无疑是个创举。因为在此之前，国内外人士对藏传佛教的真实情况，很少全面的了解，能够见到的材料，大抵都是些零星片断、不成系统的记录，更有的是些荒诞不经、给人以“神秘”、“恐怖”之感的无稽之谈；至于宗教界人士撰写的有关著述，又往往偏执一端，语言晦涩，很难使人看懂。不容置疑，李、于二位先生所做的工作，是在我国对藏传佛教进行实地科学考察的一个开端，他们根据调查成果撰写的《藏族宗教史之实地研究》，的确是一部很有意义的填补历史空白的力作。

然而，在当时的社会条件下，深入到藏族地区去作实地调查研究，绝非一件“一蹴而就”的易事。他们要经受生活艰苦、孤立无援的严峻形势的考验，还要应付许多难以逾越的人为障碍，在逆境中打开出路。我们完全可以想象到，在长达三年的漫长岁月中，他们要如何不停息地奋斗，才能完成如此艰巨的工作重任！那是和我们今天到某一民族地区去作社会调查不可同日而语的事。由此，我又联想到1950年初，李、于二位先生以五十高龄的病弱之躯，毅然参军进藏的往事。那时西藏尚未解放，千里高原行军，全靠徒步跋涉；二位先生终于以坚毅不拔的革命精神，胜利地完成了进军西藏的光荣任务。为了开拓、发展西藏的教育事业，他们又先后在昌都、拉萨等地工作了五年之久，这种无私的奉献精神，真是令人由衷地感佩。

我一向钦敬李、于二位先生的道德学问。在他们生前，我每次经过成都，都要趋府问安，聆听教诲。记得我最后一次见到于式玉先生是在1965年的夏天，那时她已患病在身，但仍然和我谈了许多极富生活哲理的话，不期在“文革”中，她竟先安宅先生而去。安宅先生是1985年逝世的。我在安宅先生逝世前两年，在成都见到他，可惜那是在一次会议上，没有更多的时间交谈。我把我写的一本小书赠给安宅先生，他不无伤感地说，由于双目失明，只好请人念来听了。李、于二位先生去世后，我深切地怀念他们，也不时把他们平凡而伟大的事迹介绍给青年学生们，希望这些青年人缅怀前辈学者，开拓自己的学术之路。这次整理二位先生的遗著出版，我义不容辞地承担了《藏族宗教史之实地研究》一书书稿的整理、校订工作，为已故的二位学术界的前辈略尽自己的绵薄之力，我感到十分荣幸。

必须指出，这本书毕竟是半个世纪以前的旧作，它标志着一个时代的学术水平。为了保存原书的风貌，除改正和理顺一些字句外，我对书稿未做大的改动。我们绝不能以今天藏学发展的水平去苛求作者，反过来，更应该通过这一著作的问世，体会到李、于二位先生“筚路蓝缕，以启山林”的创业者的艰辛。我始终认为，今天的藏学是在前人大量工作的基础上发展起来的；今后的藏学势必会有更新的发展，达到一个比今天更高的水平。

《藏族宗教史之实地研究》一书出版了，可惜李、于二位先生在生前无法见到它，这是一个遗憾，也是有着多方面的原因的。然而，它今天终于和读者见面了，藏学界的同志们都很高兴，我拉拉杂杂地写了这么多，聊表我对二位先生的怀念之情，也借此机会祝愿中国藏学研究工作繁荣昌盛，更上一层楼。

王辅仁

1988年11月1日

于北京

译名对照表

A

阿毗达玛克沙(Abhidharma-koṣa)

阿达三那(Adasanna)

埃桑格(Aḫi-seṅ-ge)

额尔的尼局囊(Air-rdi-ni-ju-naṅ)

艾由(Aiyu)

俺答汗(Altan-Khan)

阿莽仓(A-main-tshaṅ)

阿姆桥(Amchog)

安多(A-mdo)

阿梅拉玛杰(A-mes-bla-ma-skyebs)

阿涅家垃(A-mye-bye-lag)

阿难达(Ānanda)

阿瑞牙德瓦(提婆)(圣天)(Āryadeva)

阿桑卡(无著)(Asainga 或 Thogs-med)

阿修罗(Asuras)

阿提沙(Atiça)

阿伊佳乍(A-yis-bya-bral)

B

巴拉堪抓(Balacandra)

巴索曲吉甲错(Ba-so-chos-kyi-rgyal-mtshan)

得瓦尖(Bde-ba-can)

白利(Be-ri)

巴瓦味吾卡(清辨)(Bhāvaviveka 或 Legs-ldan ḫbyed)

卡居巴(Bkah-bcu-pa)

卡喜巴(Bkah-bži-pa)

卡当巴德谢(Bkaḫ-gdams-pa-bde-gçege)

卡额巴(Bkaḫ-lna-pa)

噶让(Bkaḫ-rams)

札喜旺加(Bkra-çis-dbaṅ-rgyal)

札喜迥内(Bkra-çis-ḫbyuṅ-gnas)

乍西奇寺(拉卜楞)(Bkra-çis-ḫkhyil)

扎什伦布(Bkra-çis-lhun-po)

扎喜掩甲(Bkra-çis-stobs-rgyal)

札西采郎(Bkra-çis-tshe-riṅ)

拉卜楞(Bla-braṅ)

乐桑曲吉尼玛(Blo-bzan-clos-kyi-ñi-ma)

罗桑曲吉佳粲(Blo-bzaṅ-chos-kyi-rgyal-mtsban)

罗桑巴丹伊西(Blo-bzaṅ-dpal-ldan-ye-çes)

罗桑乍巴(Blo-bzaṅ-grags-pa)

罗桑顿主(Blo-bzaṅ-ẖdun-grub)
罗桑佳粲(Blo-bzaṅ-rgyal-mtshan)
罗桑采旺(Blo-bzaṅ-tshe-dbaṅ)
罗桑伊西巴桑(Blo-bzaṅ-ye-çes-dpal-bzaṅ)
罗锥桑给(Blo-gros-seṅ-ge)
罗塞母错(Blo-sems-htsho)
勃谢图觉囊(Bo-çeg-thu-jo-naṅ)
博巴(Bod-pa)
笨瑞(Boṅ-ri)
乍噶(Brag-dkar)
白岩寺(Brag-dkar)
婆罗门(Brahma)
能见婆罗门(Bram-gzigs)
尊追乍(Brtson-ẖgrags-pa)
竹夏(Bru-ça)
撒姆丹巴(Bsam-gtan-pa)
撒姆顶(Bsam-ldiṅ)
桑耶寺(Bsam-yas)
索南伦珠(Bsod-nams-lhun-ẖgrub)
锁南曲朗(Bsod-nams-phyogs-dlan)
索南佳参(Bsod-nams-rgyal-mts-han)
锁南佳错(Bsod-nams-rgya-mtsho)
颇罗鼐锁南托接(Bsod-nams-stobs-rgyas)
索南巴(Bsods-nams-pa)
丹津旺曲(Bstan-ẖdzin-dbaṅ-phyug)
旦贝尼玛(Bstau-paẖi-ñi-ma)
赞康(Btsan-khaṅ)
步楚拉康(Bu-chu-lha-khaṅ)
佛护(Buddhapālita 或 Saṅs-rgyas-bskyoṅs)
布达释瑞(Buddhaśri)
布巴(Bum-pa)
布顿(Bu-ston)
嘉木八巴(Byams-pa-dpal)
降巴灵寺(Byams-pa-gliṅ)
姜曲布(Byaṅ-chub-ẖbum)
司徒江曲甲粲(Byaṅ-chub-rgyal-my-shan)
杰马雍中(Bye-ma-gyuṅ-druṅ)

C

夏杂仁白勤(Çad-rdza-rin-po-chen)
释迦伊西(Çaẖ-kya-ye-çes)
撒门底(Cāmuṇḍi 或 Tsa-muṇ-tri)
月称(Candrakirti 或 Zla-ba-grags-pa)
向(Çaṅs)
香贡曲桑格(Çaṅs-sgom-chos-seṅ-ge)
尚顿(Çans-ston)
匣拉布勤(Ça-ra-bu-chen)
香瑞乌间(Ça-riẖi-dbu-can)
夏巴(Çar-pa)
塞增(Çer-sen)
昌都(Chab-mdo)
佳赤卡(Chiachihkha)
佳龙阿翁(Chialuag Ngowung)
卓尼(Choni)
曲札(chos-grwa)
曲吉旺曲(Chos-kyi-dbaṅ-phyug)
曲吉尼玛(Chos-kyi-ñi-ma)

曲宗(Chos-rdzoṅ)
曲加(Chos-rgyal)
法王(Chos-rgyal 或 Dharmarāja)
楚米仍末(Chu-mig-riṅ-mo)
祝维翰(Chu Wei-han)
休塞寺(Çug-gseb)

D

尼古玛(智慧空行母)(Dākini Niguma 或 Yeçes-mkhaḫ-ḫgro-ma-ni-guma)
达赖(Da-lai)
达姆巴桑吉(Dam-pa-saṅs-rgyas)
达巴(Da-pa)
达玛释瑞(Darma-çri)
达玛旺秋(Dar-ma-dbaṅ-phyug)
达玛桑格(Dar-ma-seṅ-ge)
打域卓拉(Dar-yut-sro-lag)
达斯(Das)
大卫·尼尔(David-Neel)
旺丹多吉帕拉(Dbaṅ-ldan-rdo-rje-pha-lam)
温过姆(Dbon-sgom)
乌妈(Dbu-ma 或 Madhyama)
乌玛巴遵住桑格(Dbu-ma-pa Brtson-ḫgrus-seṅ-ge)
布杂(Dbu-mdzad)
卫地(前藏)(Dbus)
前藏(Dbus)
德辛谢巴(De-bžin-gçegs-pa)
德穷(Dechiuṅ)
噶瓦东(Dgaḫ-ha-gdoṅ)
甘丹(Dgaḫ-ldan)
给叫(Dge-gyod)
根顿主巴(Dge-ḫdun-grub-pa)
根顿佳错(Dge-ḫdun-rgya-mtsho)
格芒显盘塔耶(Dge-maṅ-gžan-phan-mthaḫ-yas)
给贵(Dge-skos)
滚隆降巴灵寺(佑宁寺)(Dgon-lun-byams-pa-gliṅ)
达玛吉提(法称)(Dharmakirti 或 Chos-kyi-grags-pa)
达姆巴拉(Dharmapāla 或 Chos-skyoṅ)
法胜(Dharmattara 或 Chos-mchog)
陈那(Dignāga 或 Phyogs-glaṅ)
卡谋炯(Dkar-mo-ljoṅs)
滚巧牙配(Dkon-mchog-yar-ḫphel)
多卡(Dokha)
多卡尔(Dokhar)
朵卡(Dokhar)
顿珠仁勤(Don-grub-rin-chen)
东卡塘(Don-mkhar-thaṅ)
顿约多吉(宗喀巴名)(Don-yod-rdo-rje)
巴灿沃泊(Dpal-chen-ḫod-po)
巴须卡大巴布加(Dpal-çul-kha-ḫdal-dpal-ḫbum-rgyal)
班觉拉丹(Dpal-ḫbyor-rab-brtan)
巴追尔(Dpal-sprul)
八邦寺(Dpal-spuṅs)
巴耶西宁伯(Dpal-ye-çes-sñin-po)
白玉(Dpal-yul)

张宗(Draṅ-sroṅ)
追梅窝塞(别名龙钦饶将巴)(Dri-med-ḫod-zer 或 Kloṅ-chen-rab-ḫbyams-pa)
椎梅窝塞银(dri-med-ḫod-zer-yin)
追没兴窘(Dri-med-žin-skyoṅ)
杜格耶桑(Dugeryesang)
董索(土眉拉遵的别名)(Duṅ-so)
时轮院(Dus-ḫkhor)
达伯(Dwags-po)
达伯曼隆(Dwags-po-sman-luṅ)

E

唉旺曲丹(E-ban-chos-ldan)
埃窝曲卡(E-wam-chos-sgar)

F

托马斯(F. W. Thomas)

G

刚尕多吉丹寺(Gaṅs-dkar-rdo-rje-gdan)
辛饶(Gçen-rab)
辛饶弥泊(Gçen-rabs-mi-bo)
辛固录噶(Gçen-rgyur-klu-dgaḫ)
白伞佛母(Gdugs-dkar)
戈撒(Ge-sar)
朗达玛(Glaṅ-dar-ma)
浪瑞塘巴(Glaṅ-ri-thaṅ-pa)
灵给撒(Gliṅ-ge-sar)
灵瑞巴玛多吉(Gliṅ-ras-padma-rdo-rje)
捏年那古麻拉(Gñags-jñāna-kumāra)
捏赤赞布(Gñaḫ-khri-btsan-po)
乃穷(Gnas-chuṅ)
内多(Gnas-mdo)
努桑接伊西(Gnubs-saṅs-rgyas-ye-çes)
果洛(Go-lok)
宫巴窝(Goṅ-dpal-hod)
札喜(Grags-çes)
札巴将曲仁宝切(Grags-pa-byaṅ-chub-rin-po-che)
札八巴尔(Grags-pa-dpal)
札巴甲岑(Grags-pa-rgyal-mtshan)
札甲(Grags-rgyal)
止公赞布(Gri-gum-btsan-po)
住将(Grub-çaṅ)
竺勤西巴臧伯(Grub-chen-ži-ba-bzaṅ-po)
札尼(Grwa-gñer)
札仓贡降则(Grwa-tshaṅ-goṅ-byaṅ-rtse)
札仓握夏则(Grwa-tshaṅ-ḫog-çar-rt-se)
桑普(Gsaṅ-phu)
桑顿牙弄巴将曲甲参(Gsaṅ-ston-yar-luṅ-pa-hyṅ-chub-rgyal-mtshan)
赛康宰(Gse-khaṅ-rtse)
赛尔赤(Gser-khri)
色赤(Gser-khri)
塞道介加(Gser-rdog-lce-byams)
后藏(Gtsaṅ)
乃宁(Gtsaṅ-ṅiñ)

藏巴(Gtsaṅ-pa)
苍巴嘉瑞(Gtsaṅ-pa-rgyal-ras)
固始汗(Guçri Khan)
顾那普拉巴(Guṇaprabha 或功德光 Yon-tan-ẖod)
贡塘寺(Guṅ-thaṅ)
古儒曲吉旺去(Gu-ru-chos-kyi-dbaṅ-phyug)
姑如参佳(Gu-ru-mtshan-brgyad 或 Padmasamb hava)
雅桑寺(Gyaẖ-bzaṅ)
亚薄甲末切(Gyar-po-rgya-mo-che)
杰贡勤伯(Gyer-sgon-chen-po)

H

阿母消翁(H̱am-çod-ẖon)
哈民诺颜混格(Haminnoyen-hun-gor)
巴绕巴达玛旺曲(H̱baẖ-ram-pa-dar-ma-dbaṅ-phyug)
巴拉嘉粲(H̱bar-ra-rgyal-mtshan)
哲蚌寺(Hbras-spuṅs)
止贡寺(H̱bri-guṅ)
止贡仁宝切(H̱bri-guṅ-rin-po-che)
卓米(H̱brog-mi)
卓米罗杂释迦伊西(H̱brog-mi Lo-tsah Çah-kya-ye-çes)
卓巴(H̱brog-pa)
仲顿甲瓦琼内(H̱brom-ston-rgyal-baẖi-ẖbyuṅ-gnas)
黑错(H̱etsho)
八思巴(卓贡曲佳帕巴)(H̱gro-mgon-chos-rgyal-ẖphags-pa)
卓衮卡那(H̱gro-mgon-phyag-na)
古希李巴尔马(H̱gu-hi-li-spar-ma)
将江瑞仓(H̱gyaṅ-ri-tshaṅ)
居梅多吉(Hgyur-med-rdo-rje)
甲勤甲姆巴贝尔(H̱jag-chen-byams-pa-dpal)
嘉木央(H̱jam-dbyaṅs)
嘉样协巴(H̱jam-dbyaṅs-bżad-pa)
嘉样曲接巴(H̱jam-dbyaṅs-chos-rje-dpal)
强白佳错(H̱jam-dpal-rgya-mtsho)
文殊(H̱jam-pahi-dbyaṅs 或 Mañjughoṣa)
卡达(H̱kab-dag)
昆巴波切(H̱khon-dpal-bo-che)
昆律邦松巴(H̱khon-kluẖi-dhaṅ-sruṅ-ba)
昆绕西绕慈赤(H̱khon-rogs-çes-rab-tshul-khrims)
昆屯衮巧甲白(H̱khon-ston-dkon-mchog-rgyal-po)
光明母(H̱od-zer-can-ma)
沃宰甲错(H̱od-zer-rgya-mtsho)
沃卡曲隆(H̱ol-kha-chos-luṅ)
窝末隆仍(H̱ol-mo-luṅ-riṅ或 Ol-moẖi-gliṅ)
盘盂(H̱pan-yul)
帕巴(H̱phags-pa)
春雷佳错(H̱phrin-las-rsya-mtsho)
西仓(Hsitshang)
五巴龙(Hug-pa-luṅ)

回末卡(Huimokha)

J

成吉思汗(Jenghis Khan)
党丹索南甲参(Jo-gdan-bsod-nams-rgyal-mt-shan)
党谋囊寺(Jo-mo-naṅ)

K

甘家(Kanja)
噶玛辖竺曲吉桑给(Karma-bçad-sgrub-chos-kyi-seṅ-ge)
噶玛德谢(Karma-bde-çegs)
噶玛丹迥旺伯(Karma-bstan-skyon-dbaṅ-po)
嘎玛赞松巴(Karma-bstan-sruṅ-pa)
噶玛杜斯勤巴(Karma-dus-gsum-ṁkhyen-pa)
噶玛扎没(Karma Grags-med)
嘎玛拉顶寺(Karma lha-stiṅ)
噶玛彭错那木佳(karma-phun-tshogs-rnam-rgyal)
噶玛弱巴多吉(Karma-rol-paẖi-rdo-rje)
噶玛洋斯(Karma-yaṅ-srid)
迦释雅巴(Kāsyapa 或H̱od-sruṅ)
噶托(Ka-thog)
克克儿(Keker)
卡奇(Kha-che)
卡揭(Kha-gyas)
卡佳(Khaja)
西康(Khams)
康诵那卡(Khams-gsum-na-gar)
康巴(Khams-pa)
阔材(Khotshai)
赤德祖丹(Khri-lde-gtsug-brtan)
赤热巴坚(Khri-ral-pa-can)
赤德赞布(Khri-sde-btsan-po)
赤松德赞(Khri-sroṅ-lde-btsan)
赤托巴擦(Khri-thog-bar-tsan)
克冲姆(Khrom)
辍浦(Khro-phu)
忽必烈汗(Khubilaikhan)
穷波(Khyuṅ-po)
罗卜阿旺罗椎佳错(Klo-ẖbum-ṅag-dbaṅ-blo-gros-rgya-mtsho)
阔吗起卡(Komachikha)
工布(Koṅ-po)
工宇(Koṅ-yul)
库贝拉(Kubera)
固始丹津曲吉甲薄夏拉(Ku-çri-bstan-ẖdzin-chos-kyi-rgyal-Poẖi-żabs-lags)
枯那卡姆尼(Kunakamuni 或 Zser-thub)
昆臧贝(Kun-bzaṅ-dpal)
贡噶扎喜(Kun-dgaẖ-bkra-çis)
滚噶班觉(Kun-dgaẖ-dpal-ẖbyor)
衮噶佳参(Kun-dgah-rgyal-mtshan)
衮尕拿佳(Kun-dgaẖ-rnam-rgyal)
棍噶宁伯(宗喀巴)(Kun-dgaẖ-sñiṅ-po)
衮丹瑞巴(Kun-ldan-ras-pa)
衮前曲吉迥内(Kun-mkhyen-chos-

kyi-ẖbyuṅ-gnas)
普贤(Kun-tu-bzaṅ-po 或 Samantabhadra)

L

拉布顿(Labudun)
拉治(Lachih)
拉吉西木撒的(Lachishi Mosadi)
拉加提卡(Lajatikha)
拉姆瑞姆拉康(Lam-rim Lha-khaṅ)
浪塘梯卡(Langtangtikha)
拉堆贡巧卡(La-stod-dkon-mchog-mkhar)
喇祖亭卡(Latsutingkha)
介擦卡鼓(Lce-tsha-gar-dgu)
丹津擦莽给(Ldem-gyin-tsa-smaṅ-dge)
雷塘莽巴(Lega-thaṅ-smaṅ-pa)
拉达阿卓(Lha-bdag-sṅags-dro)
拉藏(Lha-bzaṅ)
拉谋寺(Lha-mo)
拉谋拉错(Lha-mo-lha-mtsbo)
拉谋采仁(Lha-mo-tshe-riṅ)
拉萨(Lhasa)
拉托托日娘赞(Lha-tho-tho-ri-gñan-btsan)
乐乍(Lho-brag)
南洛札(Lho-brag)
骆屯托(Lotunto)
龙瓦(Lungwa)
隆多佳错(Luṅ-rtoga-rgys-mtsho)

M

玛沙得瓦(Mabshadewa)
姆吉拉准(马纪拉准)(Ma-gcig-lab-sgron)
玛哈布拉玛(Mahābrahma 或 Tshaṅs-pa-chen-po)
马哈卡拉(Mahākāla)
弥勒(Maitreya 或 Byams-pa)
麦垂巴(Maitripa)
马克夏娜(Makshiana)
曼殊勾沙(Manñjughoṣa)
曼殊师利(Mañjuśri)
曼陀罗(Mandala)
曼抓(Mantras)
玛帕姆尤错(Ma-pham-gyu-mtsho)
玛巴(Mar-pa)
奇姆普(Mchims-phu)
麦加(Mecca)
梅顿村泊(Mes-ston-tshon-po)
棍桑(Mgon-bsam)
衮康(Mgon-khaṅ)
衮薄鼓(Mgon-po-gur)
贡伯多吉(Mgon-po-rdo-rje)
弥拉(Mi-la)
弥拉瑞巴(Mi-la-ras-pa)
木雅(Mi-ñag)
米娘岗卡(Mi-ñag-gaṅs-dkar)
宁堆(Niṅ-stod)
米初磋吉(Mi-tra-dzo-ki)
堪勤囊卡佳粲(Mkhan-chen Nam-mkhaẖ-rgyal-mtshan)
聂塘巴扎巴桑给(Mkhao-po Rñe-

thaṅ-pa-grags-pa-seṅ-ge)
堪布仓(Mkhan-po-tshan)
卡钟促衔多尔吉(Mkhar-druṅ-mt-shar-skyes-rdo-rje)
卡谋吉(Mkhar-mo-skyid)
克尊笋奴著(Mkhas-btsun-gżon-nu-grub)
克主杰(Mkhas-grub)
克主曲杰(Mkhas-grub-chos-rje)
克主佳错(mkhas-grub-rgya-mtsho)
阿里(Mṅaẖ-ris)
阿里班勤(Mṅah-ris-paṉ-chen)
门地(Mon)
慕古(Mugu)
错阿追五穷(Mtsho-lṅa-ẖdreẖu-chuṅ)
粗普(Mtshur-phu)
促顿旺(Mtshur-ston-dbaṅ)
木泵桑塘(Mu-spuṅs-gsaṅ-thaṅ)
穆帖东巴辍节(Mu-stegs-ston-pa-ẖphrog-byed)
穆擦茶黑塞(Mu-tsa-tra-he-se)

N
那卡米辍(Nāgāmitra 或 Kluẖi-bçes-gñen)
龙树(Nāgārjuna 或 Klu-sgrub)
阿旺扎喜(Ṅag-dbaṅ-bkra-çis)
阿旺罗桑甲错(Ṅag-dbaṅ-blo-bzaṅ-rgya-mtsho)
那旺曲巴(Ṅag-dbaṅ-chos-dpal)
阿旺答甲(Ṅag-dbaṅ-dar-rgyas)
昂旺囊佳(Ṅag-dbaṅ-rnam-rgyal)
那吉旺曲(Ṅag-gi-dhaṅ-phyug)
那烂陀寺(Nālanda 或 Na-lan-dra)
那木拉(Namla)
娘(Ñaṅ)
恩宗顿巴(Ṅan-rdzoṅ-ston-pa)
娘托(Ñaṅ-stod)
囊他塘(Naṅtathaṅ)
年托(Ñan-thog)
那若巴(Naropa)
诺拉(Ngora)
鄂错(Ngotsho)
娘勤(Niangchen)
尼拉内辍(Nilanetra)
尼玛窝色(Ni-ma-ẖod-zer)
嗯拉闻巧(Nlawenchog)
额尔寺(Nor)

O
翁达(On-mdah)

P
巴卡津巴伊西佳错(Pad-dkor-ẖdzin-pȧye-ọes-rgya-mtsho)
巴玛春雷(Padma-ẖphrin-las)
班玛日津(Padma-rig-ẖdzin)
班马撒姆巴瓦(莲华生)(Pad-masambhava)
帕克西(Pakži)
班禅(Pan-chen)
班勤(Pan-chen)
班禅额尔德尼(Pan-chen Erdni)

帕擦巴(Pa-tshwa-ba)
帕崩卡寺(Pha-boṅ-kha)
帕谋主巴(Phag-mo-grub-pa)
帕郭衮噶藏伯(Pha-rgo-kun-dgaḫ-bzan-po)
破龙(Pholung)
卡巴曲吉桑结(Phywa-ba-chos-kyi-seṅ-ge)
颇北密札(Pobemilcha)
破龙尼卡(Polungniga)
波拉(Pora)
普尔那瓦尔达那(满增)(Pūrṇavardhana 或 Gaṅ-ba-spel)

R

饶将巴(Rab-ḫbyams-pa)
日呼拉(Rāhula)
罗睺(拉呼拉)(Rāhula 或 Sgra-gcan-ḫdzin)
日呼拉古塔足(Rāhula Gupta-bdza)
让将多吉(Raṅ-byaṅ-rdo-rje)
瑞穷巴(Ras-chuṅ-pa)
瑞巴(Ras-pa)
拉提那灵巴(Ratna Glin-pa)
多夏尔(Rdo-gžal)
金刚无我母(Rdo-rje-bdag-med-ma)
多吉扎(Rdo-rje-brag)
多吉旦八勤薄(Rdo-rje-gdan-pa-chen-po)
金刚持(Rdo-rje-ḫchan 或 Vajradhara)
多吉帕谋(金刚亥母)(Rdo-rje-phag-mo 或 Dia-mond)
金刚亥母(Rdo-rje-pha-mo 或 Vājravārāhi)
金刚杵(Rdo-rje-phur-pa)
多吉铁巴(Rdo-rje-theg-pa)
杜顿润旺(Rdul-ston-rin-dbaṅ)
津奇寺(Rdzin-phyi)
佐勤(Rdzogs-chen)
贝吉多吉(Re-çes-rdo-rje)
仁达瓦(Red-mdar-pa)
甲维罗追(Rgyal-baḫi-blo-gros)
甲玛巴(Rgyal-dmar-pa)
甲类下巴卡擦寺(Rgtal-legs-bçad-paḫi-dgaḫ-tshal)
佳岑步(Rgyal-mtshan-ṅbum)
佳塞东坚巴(Rgyal-sras-don-rgyan-pa)
甲擦(Rgyal-tsh)
嘉错杰(Rgyal-tshab-rje)
加仓(Rgyal-tshaṅ)
佳卡托顶(Rgya-sgar-tog-tiṅ)
居没巴札仓(Rgyud-smad-pa-grwa-tshaṅ)
神学上院(Rgyud-stod-pa-grwa-tshaṅ)
瑞帕仁勤笨巴(Ri-do-rin-chen-spuṅ-pa)
瑞金过及得曲尖(Rig-ḫdzin-rgod-kyi-ldem-ḫphrul-can)
类伍齐噶玛贡(Ri-hu-che-kama-dgon)
仁勤臧布(Rin-chen-bzaṅ-po)
仁勤巴(Rin-chen-dpal)

仁勤灵巴(Rin-chen-gliṅ-pa)
仁勤盆错(Rin-chen-phun-tshogs)
日拖马(Ritoma)
杰念没饶贾灿(Rje-mñan-mod-rad-rgyal-mt-shan)
甘卡曲(Rkan-dkah̠-bcu)
玛塞罗追仁勤(Rma-se-blo-gros-rin-chen)
莫巧巴存著(Rmog-lcog-pa-brtson-h̠grus)
额顿曲骨多吉(R ṅ og-ston-chos-sku-rdo-rje)
弱浪妈(Ro-laṅs-ma)
罗柏多吉(Rol-pah̠i-rdo-rje)
绒苏母勤伯趋吉臧伯(Roṅ-zom-chen-po-chos-kyi-bzaṅ-po)
马头明王(Rta-mgrin 或 Hayagriva)
丹那多吉旦寺(Rtan-nag-rdo-rje-gdan)
达那(Rta-rna)
拖丹扎巴(Rtogs-ldan-grags-pa)
杂迷(Rtswa-mi)
热振寺(Rwa-sgreṅ)

S

萨勤衮噶宁白(Sa-chen-kun-dgah̠-sñiṅ-po)
撒哈尔(Sahar)
释迦牟尼(Śākyamuni)
沙加释瑞(Śākyaśri)
三沟克(Sangouk)
三阔塘(Sankhogthang)
桑佳将曲(Saṅs-rgyas-byaṅ-chub)
桑吉温(Saṅs-rjyas-dbon)
桑结佳错(Saṅs-rgyas-rgya-mtsho)
桑杰东巴(Saṅs-rgyas-ston-pa)
山塔绕克西塔(Śantarakshita)
色拉(Sa-ra)
萨迦寺(Sa-skya)
萨迦班勤(Sa-skra-pan-chen)
撒索马(Sasoma)
八巴那觉巴(Sbas-pah̠i-mal-hgyor-pa)
西康德格(Sde-dge)
德格萨迦寺(Sde-dge Sa-skya-pa)
塞桑七(Sesangchi)
卡姆伯巴(即达伯医生)(Sgam-po-ba)
果莽(Sgo-maṅ)
卓普巴(Sgro-phug-pa)
古儒错(Sgrub-stsol)
沙口(Shakou)
斯当巴八(Si-thaṅ-dpal-h̠bar)
司徒将楚甲粲(Si-tu-byaṅ-chub-rgyal-mtshan)
司徒曲吉嘉木错(Si-tu-chos-kyi-rgya-mtsho)
司徒帕马宁杰佳伯(Si-tu-padma-ñin-byed-rgyal-po)
卡臧佳错(Skal-bzaṅ-rgya-mtsho)
古布寺(本名:塔尔寺)(Sku-h̠bum)
滚布寺(Sku-h̠bum)
塔尔寺(Sku-h̠bum)

罗笨索南作末(Slob-dpon-bsod-nams-bdze-mo)
医学院(Sman-pa-grwa-tshaṅ)
曼瑞公巴(Sman-ri-dgon-pa)
玛仓西饶桑格(Smar-tshaṅ-çes-rab-seṅ-ge)
麦乌顿(Smeẖu-ston)
敏卓灵(Smin-grol-gliṅ)
那塘寺(Snar-thaṅ)
尼铺(Sñe-phu)
锁仓(Sotshang)
菩萨观世音(Spyan-ras-gzigs 或 Avalokiteśvara)
兼阿(Spyan-sṅa)
色居恭巴寺(Sre-rgyud-dgon-pa)
妖魔(Srin-mo 或 Rākṣasi)
松赞甘布(Sroṅ-btsan-sgam-po)
达隆(Stag-luṅ)
邓勤贡(Staṅ-chan-dgon)
斯梯尔玛梯(安慧)(Sthiramati 或 Blo-gros-br-tan-pa)
堆隆(Stod-luṅ)
顿曲(Ston-chos)
松巴堪布(Sum-pa-mkhan-po)
苏瓦细地(Suwasid-dhi)
苏喀西地(Swasiddhi)

T
塔哈尔(Tahal)
大麦(Tame)
大麦塘(Tamethang)
塘那(Thaṅ-nag)
丹珠克(Tantric)
塔巴岭(Thar-pa-gliṅ)
他瓦(Thawa)
托古(Thogku)
顿弥桑布札(Thon-mi-sam-bho-ṭa)
闻思堂(Thos-bsam-gliṅ)
图丹佳错(Thub-bstan-rgya-mtsho)
土眉拉遵(Thub-med-lha-btsun)
图杰从柱(Thugs-rje-brtson-ẖgrus)
冬那卡(Thungnakha)
土伯户(固始汗的原称)(Thu-paẖi-hu)
梯挤塘(Tichithang)
梯罗(Tilo 或 Tilopa)
梯普巴(Tiphupa)
哲波巧(Tre-po-mchog)
擦木桥村(Tsamcho)
藏(Tsang)
藏拉得玛(Tsangladma)
杂杂寺(Tsatsa)
杂宇(Tsayu)
策楞(Tse-ring)
擦尔寺(Tshal)
仓洋佳错(Tshaṅs-dbyaṅ-rgya-mtsho)
擦勤罗塞佳错(Tshar-chen-blo-gsal-rgya-mtsho)
擦尔巴寺(Tshar-pa)
错勒赤居仓(Tshogs-chen-khri-jur-tshaṅ)
促赤佳错(Tshul-khrims-rgya-mtsho)

粗赤仁勤(Tshul-khrims-rin-chen)
粗赤宁伯(Tsaul-khrims-sñiṅ-po)
载末尔(土地)(Tsiḫu-dmar)
宗喀(Tsoṅ-kha)
宗喀巴(Tsoṅ-kha-pa)
左尔克尼玛(Tsuorkenima)
冬七秦(Tungchich)

U

邬仗那(U-rgyan 或 Oḍḍiyāna)

V

外什拉瓦那(Vaiśravaṇa)
双臂瓦支饶撒梯发(金刚萨埵)(Vajrasattva)
胜乐金刚(Vajravārāhī)
瓦苏班杜(世亲)(Vasubendhu 或 Dbyig-gñen)
末姆他参那(那胜军)(Vimuktasena 或 Rnam-sde)
律天(Vinayadeva 或Ḫdul-ba-lha)
吾什瓦米突(胜友)(Viśvāmitra或 Khyad-par-bçes-gñen)

W

王尕塘(Wangarthang)
瓦塔(Wata)
魏拉特汗(Weilat Khan)
伊万斯闻兹(W. Y. Evans-Wents)

Y

牙卓(Yar-ḫbrog 或 Yamdok)
雅隆囊佳(雅隆)(Yar-kluṅ-mam-rgyal)
鸦弄寺(Yar-luṅ)
耶西采巴(Ye-çes-brtsegs-pa)
耶西丹津(Ye-çes-bstan-ḫdzin)
耶西佳参(Ye-çes-rgyal-mtshan)
伊西佳错(Ye-çes-rgya-mtsho)
耶普寺(Yel-phug)
义末(Yimo)
摇噶姆巴拉(Yogāmbara)
约曲旺(Yol-chos-dbaṅ)
庸顿(Yonden)
永丹佳错(Yon-tan-rgya-mtsho)
尧子漆卡(Yozchikha)
域土记采仁(Yul-thu-chi-tshe-riṅ)

Z

夏中朱龙巴(Żabs-druṅ Sbru-lun-pa)
向康勤伯(Żan-khan-che-po)
桑擦南甲参(Zaṅ-tsha-bsod-nams-rgyal-mtshan)
香雄(Żaṅ-żuṅ)
希巴错(Żi-ba-ḫtsho 或Śānta-rakṣita)
西勤(Żi-chen)
西勤饶将巴(Żi-chen-rab-ḫbyams-pa)
达窝宣奴(达波达窝宣奴)(Zla-ḫod-gżon-nu 或 Candraprabha-kumāra)
孙蒙(Zun-muṅ)
索下加僧格(Zur-çākya-seṅ-ge)

索穷巴(Zur-chuṅ-pa)
索伯切(Zur-po-che)
索伯切沙佳迥内(Zur-po-cheça-kya-ẖbyuṅ-gnas)

李安宅先生学术年表*

1900年(光绪二十六年)

出生在河北省迁安县滦河桥白塔寨。字仁斋,笔名任责。他的曾祖父曾为清廷御医,到他祖父成年时家里已经很穷,祖母是丰润县名门闺秀,婚后生了三子,其中大儿子考中了秀才,二儿子虽然考中了武举,只因为身体不支就改为行医并成了附近几个县的名医,这就是李安宅的亲生父亲。李安宅出生后,大伯没有儿子,于是把他过继给了大伯,因为按中国汉族封建礼教弟弟不能比哥哥先有儿子。所以李安宅从小在大伯的家读四书五经。

1923年

开始在山东济南齐鲁大学作为一个"选生"(special student)学习。而不在正式的拿学位的学生行列。主修社会学和比较宗教学。

1924年

转入北平燕京大学社会学系研究班,师从中国著名人类学家吴文藻。

1929年

获理学学士学位,毕业后留任该校社会学系助教、讲师和国学

---

* 本年表由格勒撰写。

研究所编译员。这期间他运用英美人类学理论，诠释中国古代汉文儒典，发表了《〈仪礼〉与〈礼记〉之社会学研究》等学术著作。因通英文，被张家口苏联领事馆聘为英文翻译，期间加入了中国共产党。

1934 年

在吴文藻的安排下李安宅接受罗氏基金会奖学金，赴美国加利福尼亚大学、耶鲁大学人类学系留学，与党组织失去联系。在此期间他有机会到美国新墨西哥州和墨西哥从事印第安民族社会教育的考察和研究，并撰写了《印第安祖尼的母系社会》一书。随后又翻译了英国人类学家马林诺夫斯基的《巫术·科学·宗教与神话》、《两性社会学》两部名著。撰写了《美学》和《意义学》等人类学著作。

1937 年

留学回国，任燕京大学社会学系讲师、副教授。

1938 年

抗日战争期间北平沦陷，他接受陶孟和、顾颉刚两师的建议，以教育部边疆视察员的身份，赴甘肃兰州，与其妻于式玉一道深入甘南藏族地区拉卜楞寺，从事藏族文化促进工作和社会人类学实地调查研究，历时三年，期间任甘肃省科学教育馆教育科学组组长。

1941 年

离开拉卜楞寺到成都，受聘于华西协和大学，任社会学系教授兼系主任、边疆研究所所长等职。

1944 年

与张逢吉、任乃强等人到西康省南北两路进行藏族社会调查，为时半年，写下了《喇嘛教萨迦派》、《西康德格之历史与人口》等文。

1947 年

应美国耶鲁大学的邀请，任该校研究院人类学系客座教授。

1948 年

赴英国考察和讲学。

1949 年

回国后，与夫人于式玉一道参加中国人民解放军，随军进藏。到昌都后创办了昌都小学。

1951 年

到达拉萨，协助西藏军区政治部开办了解放军办藏语文培训班，同时还兼任西南军政委员会委员。曾任拉萨小学副校长及西藏军区干部学校教务长等职。

1955 年

从西藏调回成都，任西南民族学院教授、副教务长，并从事民族政策的教学和研究工作。

1959 年

参加中国社会科学院民族研究所四川少数民族社会历史调查工作。

1962 年

调四川师范学院任副教务长、外语系教授、主任。从事英语教学工作。

1966 年

“文化大革命”中被当作外国特务，遭受批判和不公正的待遇。

1978 年

中国改革开放后落实政策，恢复李安宅学术研究，并任中国社会学研究会和中国民俗学研究会顾问、四川省政协委员等职。

1985 年

3 月 4 日在成都因病去世，享年 85 岁。

“读书治国”的人类学家和藏学家
——李安宅和他的《藏族宗教史之实地研究》

格 勒

30年来，我自由而幸福地遨游在人类学、藏学两个学术的湖泊里，从过去一个学术界年轻而略有傲气的初生牛犊，如今变成了一个两鬓斑白而又不得不前思后想、左右兼顾的老教授，并于2011年正式决定离开喧嚣的大都市北京，来到世界上最宜居的“成功之城”成都，终于开始了我多年渴望而不可及的校园生活。作为西南民族大学民族学专业藏族社会文化方向的博士生领军导师，我为学生开设了人类学和藏学两个方面的专业基础课。我发现许多新入学的学生对国内外藏学动态和人类学的基本理论并不熟悉或不甚了解，于是决定为学生开设两门基础课：一门叫《国内外藏学名著导读》，其中包括李安宅的《藏族宗教史之实地研究》（下文简称《宗教史》）一书。另一门必修课叫《文化人类学的基本理论与方法》，其中包括介绍李安宅运用文化人类学的理论与方法研究中国社会和藏区社会的个案。

我之所以选择李安宅为名家，选择《藏族宗教史之实地研究》

为名著，是因为中国改革开放后，中国学术界开始出现了不少有关介绍和研究李安宅教授的论著，其中包括邓锐利：“介绍李安宅著《拉卜楞寺》”；张庆有：“记中国藏学先辈——李安宅、于式玉教授在拉卜楞的岁月”；《藏族宗教史之实地研究》中的“李安宅教授小传”和雷洁琼的序言；1992年四川省社会科学院负责组织整理编辑的《李安宅藏学文论选》；陈波：《李安宅与华西学派人类学》；何贝莉：“藏族宗教史之实地研究”书评；赵志研：“李安宅：现代中国藏学研究的开拓者”；王先梅：“五十书行出边关，何惧征鞍路三千——忆李安宅、于式玉教授”等等。为什么有如此多的学者在较短时期内集中关注和研究李安宅？我认为原因主要有两个方面，其一是他传奇式的学术生涯；其二是他对中国人类学和藏学两个方面的学术贡献以及拳拳爱国之心。

一、 传奇的学术经历

李安宅1900年出生于河北省迁安县白塔寨村的一个书香世家，字仁斋，笔名任责。从小受其家庭环境的熏陶，苦读四书五经，养成了爱好读书和思考的好习惯。1923年他考入山东济南齐鲁大学，后转入北平燕京大学社会学系研究班，师从中国著名人类学家吴文藻，1929年获理学学士学位，毕业后留任该校社会学系助教、讲师和国学研究所编译员。这期间他运用英美人类学理论，诠释中国古代汉文儒典，发表了《〈仪礼〉与〈礼记〉之社会学研究》等学术著作。因通英文，被张家口苏联领事馆聘为英文翻译，期间加入了中国共产党。

1934年至1936年,在吴文藻的安排下李安宅接受罗氏基金会奖学金,赴美国加利福尼亚大学、耶鲁大学人类学系留学,与党组织失去联系。在此期间他有机会到美国新墨西哥州和墨西哥从事印第安民族社会教育的考察和研究,并撰写了《印第安祖尼的母系社会》一书。随后又翻译了英国人类学家马林诺夫斯基的《巫术·科学·宗教与神话》、《两性社会学》两部名著。1937年回国,任燕京大学社会学系讲师、副教授。1938年,抗日战争期间北平沦陷,他接受陶孟和、顾颉刚两师的建议,以教育部边疆视察员的身份,赴甘肃兰州,与其妻于式玉一道深入甘南藏族地区拉卜楞寺,从事藏族文化促进工作和社会人类学实地调查研究,这期间"他与当地僧俗人民同吃同住,历时三载,饱尝艰辛,取得大量材料"①,并撰写有关藏族宗教、文化和民俗等方面的论文,完成了著名的《藏族宗教史之实地研究》一书。1941年李安宅离开拉卜楞寺到成都,任华西协和大学社会学系主任、教授、边疆研究所所长等职。1944年与张逢吉、任乃强等人到西康省南北两路进行藏族社会调查,为时半年,写下了《喇嘛教萨迦派》、《西康德格之历史与人口》等文。1947年应美国耶鲁大学的邀请,任该校研究院人类学系客座教授。翌年,赴英国考察和讲学。

据20世纪90年代,由四川省社会科学院负责主持整理编辑的《李安宅藏学文论选》介绍:从1940年到1948年的八年里,李安宅教授先后发表了《藏族家庭与宗教关系》、《从拉卜楞的护法神看佛教的象征主义》等17篇有关藏学的论文或译文。1949年回国后,"李安宅教授和夫人于式玉教授,不顾年高、体弱多病,毅然放弃优

① 本书"序"。

越的生活条件,深入西藏地区”①,随中国人民解放军进至西藏昌都后,与于式玉一道创办了昌都小学。1951年到达拉萨,协助西藏军区政治部开办了解放军办藏语文培训班,同时还兼任西南军政委员会委员。1952年3月,参与创办拉萨小学,并担任该校副校长。他们夫妇在西藏高原辛勤耕耘五载。培养大量双语人才,为发展西藏的教育事业做出了突出的贡献。

1955年调回成都,任西南民族学院副教务长,并从事民族政策的教学和研究工作。1962年调四川师范学院任副教务长、教授、外语系主任,从事英语教学工作。“文化大革命”中被当作外国特务,遭受批判和不公正的待遇。改革开放后落实政策,恢复学术研究,曾任中国社会学研究会和中国民俗学研究会顾问、四川省政协委员等职。1985年3月4日在成都因病去世,享年85岁。

二、“读书治国”的人类学

自李安宅师从中国著名人类学家吴文藻学习人类学后,他的第一个身份就基本确定为是一个人类学家。而且我相信当时的李安宅选择学习人类学不仅仅为了混口饭吃或为了简单的就业,他和许许多多20世纪30年代的中国知识分子一样,为了救国救民。用吴文藻等人的话说:当时“中国处于半殖民地半封建的落后状况,知识分子纷纷向西方寻求改变中国社会状况的理论和方法”②,

① 本书“序”。

② 陈波:《李安宅与华西学派人类学》,四川出版集团巴蜀书社2010年。

显然他们求学是为了中国革命，他们希望用西方的社会科学理论和方法来正确认识和改造中国，而人类学尤其是功能学派的人类学理论正好成了他们认识中国社会不可缺少的辅助工具。

李安宅进入燕京大学不久就加入了中国共产党，而且介绍自己的妻子入党的实际行动也证明了他求学为治国或为革命的动机非常明显。据李安宅本人自述①：1925 年秋末冬初见过中国共产党的创始人之一李大钊，并被他介绍引见了苏联大使。不难理解他学习人类学的目的就是为了崇高的革命理想。同样后来他出国也是因为认识到“学术研究也是爱国的途径之一，二者不相侵；这使李安宅在 20 世纪 30 年代初最终放弃直接参与革命活动”，决定出国留学。后来他无论到西方留学还是讲学，他拳拳爱国之心和改造中国的革命之心处处外露不已。具体表现在两个方面：一是在西方讲学时在西藏问题上始终坚持西藏是中国的一部分的爱国原则。

众所周知，西藏一直是中国领土不可分割的一部分。但就在新中国建立前的前夕，西藏上层贵族中一小撮亲西方的民族分裂主义者在外来反华势力的策划下，在国际上大肆活动，与仇视新中国建立的少数西方国家狼狈为奸，试图通过制造所谓“西藏独立”的舆论，阻止解放军进军西藏。这便是李安宅教授所说“外国的造谣”之所指。也正是这个期间（1947 年到 1948 年间）李安宅教授正好在美英两国执教与考察。他亲眼目睹了国内外西藏局势的真实情况，更亲身感受到美英等国一些别有用心者居心叵测，于是他从一个正直的中国学者的立场出发，以调查的客观事实为准则，用

① 陈波：《李安宅与华西学派人类学》，四川出版集团巴蜀书社 2010 年。

英文写下了这部著作。“当我们现在捧读他这本大作时，首先使人感召的便是李安宅教授的这种爱国主义的崇高思想，和一颗赤诚的爱国之心”①。

同样在中国问题上李先生始终坚持两个根本观点：第一坚持中国抗战建国的总任务必须完成，即借助抗战的迫力改变中国落后、受压迫的面貌。第二坚持中国需要建立自己的社会科学，需要国际合作；按着科学的理论和方法分析和改造旧中国。他多次出国虽然收到多方邀请继续讲学，但他并没有选择最后定居西方发达国家享受优越的生活条件和追求崇高的学术地位。相反，他一次又一次带着丰硕的学习和研究成果回到国内，投入到中国轰轰烈烈的革命洪流中。尤其是1949年回国不久，李带着夫人，不顾年老体弱，毅然参加中国人民解放军，投入到和平解放西藏的革命事业之中。正如雷洁琼总结：“安宅教授一生为中国共产主义事业，为祖国的统一大业，为各民族的团结，为建立和发展我国社会学、民族学和藏学做出了卓越的贡献”②。很显然，他的《宗教史》于英国完稿后寄去美国早日出版的意图就是为了匡正国际上所谓“西藏问题”的错误视听。由此可见，李安宅无论是学习人类学，还是从事藏学研究的动因之一就是为了革命或为了治国。

从人类学的视角看，他的灵魂深处早已有一个难以改变的心志，这就是为改造中国、为革命的崇高的理想而孜孜不倦地学习，自由刻苦地探索。为此他拜吴文藻先生为师，学习人类学功能学派的理论；并且翻译介绍了英国著名的功能学派创始人马林诺夫

① 李韶明：“评李安宅遗著《藏族宗教史之实地研究》”，载《中国藏学》1990年第1期。

② 本书“序”。

斯基两部名著《巫术·科学·宗教与神话》《两性社会学》。为中国人类学的发展做出了重要的贡献。正如译者序中所说：他选择翻译这两部书首先考虑的“乃是这类著作对于国内学术界的可能影响”，是为了改造“为书本而书本”的八股，为了找到认识和研究中国社会尤其是农村社会和边疆社会的理论和方法。他非常赞赏马林诺斯基的说法：“人类学不只应该利用我们底心理我们底文化来研究蛮野风俗，也该利用石器时代所给我们的远近布景来研究我们自己底心理。”他特别强调“译者特别关心的，自然不只是读了人类学的文字而有可能贡献。最大的可能贡献乃在人类学底严格训练教我们所作的实地研究。实地研究，实地工作，才是针对了八股习气所下的顶门针。”译者心目中的人类学，便是应用人类学。他认为“中国以农村为基础，中国的农村又不是工业化的农村，所以用人类学来研究农村正合适”[①]。这些字字句句透露出李安宅翻译这些书的最终目的是为了认识和改造中国社会的拳拳爱国之心。这也许就是陈波教授所说的“李安宅性”(Li An-cheness)[②]，我认为这种属性的最高境界便是读书治国。

三、一本藏学名著——《藏族宗教史之实地研究》

李安宅先生可以说是民国时期到藏区进行多种学科实地调查的老一辈学者中最杰出的代表之一。其代表作《藏族宗教史之实

① [英]马林诺夫斯基：《武术科学宗教与神话》，李安宅译，中国民间文学出版社1986年。

② 陈波：《李安宅与华西学派人类学》，四川出版集团巴蜀书社2010年。

地研究》是倾注了李安宅教授数十年心血的藏学力作，也堪称中外藏学界用文化人类学的理论和方法研究藏族寺院的经典个案之作。

（一）书稿背景和布局

《藏族宗教史之实地研究》。书稿最早是英文稿，定名为《藏族宗教史：田野个案研究》（*History of Tibetan Religion：A Study in the Field*）。然而，这本著作的正式出版却颇费周折，历经四十余载，方得以面世。李安宅曾自叙道：“我于1947—1948年赴美教书，1948-1949年赴英考察，将在国内发表的文字译成英文，希望能出版，借以抵制外国的造谣。稿件寄至美国耶鲁大学出版部就回国了，很快中美绝交，便无下文了①。”时至1982年8月，在日本东京大学东洋文化研究所所长中根千枝教授的支持下，该研究所正式出版了《拉卜楞——李安宅的调查报告》，即《藏族宗教史之实地研究》的第四编②。由于当时尚不稳定的中美关系，书稿在美国迟迟未能刊印；在国内发表过的文章又已全无；晚年之际，李安宅先生将该书的英文稿副本译成汉文并重新修订，最终经四川省社会科学院李安宅、于式玉教授遗著编委会委托王辅仁教授整理，交给中国藏学出版社，1986年我从中山大学人类学系毕业分配到北京中国藏学研究中心后，曾在成都见到李安宅的亲属和四川社科院的有关学

---

① 本书“出版前言”。

② 邓锐龄：“介绍李安宅著《拉卜楞寺》”，载《民族研究》，1983年第3期。参见李绍明：“评李安宅遗著《藏族宗教史之实地研究》”，载《中国藏学》，1990年第1期。

者并讨论出版事宜。最终这部著作1989年9月得以正式出版。

汉文本《藏族宗教史之实地研究》共分四编，第一编绪论部分讲文化背景和历史概况，第二编讲“佛教以前的信仰和早期佛教”，第三编讲革新或当权的藏传佛教教派格鲁派，第四编以格鲁派寺院拉卜楞寺为例，讲寺院的历史、施主、组织、神佛、训练课程、公开聚会和人民生活等。全书共22万字。从全书的谋篇布局来看，第二和第三编基本上是依据文献记载的资料编纂而成，是我们当代从事藏学研究的人比较熟悉的一般藏传佛教史。该书最有特色和价值的是绪论和第四编，其中第四编使该书在诸多的同类书籍中，显得与众不同，因为这部分是作者用文化人类学实地参与观察和田野调查的方法而获得的第一手资料成果，因此也是全书重点所在。这一编自然所占章目和页数几乎与前三编平分秋色，全书十五章，第四编就占了七章，接近一半。

(二)文化背景和历史概况

《宗教史》开篇绪论中为何强调文化背景和历史沿革？一则因为西方学术传统或学术规范要求任何论著的开篇必须说明“when”(何时)“where”(何地)等基本背景。二则因为李安宅编写这部书稿的时代正是他本人的花季之年，也是国内外对“what is Tibetan ?”(什么是藏族)或什么是藏族文化？不但弄不清楚，甚至有不少误解的时代。就是现在国内外仍有不少人，包括我国沿海地区、台湾、香港地区和东南亚、拉丁美洲的华人，很多人只知西藏或西藏族，不知何为藏族。在我国学术界普遍把英文中的“Tibet”译成西藏，而不是藏区或藏族。这大概是因为西藏这个名称的知名度高于藏族,形成了一种约定俗成的传统习惯,难以改正。因此学术上重要的是要弄清楚文化上的 Tibet,也就是英文中的 Ethnic Tibetan 与行政区划和地理概念上的 Tibet 的差别。要弄清楚作为一个民族,藏族现在不仅居住在西藏自治区(据 1990 年统计,藏族总人口 459 万,西藏自治区 209 万,占总人口的 45.6%),还分布在四川(108 万,占 23%),甘肃(36 万,占 8%),云南(11 万,占 2.4%),青海(95 万,占 21%)。此外在印度拉达克、尼泊尔、锡金、不丹、美国、瑞士、英国、德国等 20 多个国家和地区分布着十多万国外藏族同胞。分布在这些地区的藏人有统一的文化身份,包括语言、心理、价值观念、信仰等。但不同地区的藏族,由于受不同地理环境和不同外来文化的影响以及民族文化的交融而形成了不同的特点。在藏族的传统历史地理概念中,把整个藏区分成三大部分:“上阿里三围,中卫藏四如,下多康六岗”,这个范围除了包括今天西藏自治区的全部外,还有印度的拉达克、尼泊尔境内的一部分地区,以及锡金、不丹和我国东部的青海、甘肃、四川、云南省的一部分地区。藏族人的传统观念中今日以拉萨市为中心的西藏是藏族的中心,所以叫“卫”(dbul),以日喀则为中心的雅鲁藏布江流域地区叫“藏”(gtsang),将东部以横断山区为中心的地区当作边远地区,故称 khams,把居住在这些不同地区的藏族人叫康巴、藏巴、安多娃等。其实这些不同名称的藏族群体也还包含着一些不同特点的亚文化内容,如藏族传统文献中称:“卫藏的宗教,康区的人,安多的马①。”认为历史上卫藏地区是佛教起源之地,也是藏传佛教的圣地;安多地区自古以来以牧为主,马实际上代表了牧业文化。

① 格勒:《藏族早期历史文化》,商务印书馆 2010 年。

"康区的人"似乎不可思议,但细想也不难理解,康巴人以长得帅,打仗勇敢,经商有方而闻名全藏。这也许可以算作是藏族文化的一个特点,即把一个地区或群体的名称同当地的文化联系起来,如《五部遗教》说:"东方昴宿星升起来的地方,有圣典汉王;南方房宿星出现的下面,有宗教印度王;西方月亮下去的地方,有财宝大食王;北方北斗星出现的地方,有马王昌格萨尔。"从这些方位和地名的内容不难看出,历史上藏族从四周各国、各民族当中吸收的主要文化是什么。正是这样,使得藏族的古老文化形成了一个多源、多样、多重性的特点。"可是,近代以来外国侵略势力与西藏的分裂主义分子却有意混淆这两个概念,以往他们就有所谓'西藏'与'东藏'之说,而时至今日达赖集团与外国别有用心的人仍往往以西藏(Tibet)一词来代替藏族或藏区(Tibctan),妄图分裂我中国与中华各民族。为澄清问题,以正国际视听,[①]"《宗教史》第一编第一章"文化背景"中,李安宅从人类学的视角把整个中国藏区明确分成三个文化区,即西藏、西康、安多三个大文化区。并明确指出"西藏藏族聚居区,是政治实体,直属中央"。"将西藏、西康、安多称作藏族区,因为如上所述,它们是有藏族文化,说藏语的民族聚居区。[②]"事实上这三个文化区也就是藏族的三个方言区。明确了藏族文化分布区后,《宗教史》运用人类学民族志研究方法,着重从拉卜楞寺及其附近藏族的吃、住、穿、行和一年四季的生产生活方式以及生、老、病、死、家庭、婚姻等文化因子入手,比较详细描述了当地藏人

① 李绍明:"评李安宅遗著《藏族宗教史之实地研究》",载《中国藏学》,1990年第1期。

② 李绍明:"评李安宅遗著《藏族宗教史之实地研究》",载《中国藏学》,1990年第1期。

的文化特点。包括一年之中的宗教活动与藏族节日，以及一生之中的生老病死与应对方式。

《宗教史》第一编第二章“历史概况”部分以历时性的简要叙述方式由藏人“猕猴变人”的起源神话开篇，历数“天赤七王”、“地累六王”、“德字八王”、“赞字五王”等二十七代吐蕃赞普的统治经历，包括藏王与汉地的往来，佛教的传入过程，以及藏传佛教各派流变与传承、直到达赖班禅系统的确立等。因现在大家都比较熟悉这段历史，而且李先生主要依据文献和第二手资料编写了这一章，故不在此赘述。但很显然，《宗教史》无论是写藏传佛教的兴起历史，还是政教合一制度的确立，始终突出汉藏文化交流的作用，始终认为藏族的文化发展和历史进程与中原的其他民族乃至中央政府的作为息息相关。而且“以大量的历史资料阐明了西藏自元代以来即成为中国版图这一无可辩驳的史实”①，突出了李先生研究历史为“抵制外国的造谣”之目的。

（三）藏传佛教旧派和新派

藏传佛教出现的宗派虽然很多，但《宗教史》一书将藏传佛教划分为佛教以前的信仰和早期佛教以及革新或当权的佛教三大类加以叙述和研究。

作者首先用第三章来叙述藏族本土在佛教传入以前早已存在的一个被称为“本”（Bon）的古老信仰。按《宗教史》的说法，藏族本教可以分为佛教传入藏区以前的样子和后来融入佛教后的本

① 格勒：《格勒人类学、藏学论文集》，中国藏学出版社 2006 年。

教。前者是作为藏族的“原始信仰”而存在，而且这个样子“现在已看不到”。后者就是我们现在能看到的已变为“佛教各派之一”的本教。这实际上就是我多年前提出的“本教的两种形态”，即“原生形态”本教（事实上说不上是一种宗教）和佛化后“次生形态”的本教①。

相较于本教，藏传佛教的发展历程显得更为复杂。重要的时间区分在于朗达玛灭佛和吐蕃王朝覆灭为标志：在此之前传入的佛教在藏族史上称为“早期翻译”或宁玛，之后输入的佛教称为“后期翻译”。这就是佛教传入藏区后形成两大类。前者被称为宁玛（Nying-ma-pa），意为旧派，后者被称为萨玛（Sar-ma），意为新派。这里所谓新旧主要是指密宗传承而言。正如《土观宗派源流》所言：“从班智达牟迪驾临之前翻译的佛教密法及经典称密宗宁玛。大译师任钦桑波之后翻译的称密宗萨玛。②”在此基础上形成了信守古老密宗教义为主的宁玛派和以遵循新的密宗教义为特征的萨迦、噶举、格鲁等四大教派。《宗教史》第二编第四至六章，比较详细地介绍了宁玛、萨迦和噶举四大派别。这部分的论述李先生大致遵循着这样一个基本思路：即先说明教派传承的基本脉络，其中强调对教派创始人和创派传说的介绍，然后介绍各大教派传承的一般制度和宗教行为，包括学习、教育、组织、教规、仪式等内容。可以看出李先生特别注意和关注教派间的互动和传承，以及教派与其他信仰或政治实体之间的关系。李先生虽然重视介绍各门各派的特点，但另一方面他却在字里行间不断地提示所谓的差异其

① 土观·洛桑曲吉尼玛：《土观宗派源流》，刘立千译注，西藏人民出版社1984年。

② 何贝莉：“藏族宗教史之实地研究”书评，载《中国人类学评论》第14辑，2011年。

实并没有人们想象的那么大，无论是本教、宁玛、萨迦、噶举等佛教各派，还是噶举的各小派之间是大同小异。用他的话说：“教派的不同，通常被了解较少的人所加重；有学问的喇嘛的看法不是如此，因为在他们看来，教派的不同不过是学者的水平要求不同的满足方法而已。”

《宗教史》中把藏传佛教各派划分为旧派、改革派和半革新派，即宁玛巴被称为未改革的旧派，格鲁巴则为改革的新派；萨迦巴与噶举巴，则被称为半革新的教派。这种划分无疑是独具匠心，颇有创见。

(四)当权的格鲁派

《宗教史》没有把格鲁巴与藏传佛教其他教派并立介绍，而是单独的一编来介绍，足见其对该派的重视。有人分析原因有二[①]：一方面是缘于这一派尚在当权，是李先生所能亲见的留存和发展最好的一派，他们的寺院结构、组织制度丰盈而复杂，适于研究；另一方面李先生的田野考察点拉卜楞寺属于格鲁派，对这一派传承发展的详述会更利于人们对拉卜楞实地研究的理解。用李先生本人的话说：“由于格鲁巴是著名学派，他们的寺院是最大的，而且是分布在各处的”。众所周知，公元17世纪五世达赖执政时的西藏，在清廷的大力扶持和蒙古人的积极支持下，格鲁派走上全藏的政治舞台，建立了以达赖为首的甘丹颇章政府。此后几百年里，该教

① 李绍明：“评李安宅遗著《藏族宗教史之实地研究》”，载《中国藏学》，1990年第1期。

派凭借手中政权的强大威势，排斥其他教派，发展自己的势力，扩大寺院组织，建立寺院经济体系。大量扩充僧民人数，形成了一个遍布藏区各地的庞大的政教集团网络。在政治上，三大寺的上层喇嘛可以直接参加西藏地方政府，参预各种重大决策。因此，格鲁派虽然形成最晚，但发展最快，势力最大，影响最深，甚至打破民族界限，传入其他民族和国外。从此，格鲁巴成为藏区的最有实力的当权者，对藏区政治、经济、文化等的影响远远超过其他教派。加上该教派中最大的两大活佛转世系统（即达赖和班禅系统）的地位和影响，格鲁巴集政治宗教于一体，势力如日中天，形成藏区各教派的大哥大，李先生自然对此浓墨重笔，格外重视。

李安宅认为：“改革派的创始人宗喀巴，他反对在他的时代藏传佛教腐败的情况，这是人尽皆知的……由于萨迦巴和噶举巴两派互争权势，灵性的智慧的道路常被人遗忘。在公元十四世纪时，即元末明初时，不管佛教中的显教，还是密教，在藏族文化区都到了低潮。除了少数高僧外，大多数的僧侣都忽略严格的寺院法规，对于理智有成就的人，也谈不上有灵修方面的成就。那些关心密宗的，又只是关心仪式，而少关心意义。于是，宗喀巴的改革便应运而生了。”李绍明先生认为李安宅教授的这个解释是正确的，而且可谓是恰到好处。①

总之，这一编，作者依据藏文文献提供的资料线索，以格鲁派各大师和他们创立的寺院为主线，勾勒出格鲁派的创立、发展、传播的进程，包括达赖转世系统和班禅转世系统的确立和发展过程。

① ［美］梅·戈尔斯坦：《喇嘛王国的覆灭》，杜永彬译，中国藏学出版社2005年第2版。

由于藏传佛教的传播和发展离不开寺院，因此作者不但介绍了格鲁派的六大寺院（西藏拉萨的甘丹寺、色拉寺、哲蚌寺，日喀则的扎什伦布寺，青海的塔尔寺，甘南的拉卜楞寺），而且顺便介绍了西康和安多的部分有代表性的寺院。

（五）寺院教育

第四编共有七章，是全书的重点和亮点。很显然作者从文化人类学视角出发，根据个人多年参与观察的大量实地调查所得的第一手资料经反复过滤、梳理，从“拉卜楞和它的施主”、“寺院组织”、“主要神佛”、“训练和课程”、“公开聚会”、“拉卜楞人民”六个方面，像解剖麻雀一样解剖藏传佛教格鲁派六大寺院之一的拉卜楞寺的宗教功能和社会功能。用李先生的话说，他是把“拉卜楞做例子”分析了藏族宗教，尤其是寺院的功能和作用。全编也可以说是从一个局外（或他者的角度）解读拉卜楞寺院的基本结构和功能。根据李安宅本人的看法，“对拉卜楞，可以用不同观点来考虑：作为寺院、作为学校、作为居住点，或作为一个县”。按照他的这个重要观点或思路，该编共设七章，围绕居住点、宗教圣地、教育训练三个方面的中心内容，深入描述和分析了寺院的结构和社会功能。

作为居住区，拉卜楞寺位于甘青川三省交界处，汉藏两个民族的边缘。因此行政区“在不同程度上被夏河县分管，被保安司令部分管，也被蒙古亲王分管，作为县政府，与中国任何县政府一样，不与任何宗教相干，但保安司令是与嘉样五世同一家人，而蒙古亲王的辖区一部分是在拉卜楞，一部分又在青海”，如此复杂的行政隶属关系在其他藏区并不多见。所以《宗教史》第九章开篇便将拉卜

楞寺复杂的所属关系和各方权力的交织，以“拉卜楞与它的施主”为题呈现出来，令人耳目一新之感，

作为宗教圣地或用现在流行的话说是宗教活动场所，“寺院以内的任何东西，都可以被认为是崇拜的对象。”李先生用“寺院组织”、“主要神佛”和“公开聚会”三章，详细介绍了拉卜楞作为宗教圣地的一面。作为学习佛教知识的地方，拉卜楞寺一共有被称作“扎昌(Gra-Tsang)”的六个学院，分别为显宗学院、神学下院、时轮学院、医学院、喜金刚学院。僧侣在不同学院，根据个人所学的内容和所学的水平，经过考试或答辩获得不同等级的学位或头衔，如“饶将巴”(Rab-hbyams-pa)“多仁巴”(Rdo-ram-pa)“拉仁巴”(lha-ram-pa)等。作为寺院的僧人不但有严格的戒律，还有等级不同的管理者。至于作为崇拜对象的神佛，格鲁巴各寺院大同小异。李先生把大大小小的寺院神佛分为本尊和护法两大类介绍，他说“一般显宗佛像，则是内地寺庙常见到的，这里不谈”。因此第十一章重点介绍了被认为“怪异”或容易误解的护法神像。拉卜楞寺，一年有七次公开聚会，李先生；这里所说的“公开聚会”，是在寺院对群众公开举行的神圣舞蹈和其他的宗教活动。由寺院的观点看，它们都是一种宗教仪式，在实际上也是以仪式和艺术的动作进行群众教育的手段；但由群众观点看，则是宗教、艺术、社会和经济利益的综合，通过聚会都能得到满足。因为在高原地带，生产是简单的，个人的生活充其量也是简单的、孤立的。寺院的宏伟建筑是有充分吸引力的，对于生活在帐篷和土房子里的人来说，正是这样。这里他从宗教与世俗两个视角解读“公开聚会”①的社会功

① 陈波：《李安宅与华西学派人类学》，四川出版集团巴蜀书社2010年。

用,耐人寻味。

毫无疑问,在传统的藏族社会,教育基本上被寺院垄断。作为学习和传播佛教的学校,拉卜楞寺除为崇拜对象外,作为教育机关,有学制、课程、教材、学习年限、升级留级、学位、考试,以至于学院的分类、教师的级别等,都与内地佛教寺院有所不同,李先生认为拉卜楞寺院的教育与大学很类似的。用他的话说“拉卜楞寺院在教育方面是个大学。喇嘛大学和现在大学的唯一区别,乃是喇嘛大学从幼儿教育开始.”这部分内容主要体现在“训练和课程”一章中。李先生在字里行间强调或突出了寺院的教育性质,并认为这一性质“常被其宗教活动所掩盖,至少外界看来是如此”。所以这一章写得“要较为详细一些。”纵观全书,李先生试图大量使用现代教育术语如“大学”“硕士”“博士”来建构拉卜楞的教育制度,将寺院教育和传承表述为几乎与现代教育一样的制度,并处处与现代大学教育相比。我认为这两种不同性质的教育是在社会不同发展阶段形成并具有不同目的和方向的教育,自然不能相提并论。相反如果作者直接用藏族喇嘛的视角描写寺院的教育更符合人类学的传统规范。如果李先生是为了方便寺院教育与现代高等教育之间进行比较而如此分析,则可以理解。

四、 读后几点启迪

为了给学生讲课,我反复阅读《藏族宗教史之实地研究》和研究李安宅的其他论著,给我启发最大的有以下几个方面:

1. 李安宅认为:“喇嘛教是藏族社会最为有力的社会制度,其功能非只限于宗教范围以内。即在宗教范围以内,它的影响亦深入于人心,弥漫于人生各方面,非内地佛教所可比拟。何况说,它又是教育中心、经济中心、政治中心,一切舆论、价值、权衡的枢纽呢。如若不能了解喇嘛教,必不能了解蒙藏的社会生活。"对此我也有同感,因为解放以前或民主改革以前传统的藏族社会最高的利益、最高的价值、最高的奋斗目标是宗教,大部分藏区的政治、经济、文化,所有一切都是为这个服务的。总之在这个以藏传佛教为核心价值观念时代,藏族人们的生产、生活、思想、观念、教育、甚至艺术等都是为了宗教这个核心利益而存在。歌舞、音乐、戏剧、绘画、文学等,也都充满了浓厚的佛教色彩,并主要服务于宗教为目的。政教合一更是作为传统藏族社会和宗教的一大特色而存在。其结果,使传统藏族社会和文化逐渐失去开放性和灵活性,也失去了迈向现代化的机会。正如《喇嘛王国的覆灭》(*A History of Modern Tibet* 1913–1951, *The Demise of The Lamaist State*)中所言:传统的西藏社会以宗教为最高利益,寺院集团是代表和维护这个利益的强大堡垒,"因此,寺院集团在噶厦政府中竭力阻扰实现现代化,在他们看来,现代化既有害于寺院生活的经济基础,也不利于西藏佛教的'价值'垄断。""寺院集团和他们在政府中的保守派盟友一再阻扰迈向现代化的哪怕是一个很小的步伐"①。因此西藏现代史上(1913–1951)试图进行现代化变革的多起实践最终以失败告终。这说明,解放前西藏以宗教为中心或宗教为核心的价值观念的文化阻碍了西藏现代化进程,甚至使整个西藏社会文化停滞不前。与此相适应的政教合一的封建农奴制的专制制度严重约束了人们

① 陈波:《李安宅与华西学派人类学》,四川出版集团巴蜀书社2010年。

的思想,阻碍了西藏文化现代化的发展。从这个角度讲,李先生所说"寺院日盛,而贵族一代比一代衰落"成了必然。"任何时候寺院与土官发生冲突,都是寺院占上风"[21],也是可以理解的。

2. 象征人类学(Symbolic anthropology),有时或称象征与诠释人类学(symbolic and interpretive anthropology),是文化人类学主要学派之一,主要人物有克利福德·格尔茨(Clifford Geertz)、维克多·特纳与大卫·施耐德(David M. Schneider)等。象征人类学兴起于1960年代,其视文化为一套由象征与意义构成的象征体系,因此人类学家必须视异文化为文本,借由田野调查等长时间的研究方式,解读并细腻地诠释当地文化。格尔茨认为文化是人自己织出并居于其中的"意义之网"。而人类学的工作便是要找出这些"意义之网"究竟是什么。陈波教授认为《藏族宗教史之实地研究》是"李安宅试图从象征主义立场去研究藏族文明的一个试验性文本"[22],至少第十一章"主要神佛"中解读藏传佛教造像的字里行间明显透露出李先生的象征主义理论思维。每一尊佛像的姿势、形体、颜色、形象、装饰、用具等并非无缘无故或随意而作,而是传递某中深刻的佛教或文化象征。仅仅一尊被俗人称为"欢喜佛"的佛像的象征含义够我们写一篇论文。我们常人也知道藏区每一座寺院里必有佛像、佛经、佛塔三样东西。如果要正确理解这些东西,就必须从佛教"身、语、意"的深刻含义去认识、理解、解读。否则就难于理解,甚至误解。人类学象征主义的理论在《宗教史》得到了最充分的运用。再结合阅读他的另一篇论文《从拉卜楞寺的护法神看佛教的象征主义》,不难理解李先生为何研究藏传佛教寺院时候如此重视运用人类学象征主义的理论。

如果我们当今的中国藏学研究藏族宗教不仅仅停留在从佛教

知识的角度解释什么是什么(what),而是像李安宅那样从个人扎实而厚重的科学理论基础上,客观、实事求是地分析佛教的功能和发展规律,多思考和分析为什么(why),那么我相信我们的研究水平无疑可以百尺竿头更进一步。

3. 自从中国改革开放后,我们的人类学和藏学迎来了繁荣的春天,尤其是八十年代以后人类学和藏学的人才层出不穷,人类学和藏学的成果丰硕无比。然而英国人类学家弗里曼(Maurice Freedman)认为中国社会学(包括人类学)真正的开始在20世纪20年代,而且这个短命的孩子只有二十多岁就在新兴民族国家里夭折。根据他的看法,在这短短的民国二十多年中,已涌现出许多足以让西方记住的学者,他们包括:吴文藻、陈达、费孝通、许琅光、李景汉、李安宅、林耀华、潘光旦、冯汉骥、杨庆堃和田汝康等①。同样那个时代也出现了让国内外都记住的藏学家余道泉、任乃强、李有义、法尊、李安宅、于式玉、刘立千、吴丰培、王森、张怡荪等。毫无疑问今日我们的绝大多数藏学家或人类学家无论修养还是实际调查成果的权威性都无法超越他们。且不说个人的理论的功底、知识的厚度、道德的修养等。仅就实地调查而言,当今中国又有几个人类学家或藏学家像李安宅那样深入调查社区参与观察长达三年之久的呢?回答是几乎没有。虽然我经常要求博士生实地田野调查至少一年,然而由于种种原因谁也做不到,这就是现实。我们的作品也因此而无一超越《江村经济》和《藏族宗教史之实地研究》。

---

① 参见陈波:《李安宅与华西派人类学》,四川出版集团巴蜀书社2010年。